NCS

KDB
산업은행

필기시험

서원각 goseowon.com

PREFACE

우리나라 기업들은 1960년대 이후 현재까지 비약적인 발전을 이루었다. 이렇게 급속한 성장을 이룰 수 있었던 배경에는 우리나라 국민들의 근면성 및 도전정신이 있었다. 그러나 빠르게 변화하는 세계 경제의 환경에 적응하기 위해서는 근면성과 도전정신 이외에 또 다른 성장 요인이 필요하다.

한국기업들이 지속가능한 성장을 하기 위해서는 혁신적인 제품 및 서비스 개발, 선도 기술을 위한 R&D, 새로운 비즈니스 모델 개발, 효율적인 기업의 합병·인수, 신사업 진출 및 새로운 시장 개발 등 다양한 대안을 구축해 볼 수 있다. 하지만, 이러한 대안들 역시 훌륭한 인적자원을 바탕으로 할 때에 가능하다. 최근으로 올수록 기업체들은 자신의 기업에 적합한 인재를 선발하기 위해 기존의 학벌 위주의 채용을 탈피하고 기업 고유의 인·적성검사 제도를 도입하고 있는 추세이다.

KDB산업은행에서도 업무에 필요한 역량 및 책임감과 적응력 등을 구비한 인재를 선발하기 위하여 고유의 필기시험을 치르고 있다. 본서는 KDB산업은행 채용대비를 위한 필독서로 KDB산업은행 필기시험의 출제경향을 철저히 분석하여 응시자들이 보다 쉽게 시험유형을 파악하고 효율적으로 대비할 수 있도록 구성하였다.

신념을 가지고 도전하는 사람은 반드시 그 꿈을 이룰 수 있습니다. 처음에 품은 신념과 열정이 취업 성공의 그 날까지 빛바래지 않도록 서원각이 수험생 여러분을 응원합니다.

STRUCTURE

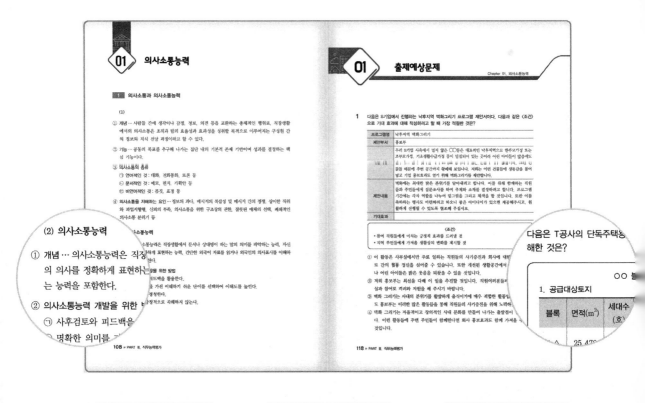

핵심이론정리

단기간에 학습효율을 높일 수 있도록 각 단원마다 꼭 필요한 이론을 정리하여 수록하였습니다.

출제예상문제

각 영역별 다양한 유형의 출제예상문제를 다수 수록하여 실전에 완벽하게 대비할 수 있습니다.

인성검사 및 면접

취업 성공을 위한 실전 인성검사와 면접의 기본을 수록하여 취업의 마무리까지 깔끔하게 책임집니다.

CONTENTS

PART

I

KDB산업은행 소개

01 은행소개 및 채용안내

1 은행소개

(1) 개요

KDB산업은행은 우리나라의 산업개발과 국민경제의 발전을 위하여 1954년 설립되었으며, 전후 경제재건 주도, 국가 성장동력 확보, 시장안전판 역할 수행 등 시대적 요구에 부응하는 역할을 통해 산업과 국민경제 발전을 선도하였다.

'50~'70년대	'80~'90년대	'00~'14년대		'15년~
산업금융 피폐 장기설비금융 미비	성장동력지원 미흡 산업구조 독과점	기업구조조정 및 IB수요 증가	글로벌 금융위기	저성장 장기화 성장모멘텀 약화
재정자금공급/ 개발금융	장기설비/ 기업금융	시장보완/ 시장선도금융	정책금융공사 분리 및 민영화	통합산은 출범/ 新정책금융

① 1950~1970년대 … 개발금융

전후 경제재건 지원, 경제개발 정책에 따른 개발금융

② 1980~1990년대 … 장기설비/기업금융

장기설비 금융 등 기업경쟁력 증진, 전략산업(1980년대 전자 및 기초소재 산업, 1990년대 반도체 통신 등) 육성 및 산업구조 고도화

③ 2000~2008년 … CIB업무 확충

IT 등 성장잠재력 확충 지원, 벤처기업 육성, PF, M&A 등 IB업무 선도

④ 2009~2014년 … 민영화 추진

글로벌 CIB지향, 국내외 영업의 균형 발전, 금융위기 극복지원 병행

⑤ 2015년~현재 … 2015년 통합산은 출범/ 新 정책금융

중견(예비)기업 육성, 4차 산업혁명 지원 등 혁신성장 선도, 산업과 기업의 체질개선, 기업구조조정 추진 등

(2) 미션 및 비전 등

① 미션 … 대한민국의 지속성장을 견인하는 선진형 정책금융기관

    * 선진형 정책금융기관 : 산업적 측면에서 국가경제성장률 제고를 지원하고 사회적 측면에서 국민의 삶의 질 향상을 도모하는 정책금융기관을 의미

② 비전 … 대한민국을 미래로 연결하는 금융플랫폼

    * 금융플랫폼 : 기존의 단순한 금융중개 기능을 넘어서 시장의 모든 이해관계자가 산업은행을 통해 연결되고, 정보를 교환하며, 모든 금융서비스를 제공받는 혁신적 금융기관을 의미

③ KDB Way(비전 달성을 위해 공유해야 할 전 임직원의 행동규범)

- 고객의 니즈를 최우선으로 생각한다.
- 익숙함에서 벗어나 계산된 도전을 하자.
- 외부와 협력하여 더 나은 길을 찾는다.
- 미래를 생각하고 행동하자.
- 전문가로서 대안을 제시한다.
- 열린 마음으로 변화를 수용하자.
- 소통하며 주도적으로 일하자.
- 현장에서 답을 찾자.
- 책임을 완수하여 사회적 신뢰를 얻는다.
- 디지털 마인드를 갖자.

④ 역할

대한민국을 미래로 연결하는 금융플랫폼	
미래성장 기반 마련을 위한 혁신성장 가속화	기업체질 개선 및 산업경쟁력 강화 지원
• 혁신 창업·성장 생태계 활성화 촉진 • 미래형 신산업 육성과 기존 산업의 4차 산업 변환 지원	• 중소·중견기업의 성장역량 제고 • 기초산업 및 주력산업 경쟁력 강화 지원

KDB 산업은행의 정책금융			
혁신성장 금융	혁신·벤처기업에 대한 모험·성장자본 공급 및 혁신창업 생태계 조성을 통해 미래 신성장 산업을 육성하고 기업 경쟁력을 제고	투자 금융	회사채 주선, 구조화 금융, M&A, PE 등 다양한 자본시장의 Tool을 활용하여 기업의 원활한 자금조달을 지원
글로벌 금융	국내기업의 해외 新시장 개척을 지원하고 해외 PF금융, Cross-border 금융 등 글로벌 금융시장의 선도적 개척을 통해 대한민국 대표차주 역할을 수행	사회적 금융	• 기업의 일자리창출, 국가 균형발전, 대·중소기업 동반성장 등 포용적 금융을 강화하고, 기후·환경금융을 주도 • 남북경협, 북한개발에 대한 연구·조사 기능을 강화하고 한반도 협력 시대를 체계적으로 준비

⑤ KDB 지속가능금융

KDB산업은행은 금융지원 대상 프로젝트가 사회적 가치를 반영하고 환경관리 기준을 준수할 수 있도록 고객과 긴밀히 협력함으로써, 경제ㆍ환경ㆍ사회의 공존을 목표로 하는 지속가능금융을 제공하기 위하여 노력하고 있다.

KDB 산업은행은 지속가능금융을 실천하기 위하여 프로젝트의 환경ㆍ사회 리스크 관리에 관한 금융업계의 '적도원칙(Equator Principles)'을 대한민국 금융기관 최초로 채택하였다.

ㄱ 환경 : 자원효율성, 오염방지, 생물다양성, 자연자원관리 등

ㄴ 사회 : 노동, 건강, 안전, 문화유산 등

ㄷ 경제 : 투자, 일자리, 생산성, 경제성장 등

(3) 금융자회사 소개

① KDB캐피탈 … 벤처기업에 대한 투자와 기업활동에 필요한 운영자금 및 설비자금의 대출 또는 리스금융, 팩토링 등을 제공하고 있는 여신전문금융회사

② KDB인프라자산운용 … 2003년 10월에 설립되었으며, 국내 최초의 사회기반시설(Infrastructure)에 투자하는 인프라펀드 전문자산운용사로서 국내 최대 규모인 5조 9천억 원(2015년 말 기준)의 인프라펀드를 운용

③ KDB인베스트먼트 … 산업은행 구조조정 자산의 관리 효율성을 제고하고 민간자본 중심의 구조조정 시장 조성을 추구하는 시장친화적ㆍ선제적 구조 조정 전담기관

2 신입행원(특성화고) 채용안내

* 세부사항은 반드시 KDB 산업은행에서 추후 공지하는 채용 안내를 통해 확인하시기 바랍니다.

(1) 지원 자격

특성화고등학교 졸업(예정)자

(* 졸업예정자는 2022. 2. 28. 이전 졸업가능자에 한함)

(2) 채용일정

내용	일정(예정)
지원서 접수	6. 14(월) ~ 6. 28(월)
서류심사 발표	7. 7.(수)
필기시험	7. 24(토)
1차 면접	8월 초순
2차 면접	8월 하순

(3) 채용절차

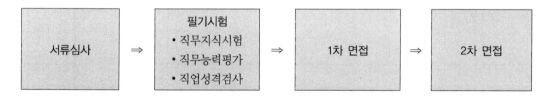

① 필기시험

　㉠ 직무지식시험 : 회계원리, 상업경제, 금융일반

　㉡ NCS 기반 직업기초능력평가

　　• 직무능력검사: 의사소통능력, 수리능력, 문제해결능력, 정보능력

　　• 직업성격검사: 인성검사

② 면접

　㉠ 1차 면접 : 심층토론, P/T 면접, 팀 과제 수행

　㉡ 2차 면접 : 임원 면접

02 관련기사

산업은행, P4G 특별세션에서 녹색회복을 위한 정책금융의 역할 제시

「2021 P4G 녹색금융 특별세션(금융위 주최 및 산업은행 주관)」 개최

산업은행(회장 이동걸)은 금융위원회(위원장 은성수)와 공동으로 「2021 P4G* 녹색금융 특별세션(금융위 주최 및 산업은행 주관)」을 개최하고, 글로벌 녹색금융 분야를 주도하는 국내외 고위급 인사 및 전문가와 함께 '포스트 코로나19 녹색회복을 위한 금융의 역할(The Role of Finance: Fostering Green Recovery in the Post COVID 19 Era)'이라는 주제로 발표 및 패널토론을 활발히 진행하였다.

* Partnership for Green Growth and the Global Goals 2030(기후변화대응과 지속가능개발을 위한 국제 다자간 협의체, '21년 서울 정상회의 개최)

이동걸 회장은 코로나 19사태를 겪으며 "두 번째 지구는 없다(There is No Second Earth)"는 말을 실감하게 되었다면서 "기후변화 대응 및 환경분야에 대한 자금지원 등 녹색금융은 그 어느 때보다 중요"하다고 밝히며, 특히, 저탄소 녹색경제로의 체질전환은 경제구조와 산업구조 전체를 변화시키는 것으로, 이는 대규모 인내자본이 필요한 영역이며, 이를 통해 민간자본 유치 등 시장을 형성하는 것이 진정한 정책금융기관의 역할이라고 언급하였다. 또한, 제조업 비중이 높은 우리나라의 경우, 저탄소 경제전환과정에서 어느 누구도 뒤처지지 않게("Leave no one behind") 모든 탄소 집약적인 산업의 친환경 산업전환을 지원하는 것이 중요하다는 의견을 제시하면서, 최근 산업은행이 출시한 'KDB 탄소스프레드' 상품이 한국형 탄소금융의 표준모델이 될 것이라고 밝혔다.

이어서, 이동걸 회장은 '한국판 뉴딜' 정책을 지원하는 '대한민국 대전환 뉴딜 프로그램', '산업·금융 협력프로그램' 등 산은의 여러 녹색금융지원 프로그램을 소개하며, "앞으로도 대한민국 대표 정책 금융기관으로서 녹색산업 활성화를 통한 코로나19 위기 극복을 위해 다양한 녹색금융지원을 계속 추진하겠다"는 의지를 보였다.

한편, 이동걸 회장은 행사 시작 전에 가진 야닉 글레마렉 GCF 사무총장과의 별도 면담에서 코로나19 극복을 위한 국제사회의 노력은 기후변화 대응의 새로운 기회를 제공할 것이라고 언급하면서, 글로벌 경제의 저탄소 전환을 위해 양 기관간 파트너십을 강화하자고 제안하였으며, GCF 사무총장도 이에 적극 동의하였다.

— 2021. 5. 30.

면접질문 • 기업의 친환경 산업전환을 지원할 수 있는 금융지원 아이디어가 있다면 말해 보시오.

산업은행, 시스템반도체 스타트업 투자에 앞장

시스템반도체 핵심 스타트업 풀링투자로 '종합 반도체 강국' 실현 뒷받침

산업은행(회장 이동걸)은 시스템반도체 산업 생태계 육성을 위해 유망 스타트업 다수를 지원하는 풀링투자를 추진한다고 밝혔다.

정부는 세계시장을 선도하는 국내 메모리반도체 경쟁력 대비 산업토양이 열위한 시스템반도체의 성장 기반 마련을 위해, '19년 5월 「시스템반도체 비전과 전략」을 발표하고, '혁신성장 BIG 3'로 지정하여 시스템반도체 산업을 적극적으로 육성하고 있다. 이러한 정부 정책에 발맞추어, 산업은행은 시스템반도체 대표 스타트업인 퓨리오사AI, 오픈엣지테크놀로지, 딥엑스에 이미 투자하였고, 진행중인 딥러닝칩 설계 및 소재장비 등 분야 3개사를 포함하면 밸류체인 핵심 스타트업 6개사에 투자하게 된다.

먼저, 데이터센터 등 서버용 AI 반도체 설계기업인 퓨리오사AI에는 총 100억 원의 투자를 실행하였다. 퓨리오사AI는 딥러닝 알고리즘을 기반으로 신속한 추론이 가능한 고성능·고효율 서버용 AI 반도체를 설계하는 스타트업으로, 오는 7월 국내 최초로 삼성전자 파운드리 14나노 공정을 사용한 AI 칩을 생산할 계획이며 '22년에는 차세대 5나노 AI 칩 제작을 추진하고 있다. 산업은행 벤처기술금융실은 지난해 퓨리오사AI가 코로나19에 따른 투자심리 위축 등으로 투자유치에 어려움을 겪고 있을 때, 적기에 신속한 지원이 필요하다고 판단하여 단독으로 브릿지 투자 20억 원을 실행하였고, 이 투자를 마중물로 회사는 '21년 산업은행 추가투자 60억 원을 포함, 총 800억 원 규모의 투자유치에 성공하며 AI 반도체 시장 선점을 위한 교두보를 마련하였다.

이에 더하여, 산업은행은 반도체 설계자산(IP) 개발 기업인 오픈엣지테크놀로지에 후속투자 포함 총 50억 원 투자, AI 반도체를 설계하는 딥엑스에 20억 원을 투자하였다. 오픈엣지테크놀로지는 반도체 설계를 위한 일종의 설계도면인 IP 제품을 팹리스 업체에 공급해 라이선스 요금과 반도체 칩 생산량에 따른 로열티를 수취하는 스타트업으로, 우수한 기술력을 인정받아 삼성전자, 마이크론 등 글로벌 기업을 고객사로 두고 있다. 또한, 딥엑스는 애플에서 수석연구원을 지낸 김녹원 대표가 설립하였으며, IoT 기기 작동을 위해 필수적인 모바일 엣지 디바이스용 NPU를 개발하고 있는 스타트업으로, 지난해 과학기술정보통신부가 출범시킨 '차세대지능형반도체 기술개발사업'에서 초저전력 NPU 기술개발 과제의 총괄기관으로 선정되는 등 국내 NPU시장에서 두각을 나타내고 있다.

산업은행은, "이번 시스템반도체 설계 분야를 시작으로 소재, 장비 분야로 이어질 풀링투자는 우리나라 차세대반도체 경쟁력 확보와 종합반도체 강국 도약을 지원하는 측면에서 의미를 가진다"고 말하며, 앞으로도, "첨단 기술을 통해 미래를 이끌어갈 스타트업에 대해 긴 안목으로 모험자본 공급을 확대해 나가겠다"고 밝혔다.

- 2021. 6. 9.

면접질문	• 풀링투자에 대해 아는대로 말해 보시오. • 우리나라 산업의 경쟁력 확보를 위한 금융플랫폼의 역할에 대해 말해 보시오.

PART

II

직무지식

01 회계원리

〉〉 자본

기업의 소유자가 가지는 청구권 즉, 소유자지분을 말한다. 주식회사에서는 이를 주주지분이라고도 한다. 소유자가 기업에 대하여 갖는 지분인 자본은 자산에서 부채를 차감한 잔여액으로 자산, 부채와 분리하여 독립적으로 측정할 수는 없다. 따라서 자본은 소유자지분, 주주지분, 순자산, 잔여지분 등으로 부르기도 한다. 이러한 자본을 경제적인 관점에서 보면 자본거래에 의한 납입자본(자본금과 자본잉여금), 손익거래에 의해서 발생한 이익잉여금, 자본거래와 손익거래로 구분하기 어려운 자본조정, 자본변동에 따른 기타포괄손익누계액으로 구분된다.

〉〉 우발부채

우발부채란 과거사건은 발생했으나 기업이 전적으로 통제할 수 없는 하나 또는 그 이상의 불확실한 미래사건의 발생 여부에 의해서만 그 존재여부가 확인되는 잠재적인 의무와, 과거의 거래나 사건의 결과로 발생한 현재의 의무지만 그 의무를 이행하기 위해 자원이 유출될 가능성이 매우 높지 않거나 또는 그 가능성은 매우 높으나 당해 의무를 이행하여야 할 금액을 신뢰성 있게 추정할 수 없는 경우에 해당하는 잠재적인 부채를 말한다.

〉〉 보조기입장

어느 특정한 거래를 발생 순서대로 기입한 장부로서 현금의 유출·입거래를 기록하는 현금출납장, 당좌예금의 입·출금거래를 기록하는 당좌예금출납장, 상품의 매입거래를 기록하는 매입장, 상품의 매출거래를 기록하는 매출장, 받을어음거래를 기록하는 받을어음기입장, 지급어음거래를 기록하는 지급어음기입장 등이 있다.

〉〉 보조원장

어느 특정한 계정에 대하여 보다 자세한 정보를 제공하여 총계정원장의 내역을 보충하는 장부로 상품계정에 대한 상세한 정보를 제공하여 주는 상품재고원장, 외상매입금계정을 매입거래처별로 나누어 기록하는 매입처원장, 외상매출금계정을 매출거래처별로 나누어 기록하는 매출처원장, 유형자산원장, 적송품원장 등이 있다.

>> 전표제도

전표란 발생한 거래를 건별로 기록하는 종이쪽지로 전표에는 하나의 분개내용이 기록되며 순서대로 모으면 분개장이 된다. 전표제도는 각 부서에서 발생한 거래를 하나의 분개장에 일괄하여 기록하는 것보다는 각 담당부서별로 따로 전표를 작성하여 나중에 집계하는 것이 효율적이기 때문에 대부분의 회사에서 분개장 대신에 전표를 사용하고 있다. 게다가 전표에는 전표의 작성자와 상위자의 확인란이 있어 결제기능과 승인기능이 포함되어 있으며, 발생한 거래의 내용을 다른 부서에 전달하기 쉬우며, 기장의 증거자료로 보존한다.

>> 재무제표

재무제표란 기업의 재무상태와 경영성과 등을 정보이용자에게 보고하기 위한 수단으로서 작성하는 재무보고서이다. 재무제표 중 재무상태표만이 일정시점의 개념이고 나머지의 기본재무제표는 일정기간의 개념을 나타낸다. 한국채택국제회계기준(K-IFRS)을 기준으로 작성한 재무제표를 공정하게 표시된 것으로 본다.

① **재무제표의 유용성** … 재무제표는 재무제표 이용자의 경제적 의사결정에 유용한 정보를 제공하여야 한다. 이 경우 재무제표 정보이용자의 정보요구는 다양하지만, 일반투자자의 요구에 유용한 정보는 기타 정보이용자의 요구에도 부합하는 것으로 본다. 재무제표를 통해 제공되는 정보는 다음과 같다.

　㉠ 투자자나 채권자 등 정보이용자들의 의사결정에 유용한 정보를 제공한다.

　㉡ 미래 현금흐름을 예측하는데 유용한 정보를 제공한다. 즉, 투자자나 채권자 등이 기업으로부터 받게 될 미래 현금의 크기, 시기, 불확실성 등을 평가하는데 유용한 정보를 제공한다.

　㉢ 기업의 재무상태, 경영성과 그리고 현금흐름의 변동 및 자본변동에 관한 정보를 제공한다.

　㉣ 경영자의 수탁책임 이행성과를 평가하는데 유용한 정보를 제공한다.

② **재무제표의 한계점**

　㉠ 재무제표는 주로 화폐단위로 측정된 정보를 제공하기 때문에 계량화하기 어려운 정보는 생략되고 있다.

　㉡ 재무제표는 대부분 과거에 발생한 거래 및 사건에 관한 정보를 나타낸다.

　㉢ 재무제표는 추정에 의한 측정치와 인위적인 배분액을 포함하고 있다.

　㉣ 재무제표는 기업에 관한 정보를 제공하며, 산업 또는 경제전반에 관한 정보를 제공하지는 않는다.

　㉤ 화폐가치의 안정이라는 전제하에 채택되고 있는 명목화폐단위에 의한 회계처리는 인플레이션 상황 하에서는 정보이용자의 의사결정목적에 적합하지 못하다는 비판이 있다.

≫ 기본적 회계원칙

회계담당자가 회계처리를 할 때 따라야 하는 원칙으로 자산, 부채, 수익, 비용 등을 인식, 측정, 보고하는 원칙이다.

① 역사적 원가주의(자산·부채 인식의 원칙) … 자산과 부채는 그 취득 또는 발생시점의 교환가치(취득원가)로 평가한다는 것으로 취득원가의 원칙이라고도 한다.
② 발생주의
   ⊙ 실현주의 원칙(수익인식의 원칙) : 수익은 실현되는 시점에 인식하여야 한다.
   ⓒ 수익·비용 대응의 원칙(비용인식의 원칙) : 비용은 관련 수익이 발생하는 시점에 인식하여야 한다.
③ 완전공시의 원칙 … 정보이용자들의 의사결정에 영향을 미칠 수 있는 정보는 모두 공시되어야 한다.

≫ 재무상태표

일정시점에 있어서 기업의 재무상태인 자산, 부채 및 자본에 관한 정보를 제공하는 정태적 보고서로 좌측과 우측을 나누어 보고하는 계정식과 좌우의 구별 없이 재무상태표 상단으로부터 순서대로 나타내는 보고식이 있다.

≫ 포괄손익계산서

일정기간 동안 기업이 얻은 경영성과를 표시하는 동태적 보고서로서, 미래현금흐름 예측과 미래수익창출능력 예측에 유용한 정보를 제공한다.

≫ 이익잉여금처분계산서

일정기간 동안 기업의 이익잉여금의 변동사항을 나타내는 보고서로서, K-IFRS에서는 재무제표에 포함되지 않고 주석으로 공시한다. 기업이 당기에 순이익을 산출하면 일부는 주주에게 이익을 배당으로 환원하고 일부는 차기이후의 영업활동을 위하여 적립하게 된다. 이러한 이익의 분배를 처분이라 하며 이는 주주총회의 결의사항이므로 주주총회일에 처분내용이 확정되게 된다. 따라서 결산일 현재시점의 재무상태를 나타내는 재무상태표에는 처분하기전의 이익잉여금이 표시된다. 한편, 당기순손실이 발생하여 이월이익잉여금이 음(-)의 잔액이 되는 경우 이를 이월결손금이라 하고 이 경우에는 이익잉여금처분계산서 대신 결손금처리계산서를 작성하게 된다.

〉〉 현금흐름표

기업의 일정기간 동안 현금의 변동내역을 나타내는 동태적 보고서이다. 현금흐름표는 현금주의 개념의 손익계산서로 기업의 자금흐름과 미래현금흐름전망에 대한 정보를 제공한다. 현금흐름표는 기업활동에서의 현금흐름을 영업활동, 투자활동, 재무활동으로 나누어 제시하고 있으며 작성방법에는 직접법과 간접법이 있다.

〉〉 국제회계기준의 특징

① 원칙중심 회계기준 … 경영자가 경제적 실질에 기초하여 합리적으로 회계처리 할 수 있도록 회계처리의 기본원칙과 방법론을 제시하여 재무제표의 구체적인 양식이나 계정과목을 정형화하지 않고 선택가능 한 대안을 제시하여 재무제표 표시방법의 다양성을 인정하고 있다.
② 연결재무제표 중심 회계기준 … 종속회사가 있는 경우에 지배회사와 종속회사의 재무제표를 결합하여 보고하는 연결재무제표를 기본재무제표로 제시하고 있다.
③ 공시 강화 … 정보이용자를 보호하기 위해 개별 국가의 제도에 따른 기업의 상황을 국제회계기준의 적용에 최소한 적용되어야 하는 지침을 규정하고 있다.
④ 공정가치 적용 확대 … 목적 적합한 정보제공을 위해 자산과 부채를 공정가치로 측정하여 공시할 것을 요구하고 있다.

〉〉 거래의 기록

회계상의 거래는 화폐 단위로 측정하여 대차평균의 원리에 따라 차변과 대변에 같은 금액으로 기록되므로 차변계정과 대변계정 중 어느 한 쪽의 계정과목을 먼저 결정하면 상대계정은 쉽게 결정할 수 있다. 거래의 매개수단이 현금(자산)이라고 할 때 모든 거래는 현금(자산)의 증·감과 관련되거나 실제거래는 직접 현금(자산)의 증·감과 관련이 없는 거래라 할지라도 그 거래의 결과를 현금(자산)의 증·감과 관련된 것으로 바꾸어서 생각해 볼 수 있다.

〉〉 거래의 분류

회계에서 말하는 거래는 재무제표에 영향을 미치는 경제적 사건, 즉 기업의 경영활동 과정에서 자산, 부채, 자본, 수익·비용의 증감변화를 일으키는 것을 말한다. 이는 일반적인 거래의 개념과는 다소 차이가 있다. 기업에 대한 경제적 사건이 발생할지라도 그 사건이 재무제표에 영향을 미치지 않는다면 이를 인식하여 재무제표에 반영하지 않는다. 예를 들어 계약은 성사되었으나 이행이 이루어지지 않은 미이행계약을 회계상으로 거래로 보지 아니 한다. 이러한 회계상의 거래는 손익의 수반여부에 따라 교환거래, 손익거래, 혼합거래로 분류할 수 있다.

〉〉 회계의 순환과정

회계연도 중에 발생한 거래를 식별, 측정하여 기록하고 결산절차를 통하여 재무제표로 정보화하는 과정을 말한다. 회계순환과정은 크게 기중의 회계처리와 기말결산으로 구분할 수 있는데 기중의 회계처리는 회계기간 동안에 발생한 거래의 기록을 말하며, 결산은 회계기간 말에 장부를 마감하여 자산, 부채, 자본의 상태를 조사하고 발생한 수익과 비용을 비교하여 경영성과를 정확하게 파악하는 절차를 의미한다. 회계의 순환과정은 다음의 단계를 거쳐서 이루어지게 된다.

〉〉 시산표

일정기간 동안에 발생한 모든 거래가 분개장을 통하여 총계정원장의 각 계정에 바르게 전기되었는지 또는 각 계정별 잔액을 산출하는 과정에서 오류가 발생하였는지를 검증하기 위하여 작성하는 표가 시산표이다. 시산표는 총계정원장의 잔액을 모두 집계하여 검증하는 표이다. 대차평균의 원리에 따라 모든 차변합계와 대변합계는 항상 일치해야 한다. 만일 차변과 대변의 합계가 다르다면 이는 회계처리과정에서 오류가 있었다는 것이고 따라서 시산표 작성을 통하여 이러한 오류를 검증할 수 있다. 시산표는 원장전기의 정확성 여부를 알기 위한 수단이므로 반드시 결산시점에서만 작성하는 것이 아니라 필요에 따라서는 매일, 매주 또는 매월 말에 작성할 수도 있다. 또한 시산표는 반드시 작성되어야 하는 것은 아니지만 작성하는 것이 결산과정에 편리한 보조적인 절차이다.

〉〉 통화대용증권

타인발행수표, 송금환(우편환증서, 전신환증서), 국고환급증서, 대체저금환급증서, 국·공채만기이자표, 일람출급어음, 배당금영수증 등 언제든지 통화와 교환할 수 있는 것을 말한다. 여기서 타인발행수표란 거래처 등에서 발행한 당좌수표나 가계수표를 말한다.

〉〉 소액현금제도

현금은 성격상 도난이나 분실의 위험이 높으므로 이를 예방하기 위하여 기업은 거래은행과 당좌예금계좌를 개설하여 타인으로부터 현금이나 수표를 받으면 당좌예입하고 모든 지출은 수표를 발행하여 처리하는데, 소액경비(우편료, 소모품비, 교통비 등)에 대한 지출을 위해서는 소액현금을 두고 소액지출에 대한 회계처리를 한다.

>> 당좌차월

당좌수표는 당좌예금잔액의 한도 내에서만 발행할 수 있으며 당좌예금잔액을 초과하여 수표를 발행하면 그 수표는 부도가 난다. 그러나 거래은행에 담보물을 제공하고 당좌차월계약을 체결하면 일정한 한도내에서 예금잔액을 초과하여 수표를 발행할 수 있다. 이 때 당좌예금잔액을 초과하여 수표를 발행한 금액을 당좌차월이라고 하는데, 기업의 장부에는 당좌예금계정이 대변잔액이 된다. 회계기간 중에는 당좌예금과 당좌차월을 구분하지 않고 당좌예금만으로 처리하다가 결산시점에서 당좌예금잔액이 차변잔액이면 유동자산으로 분류하고, 반대로 당좌예금잔액이 대변잔액이면 이는 은행으로부터 차입한 것이므로 단기차입금이라는 과목으로 하여 유동부채로 분류한다.

>> 현금검증표

은행계정조정표가 단순히 일정 시점의 은행측 잔액과 회사측 잔액을 조정한 것이라면, 현금검증표는 기초잔액과 기중의 현금수입 · 현금지출을 포괄적으로 조정하는 표이다.

>> 현금성자산

큰 거래비용 없이 현금으로 전환이 용이하고, 이자율 변동에 따른 가치변동의 위험이 중요하지 않은 유가증권 및 단기금융상품으로 취득당시에 만기(또는 상환일)가 3개월 이내에 도래하는 것으로 하되 사용이 제한된 경우는 제외한다. 이들은 취득당시부터 초단기간 동안 현금을 운용할 목적으로 취득하여 현금으로 전환이 용이한 금융상품과 채무증권이므로 이를 현금성자산으로 하여 현금과 같이 공시한다.

>> 재고자산

재고자산이란 정상적인 영업활동 과정에서 판매를 목적으로 보유하고 있는 상품, 제품과 판매를 목적으로 생산과정에 있는 재공품, 판매할 자산을 생산하는데 사용하거나 소비될 원재료, 저장품을 말한다. 기업이 보유하는 재고자산의 종류는 기업의 특성에 따라 다르다. 상품매매기업의 경우는 상품이 주요 재고자산이며 제조업의 경우에는 완제품, 재공품, 원재료 등의 재고자산이 존재한다.

PLUS tip 재고자산 취득원가

재고자산의 취득원가는 재고자산이 판매 가능한 상태로 될 때까지 소요된 모든 지출액을 포함한다. 따라서 취득원가에는 매입가액뿐만 아니라 매입과 관련하여 발생한 부대비용(매입수수료, 운송비, 하역비 등)을 포함하고 매입에누리와 환출 및 매입할인은 차감한다. 한편, 재고자산을 자가제조하는 경우의 취득원가는 제조원가에 취득부대비용을 가산한 가액으로 하되 재고자산의 제조에 장기간이 소요되는 경우 당해 재고자산의 제조에 사용된 차입금에서 발생한 이자비용은 재고자산의 취득원가에 산입할 수 있다.

> 재고자산의 취득원가 = 매입가액(제조원가) + 매입부대비용 - 매입에누리와 환출 - 매입할인

〉〉 적송품

위탁품(적송품)은 위탁자가 수탁자에게 판매를 위탁하기 위해 인도한 상품을 말한다. 적송과정에 운임이 발생하면 위탁품을 판매 가능한 상태에 이르게 하기 위한 비용으로 재고자산(적송품)의 원가에 가산한다. 위탁품은 수탁자가 점유하게 되지만 수탁자가 고객에게 적송품을 판매하기 전까지는 위탁자의 기말재고에 포함시켜야 한다.

〉〉 현물출자

현물출자란 유형자산을 취득한 대가로 주식을 발행한 경우로 발행주식과 유형자산을 교환하는 비화폐성거래이다. 비화폐성거래로 취득한 자산의 원가는 원칙적으로 양도한 자산이나 제공한 대가의 공정가치(이는 투입가치를 의미한다)로 하되, 제공한 자산의 공정가치가 불확실한 경우에는 취득하는 자산의 공정가치를 취득원가로 할 수 있다. 즉, 현물출자, 증여 또는 무상으로 취득한 자산은 공정가치를 취득원가로 한다.

〉〉 감가상각

감가상각은 그 사용이나 시간의 경과에 따라 가치가 감소하는 유형자산의 취득원가를 내용연수 동안에 체계적이고 합리적인 방법으로 배분하는 원가의 배분과정이다. 즉, 감가상각은 유형자산을 기말의 공정가치로 평가하는 평가과정이 아니라, 역사적 원가주의에 의해 기록한 취득원가를 수익·비용 대응의 원칙에 따라 사용기간 동안 유형자산이 창출하는 효익에 대응시켜 비용화하는 취득원가의 배분과정이다.

〉〉 단기매매증권

단기적 매매차익을 얻을 목적으로 취득한 유가증권으로서 매매가 적극적이고 빈번하게 이루어지는 증권이다. 단기매매증권은 유동자산으로 분류하고 기말의 유가증권 평가는 공정가액법을 적용하여 시가로 평가하고 장부가액과의 차액을 단기매매증권평가손익으로 하여 영업외손익항목으로 처리한다.

〉〉 매도가능증권

장기간 동안의 시세차익이나 이자ㆍ배당금을 수취하기 위하여 보유하는 증권으로 단기매매증권이나 만기보유증권 및 지분법적용투자주식으로 분류되지 않는 유가증권을 말한다. 매도가능증권은 장기간(1년 이상) 보유목적이기 때문에 투자자산으로 분류하고 처분예정일이 1년 이내에 도래할 경우에는 유동자산으로 분류한다. 기말의 유가증권 평가는 공정가액법을 적용하여 시가로 평가하고 평가손익은 재무상태표의 기타 포괄손익누계액으로 분류한다.

〉〉 만기보유증권

만기에 상환할 금액과 만기가 확정되어 있는 채무증권을 만기까지 보유할 목적으로 취득한 증권을 말한다. 다만, 당 회계연도와 직전 2개 회계연도 중에 만기보유증권을 만기일 전에 매도하였거나 발행자에게 중도상환권을 행사한 사실이 있는 경우, 또는 만기보유증권을 매도가능증권으로 분류 변경한 사실이 있다면(단, 만기보유증권 총액과 비교하여 경미한 금액인 경우는 제외) 보유 중이거나 신규로 취득하는 모든 채무증권은 만기보유증권으로 분류할 수 없다. 만기보유증권은 투자자산으로 분류하고 만기가 1년 이내에 도래할 경우에는 유동자산으로 분류한다. 기말의 유가증권 평가는 상각원가법으로 시가변동과 상관없이 장부가액에 유효이자율을 적용하여 기간별 이자수익을 인식한다.

〉〉 지분법적용투자주식

투자회사가 피투자회사의 경영활동에 중대한 영향력을 행사할 목적으로 취득한 지분증권으로, 피투자회사 발행주식 총 수의 20% 이상을 취득하였을 경우에는 중대한 영향력을 행사할 수 있는 것으로 본다. 지분법적용투자주식은 투자자산으로 분류하고, 기말의 유가증권 평가는 지분법을 적용하여 평가하고 평가손익은 영업외손익항목으로 처리한다.

〉〉 충당부채의 인식

충당부채란 과거의 거래나 사건의 결과로 인한 현재의 의무로서 그 지출의 시기 또는 금액이 불확실하지만 다음의 요건을 모두 충족하면 재무상태표에 부채로 계상하고 관련 비용 또는 손실을 인식하여 그 성격에 따라 매출원가, 물류원가, 관리비 또는 기타비용 등으로 처리한다.

〉〉 우발부채

우발부채란 과거사건은 발생했으나 기업이 전적으로 통제할 수 없는 하나 또는 그 이상의 불확실한 미래사건의 발생 여부에 의해서만 그 존재여부가 확인되는 잠재적인 의무와, 과거의 거래나 사건의 결과로 발생한 현재의 의무지만 그 의무를 이행하기 위해 자원이 유출될 가능성이 매우 높지 않거나 또는 그 가능성은 매우 높으나 당해 의무를 이행하여야 한 금액을 신뢰성 있게 수성할 수 없는 경우에 해당하는 잠재적인 부채를 말한다.

〉〉 자기주식

자기주식이란 자기회사가 발행한 주식을 유상 또는 무상으로 재취득하여 보유하는 것을 말한다. K-IFRS에 의한 자기주식의 본질은 미발행주식설이므로 그 자산성을 인정하지 않고 자기주식의 취득가액을 자본조정으로 하여 자본에서 차감하는 형식으로 기재한다. 단, 무상으로 수증 받은 자기주식은 취득시에 회계처리를 하지 않으므로 취득원가도 0(Zero)이다.

〉〉 이익잉여금

이익잉여금이란 기업의 이익창출활동에 의해 축적된 이익으로, 배당 등으로 사외에 유출되거나 불입자본으로 대체되지 않고 사내에 유보된 부분을 말한다. 이익잉여금 중 일부에 대해서는 배당을 제한하기 위하여 적립금으로 대체한다. 이 중 법적으로 적립이 강제되어 있는 것은 법정적립금, 기업이 배당을 제한하기 위하여 임의적으로 적립한 것은 임의적립금이라 한다.

>> 유효이자율

사채의 현재가치와 사채의 발행가액을 일치시키는 할인율이다. 따라서 사채발행비가 발생하지 않을 경우에는 취득 당시의 시장이자율과 동일하다. 그러나 사채발행비가 발생하면 사채의 발행가액은 시장이자율로 할인한 사채의 현재가치에서 사채발행비를 차감하여 결정되므로 유효이자율과 다르게(높게) 된다. 그리고 사채발행회사는 유효이자율법에 따라 사채의 장부가액(사채의 액면가액 ± 사채발행차금)에 유효이자율을 적용하여 이자비용을 인식하고 액면이자와의 차액을 사채발행차금상각으로 처리한다.

출제예상문제

1 다음은 □□㈜가 공시한 영업 실적의 일부이다. ⑦에 들어갈 내용으로 적절한 것을 〈보기〉에서 모두 고른 것은?

□ 실적 내용

(단위 : 원)

구분	당기	전기	증감액
매출액	1,200,000	1,000,000	200,000
매출총이익	360,000	300,000	60,000
영업이익	180,000	220,000	−40,000

□ 기타 투자 판단과 관련한 주요 사항
- 해외 수출 증대로 매출액과 매출총이익은 지속적으로 증가
- 당기 영업이익은 전기 대비 ___⑦___ 로 인하여 감소

〈보기〉
㉠ 사회 공헌을 위한 기부금 증가
㉡ 신상품 홍보를 위한 광고비 증가
㉢ 단기차입금에 대한 이자비용 증가
㉣ 직원들의 복리후생을 위한 비용 증가

① ㉠, ㉡
② ㉠, ㉢
③ ㉡, ㉣
④ ㉢, ㉣

 영업이익 = 매출총이익 − 판매비와관리비
제시된 표의 증감액에서 매출총이익은 증가했는데 영업이익은 감소한 것으로 보아 '판매비와관리비'가 증가한 것을 알 수 있다. ㉡과 ㉣이 이에 해당하는 내용이다. ㉠과 ㉢은 '영업외비용'에 해당하는 지문이다.

2 재무제표는 그 자체의 본질과 제약성 등으로 인하여 정보제공능력에 한계가 있다. 다음 중 재무제표의 한계를 지적한 것으로 잘못된 것은?

① 회계처리에는 여러 가지 추정이 필요하며 이러한 추정에는 불확실성이 따른다.

② 재무제표는 역사적 원가에 의하여 작성되므로 인플레이션으로 인해 재무제표작성시점의 공정가액을 반영하지 못한다.

③ 재무제표는 화폐단위로 측정하여 보고하므로 화폐단위로 표시할 수 없는 중요한 질적 정보를 포함하지 못한다.

④ 재무제표는 1년 단위의 기간별 보고가 원칙이므로 회계정보의 기간별 비교가 불가능하다.

 K-IFRS는 회계처리기준을 적용하거나 추정을 함에 있어서 기간별 비교가 가능하도록 매 기마다 같은 방법을 계속 적용하여 계속성(일관성)을 요구하고 있다. 단, 사업내용의 중요 변화나 재무제표 검토결과 다른 표시나 분류방법이 더 적절함이 명백한 경우, 혹은 국제회계기준에서 표시방법의 변경을 요구하는 경우는 제외한다.

3 다음 중 재무상태표의 작성기준이 아닌 것은?

① 수익 · 비용 대응의 원칙

② 유동성과 비유동성 구분법

③ 혼합법

④ 유동성배열

 K-IFRS에 의한 재무상태표 작성기준은 유동성과 비유동성 구분법, 유동성 배열법, 혼합법 등이 있다.

Answer⟶ 1.③ 2.④ 3.①

4 다음은 손익계산서의 기본 구조에 관한 내용이다. ㈎에 속하는 계정과목이 나타나는 거래로 옳은 것을 고르면? (단, 일반기업회계기준을 적용한다.)

[손익계산서의 기본 구조]	
1. 매출액	
⋮	
6. ___㈎___	순자산을 증가시키는 요인이며, 기업의 주된 영업 활동 이외에서 발생한 수익과 차익이다.

① 상품 ₩300,000을 외상매출하다.

② 현금 ₩2,000,000을 출자하여 영업을 개시하다.

③ 거래처 직원의 경조사비 ₩50,000을 현금으로 지출하다.

④ 단기대여금에 대한 당기분 이자 ₩100,000을 현금으로 받다

 ㈎는 '영업외수익'이다. ④를 분개하면 '〈차변〉 현금 100,000 〈대변〉 이자수익 100,000'인데, 이자수익은 '영업외수익'에 해당한다.

① 〈차변〉 외상매출금	300,000	〈대변〉 매출	300,000
② 〈차변〉 현금	2,000,000	〈대변〉 자본금	2,000,000
③ 〈차변〉 접대비	50,000	〈대변〉 현금	50,000

5 주석에 대한 내용으로 옳지 않은 것은?

① 한국채택국제회계기준에서 주석공시를 요구하는 사항을 포함한다.

② 한국채택국제회계기준에 준거하여 재무제표를 작성하였다는 사실을 명기한다.

③ 하나의 주석이 재무제표상의 둘 이상의 개별항목과 관련된 경우에는 해당 개별항목 모두에 주석의 기호를 표시한다.

④ 주석에는 재무상태표, 포괄손익계산서, 현금흐름표 및 자본변동표에 인식되어 본문에 표시되는 항목에 관한 설명이나 금액의 세무내역만을 명기한다.

 ④ 주석에는 우발부채나 약정사항, 비재무적 공시항목과 같이 재무제표에 인식되지 않는 항목에 대한 추가정보를 포함하여야 한다.

6 '상품을 매입하고 대금 중 일부는 약속어음을 발행하고 나머지는 외상으로 하였다.'의 내용에 해당사항이 없는 장부는?

① 분개장, 총계정원장, 매입장
② 매출장, 매출처원장, 당좌예금출납장
③ 매입장, 매입처원장, 지급어음기입장
④ 분개장, 상품재고장, 지급어음기입장

 일단 거래가 일어나면 분개장과 총계정원장에 기장하고, 매입하였으므로 매입장에, 상품매매이므로 상품재고장에, 외상매입이므로 매입처원장에 약속어음을 발행하였으므로 지급어음기입장에 각각 기장한다.

7 다음 중 분개장에 대한 설명으로 옳지 않은 것은?

① 분개장은 거래가 발생한 순서에 따라 일자별로 기록하기 때문에 특정일자의 거래사실을 찾아보기가 쉽다.
② 분개장에는 모든 거래가 기록되므로 분개내용을 통하여 거래내역을 파악할 수 있다.
③ 분개장에는 모든 거래가 기록되어 있기 때문에 분개장만 잘 보관하면 별도로 재무제표를 작성하지 않아도 된다.
④ 분개장을 이용하면 거래사실을 원장에 바로 전기할 때 발생할 수 있는 오류를 줄일수 있다.

 ③ 재무제표는 분개장만으로는 제공하기 어려운 여러 의사결정에 유용한 정보를 제공하는 목적이 있으므로 분개장을 기록, 보관한다고 하여 재무제표를 작성할 필요가 없어지는 것은 아니다.

Answer → 4.④ 5.④ 6.② 7.③

8   다음 중 보조기입장이 아닌 것은?

① 매입장   ② 상품재고장

③ 지급어음기입장   ④ 당좌예금출납장

 장부조직
㉠ 주요장부 : 분개장(또는 전표), 총계정원장
㉡ 보조장부
  • 보조기입장 : 현금출납장, 당좌예금출납장, 매입장, 매출장, 받을어음기입장, 지급어음기 입장
  • 보조원장 : 상품재고원장, 매입처원장, 매출처원장, 유형자산원장, 적송품원장

9   다음 중 장부조직에 대한 설명으로 옳지 않은 것은?

① 분개장에는 기업에서 발생하는 모든 회계거래가 발생순서대로 기록된다.

② 총계정원장에는 분개장에 기록된 거래가 계정별로 집합되어 있어서 총계정원장상의 잔액들로 재무상태표와 포괄손익계산서를 작성한다.

③ 보조기입장에는 모든 거래가 발생순서대로 기록된다.

④ 보조원장은 총계정원장의 특정계정에 관한 상세한 명세를 기록한 장부이다.

 ③ 분개장에는 모든 거래가 발생순서대로 기록되고 보조기입장에는 현금출납사항, 당좌예 금출납사항, 매입사항, 매출사항, 받을어음의 발생과 회수사항, 지급어음의 발생과 지급사 항 등 특정거래에 대하여 발생순서대로 기록한다.

10   서원상사는 상품 ₩1,000,000을 매입하면서 ₩300,000만 현금으로 지급하고 나머지는 외 상으로 하기로 하였다. 이 경우 서원상사가 기장하여야 할 장부를 모두 나열하면?

① 분개장, 총계정원장, 매입장, 상품재고장, 현금출납장, 매입처원장

② 분개장, 총계정원장, 매입장, 상품재고장, 현금출납장, 외상매입장

③ 현금출납장, 매입처원장, 매입장, 상품재고장, 외상매입장

④ 현금출납장, 매입장, 매입처원장, 상품재고장, 지급어음어음기입장

 모든 거래는 전부 분개장과 총계정원장에 기장하고 상품을 현금과 외상으로 매입하였으므 로 매입장, 상품재고장, 현금출납장(현금매입분), 매입처원장(외상매입분)에 기장한다.

11 서원상사는 한강상사에 상품 ₩10,000,000을 매출하고 ₩5,000,000은 당점발행수표로 받고 나머지는 3개월 만기의 약속어음을 받았다. 이 경우 기입하여야 하는 보조장부는?

① 매출장, 상품재고장, 매출처원장, 당좌예금출납장
② 매출장, 상품재고장, 매출처원장, 받을어음기입장
③ 매출장, 매출처원장, 당좌예금출납장, 받을어음기입장
④ 매출장, 상품재고장, 당좌예금출납장, 받을어음기입장

 상품을 매출하고 당좌수표와 약속어음을 받았으므로 주요장부인 분개장과 총계정원장에 기장하고 보조장부는 매출장, 상품재고장, 당좌예금출납장(당좌수표수취분), 받을어음기입장(약속어음수취분)에 기장한다.

12 다음 중 혼합거래에 속하는 것은?

① 거래처에 대여하였던 대여금 ₩1,000,000과 이에 대한 이자 ₩70,000을 외상매입금과 상계하다.
② 받을어음 ₩500,000을 회수하여 당좌예입하다.
③ 상품 ₩700,000을 판매하고 ₩200,000은 현금으로 받고 나머지는 매월 초에 ₩100,000씩 받기로 하다.
④ 자연산 송이 ₩500,000을 구입하여 거래처에 선물하다.

① 〈차〉 매입채무 1,070,000 　〈대〉 대여금 　1,000,000
　　　　　　　　　　　　　　　　 이자수익 　　70,000 → 혼합거래
② 〈차〉 당좌예금 500,000 　〈대〉 받을어음 500,000 → 교환거래
③ 〈차〉 현금 200,000 　〈대〉 매출 700,000 → 손익거래
　　　 매출채권 500,000
④ 〈차〉 접대비 500,000 　〈대〉 현금 500,000 → 손익거래

Answer→ 8.② 9.③ 10.① 11.④ 12.①

13 다음 중 회계상의 거래로 볼 수 없는 것은?

① 상품의 일부가 부패하였다.

② 한강상사로부터 상품 ₩1,000,000을 구입하겠다는 주문서를 받았다.

③ 상품을 판매하고 대금을 받지 못했다.

④ 종업원이 상품을 몰래 사용하였다.

 회계상의 거래는 자산·부채·자본·수익·비용의 증·감변화를 일으켜야 한다.
② 거래처에서 상품을 구입하겠다는 계약만으로는 회사의 재무상태에 변화를 일으키지 않으므로 장부에 기록할 수 있는 회계상의 거래가 아니다.

14 다음 거래의 종류는 무엇인가?

> 취득원가 ₩5,000,000, 감가상각누계액 ₩2,000,000인 업무용 트럭을 공정가액이 ₩3,500,000인 기계장치와 교환하다.

① 교환거래   ② 손익거래

③ 혼합거래   ④ 대체거래

 재무상태표항목 상호계정에 손익항목이 추가되는 형태로 혼합거래에 해당한다.

| 〈차〉 기계장치 | 3,500,000 | 〈대〉 차량운반구 | 5,000,000 |
| 감가상각누계액 | 2,000,000 | 유형자산처분이익 | 500,000 |

15 다음 중 기말결산과정이 아닌 것은?

① 장부마감   ② 역분개

③ 수정전시산표작성   ④ 수정분개

 역분개(기초재수정분개)는 다음연도 초에 선택적으로 행하는 절차이다.

16 다음 중 결산예비절차에 해당하지 않는 것은?

① 기말수정분개와 전기 ② 장부마감

③ 수정전시산표작성 ④ 수정후시산표작성

 결산의 절차
㉠ **결산예비절차** : 수정전시산표작성 → 결산수정분개와 전기 → 수정후시산표작성(선택적)
㉡ **결산본절차** : 장부마감(마감분개 및 전기)
㉢ **결산후절차(결산보고서작성)** : 재무제표 작성

17 다음 사항을 일반적인 회계처리순서에 따라 바르게 배열한 것은?

㉠ 역분개	㉡ 수정분개
㉢ 재무제표작성	㉣ 장부마감
㉤ 수정후시산표작성	㉥ 수정전시산표작성

① ㉡ － ㉥ － ㉣ － ㉤ － ㉢ － ㉠

② ㉡ － ㉥ － ㉤ － ㉢ － ㉣ － ㉠

③ ㉥ － ㉡ － ㉣ － ㉤ － ㉢ － ㉠

④ ㉥ － ㉡ － ㉤ － ㉣ － ㉢ － ㉠

 회계순환과정 … 거래의 발생 → 분개 → 전기 → 수정전시산표작성 → 기말수정분개와전기 → 수정후시산표작성 → 장부마감(마감분개 및 전기) → 재무제표작성 → 역분개(기초재수정분개, 선택적)

18 다음은 자본의 구분 항목에 대한 설명이다. 밑줄 친 ㈎에 속하는 계정과목이 나타나는 거래로 옳은 것은? (단, 일반기업회계기준을 적용한다.)

> ___㈎___ (은)는 당해 항목의 성격으로 보아 자본거래에 해당하나 최종 납입된 자본으로 볼 수 없거나 자본의 가감 성격으로 자본금이나 자본잉여금으로 분류할 수 없는 항목이다.

① 자기주식 100주를 1주당 ₩5,000에 현금으로 취득하다.
② 미처분이익잉여금 ₩200,000을 이익준비금으로 적립하다.
③ 보유 중인 주식에 대한 배당금 ₩300,000을 현금으로 받다.
④ 보통주 300주(1주당 액면금액 ₩5,000)를 1주당 ₩6,000에 발행하여 회사를 설립하다.

 ㈎는 자본조정에 해당한다. 자본조정에는 가산항목으로 미교부주식배당금 등이 있고, 차감항목으로 자기주식, 주식할인발행차금, 감자차손, 자기주식처분손실 등이 있다.
① 자기주식 → 자본조정
② 이익준비금 → 자본잉여금
③ 배당금수익 → 영업외수익
④ 주식발행초과금 → 자본잉여금

19 다음 중 각 계정의 분류가 잘못된 것은?

① 자산계정 – 현금계정, 상품계정, 건물계정 등
② 부채계정 – 매입채무계정, 미지급금계정, 차입금계정 등
③ 수익계정 – 매출액계정, 임대료계정, 이익잉여금계정 등
④ 비용계정 – 매출원가계정, 임차료계정, 이자비용계정 등

 이익잉여금계정은 자본계정에 해당한다.

20 다음은 △△㈜의 외화 관련 '거래'와 각 거래 시점에 적용된 '원/달러 환율'이다. 이를 모두 회계 처리한 결과에 대한 설명으로 옳은 것은? (단, 회계기간은 매년 1월 1일부터 12월 31일까지이고, 일반기업회계기준을 적용하며, 환전을 전제로 하고, 제시된 자료 외의 것은 고려하지 않는다.)

<거래>

제1기	• 9월 14일 해외 거래처에 US $1,000를 단기간 대여 • 12월 31일 결산일에 위 외화단기대여금을 평가
제2기	• 3월 13일 위 외화단기대여금 중 US $400를 회수

<원/달러 환율>

구분	제1기		제2기
날짜	9월 14일	12월 31일	3월 13일
₩/US $1	₩1,000	₩900	₩1,100

① 제1기 12월 31일 외화환산손실 ₩100,000이 발생한다.
② 제1기 12월 31일 외화단기대여금 ₩100,000이 증가한다.
③ 제2기 3월 13일 외환차손 ₩40,000이 발생한다.
④ 제2기 3월 13일 외화단기대여금 ₩80,000이 감소한다.

 제시된 자료에 나온 거래를 분개하면 다음과 같다.

날짜		차변		대변	
제1기	9월 14일	외화단기대여금	1,000,000	현금	1,000,000
	12월 31일	외화환산손실	100,000	외화단기대여금	100,000
제2기	3월 13일	현금	440,000	외화단기대여금	360,000
				외환차익	80,000

21 다음 계정의 잔액이 옳지 않은 것은?

① ___미지급금___
　30,000 |

② ___소모품___
　45,000 |

③ ___자본금___
　　　| 500,000

④ ___임대료___
　　　| 20,000

 ① 미지급금은 부채이므로 그 잔액이 대변에 남는다.

22 서원상사의 기말결산을 위한 금고실시 결과는 다음과 같다. 기말현재 현금 및 현금성자산은 얼마인가?

• 통화	₩ 1,200,000
• 우표	18,000
• 거래처발행가계수표	2,300,000
• 송금환	500,000
• 거래처발행약속어음	1,850,000
• 배당금지급통지표	450,000
• 춘천지점전도금	800,000
• 보통예금	3,200,000
• 사용이 제한된 보통예금	1,800,000
• 직원의 급료가불금	430,000
• 지급기일이 도래한 국채이자표	200,000

① ₩ 8,650,000

② ₩ 8,700,000

③ ₩ 8,800,000

④ ₩ 8,850,000

 ㉠ 현금 및 현금성자산
1,200,000(통화) + 2,300,000(가계수표) + 500,000(송금환) + 450,000(배당금지급통지표) + 800,000(지점전도금) + 3,200,000(보통예금) + 200,000(지급기일이 도래한 국채이자표) = 8,650,000
㉡ 우표는 선급비용이나 소모품, 거래처발행약속어음은 매출채권, 사용이 제한된 보통예금은 단기금융상품, 직원의 급료가불금은 단기대여금에 해당한다.

23 다음은 ○○㈜의 감자 관련 전자 공시 내역과 이를 실행하여 기입한 분개장의 일부이다. ㈎의 금액과 ㈏에 들어갈 계정과목으로 옳은 것은? (단, ○○㈜는 보통주만을 발행하고, 감자차손 계정잔액은 없으며, 제시된 자료 외의 것은 고려하지 않는다.)

감자결정		
1. 감자 주식의 수	△△주	
2. 1주당 액면금액	₩5,000	
3. 감자 전후 자본금	감자 전	감자 후
	₩50,000,000	㈎
4. 감자 전후 발행 주식 수	감자 전	감자 후
	10,000주	××주
5. 감자 비율	□□%	
6. 감자 기준일	2019년 □월 □일	
7. 감자 방법	주식 병합(발행 주식 전부에 대하여 1주당 액면금액 ₩5,000의 주식 10주를 8주의 비율로 무상 병합)	
8. 감자 사유	미처리결손금 보전을 통한 재무구조 개선	

분개장				
날짜	적요	원면	차변	대변
10/10	(×××) 　　　　제좌 (미처리결손금) (　　㈏　　) 미처리결손금 보전	생략	×××	5,000,000 ×××

	㈎	㈏
①	₩10,000,000	감자차익
②	₩10,000,000	주식발행초과금
③	₩40,000,000	감자차익
④	₩40,000,000	주식발행초과금

 제시된 자료는 형식적(무상) 감자에 대한 것이다. 감자란 규모를 줄이거나 결손금을 보전하기 위해 자본금을 감소시키는 것을 말한다. 형식적 감자는 액면금액이나 발행된 주식 수를 줄이는 방법으로 이루어지며, 법정 자본금은 감소하지만 그 대가의 지급이 없으므로 순자산 금액에는 변화가 없다. 제시된 감자 방법에 따라 감자 후 발행 주식 수는 8,000주가 되며, 이에 따른 감자 후 자본금 ㈎는 ₩40,000,000(= 8,000주 × ₩5,000)이 된다. 거래를 분개하면

〈차변〉 자본금　　　　40,000,000　　　　〈대변〉 미처리결손금　　　5,000,000
　　　　　　　　　　　　　　　　　　　　　　　　㈏ : 감자차익　　　35,000,000

Answer ↳　21.①　22.①　23.③

24 다음 중 현금 및 현금성자산에 해당하는 것은?

① 선일자수표   ② 당좌차월

③ 당좌예금   ④ 수입인지

 ① 매출채권   ② 단기차입금(유동부채)   ④ 선급비용이나 소모품

25 서원상사는 한강상사에 상품 ₩700,000을 매출하고 대금 중 ₩500,000은 한강상사가 발행한 수표로 받고 나머지 ₩200,000은 서원상사가 전월에 발행하였던 수표로 받았다. 다음 중 이에 대한 분개로 옳은 것은?

① 〈차〉 당좌예금 700,000   〈대〉 매출 700,000

② 〈차〉 당좌예금 500,000   〈대〉 매출 700,000
      받을어음 200,000

③ 〈차〉 받을어음 700,000   〈대〉 매출 700,000

④ 〈차〉 현금   500,000   〈대〉 매출 700,000
      당좌예금 200,000

Tip
⊙ 타인(한강상사)발행수표 ₩500,000 : 현금
ⓛ 자기(서원상사)발행수표 ₩200,000 : 당좌예금
ⓒ 자기(서원상사)발행수표에 대해서만 보면
• 전월에 상품을 매입하고 수표 ₩200,000 발행시
   〈차〉 상품   200,000   〈대〉 당좌예금 200,000
• 당월에 상품 판매하고 전월에 발행한 수표 ₩200,000 회수시
   〈차〉 당좌예금 200,000   〈대〉 매출   200,000

26 '당좌차월잔액이 ₩200,000인 상태에서 현금 ₩500,000을 은행에 당좌예입하다'를 분개로 표시하면?

① 〈차〉 당좌예금   500,000   〈대〉 현금   500,000

② 〈차〉 당좌예금   300,000   〈대〉 현금   300,000

③ 〈차〉 당좌차월   200,000   〈대〉 현금   200,000

④ 〈차〉 단기차입금 200,000   〈대〉 현금   500,000
     당좌예금   300,000

당좌차월(단기차입금)잔액이 있을 경우 당좌예입시 먼저 당좌차월잔액을 제거하고 나머지를
당좌예금으로 처리한다.
〈차〉 당좌차월(단기차입금) 200,000　　　〈대〉 현금 500,000
　　　당좌예금　　　　　　　　300,000

27 마포상회는 '당좌예금잔액이 ₩300,000인 상태에서 외상매입금 ₩450,000을 수표로 발행
하여 지급하다'를 분개로 표시한 것 중 옳은 것은?

① 〈차〉 매입채무 450,000　　　　　　　〈대〉 당좌예금 300,000
　　　　　　　　　　　　　　　　　　　　지급어음 150,000

② 〈차〉 매입채무 450,000　　　　　　　〈대〉 당좌예금 300,000
　　　　　　　　　　　　　　　　　　　　당좌차월 150,000

③ 〈차〉 매입채무 300,000　　　　　　　〈대〉 당좌예금 300,000

④ 〈차〉 매입채무 150,000　　　　　　　〈대〉 당좌차월 150,000

 수표를 발행할 때 당좌예금잔액이 부족하면 당좌차월(단기차입금)계정으로 처리한다.
〈차〉 매입채무 450,000　　　　　〈대〉 당좌예금　　　　　　　　　300,000
　　　　　　　　　　　　　　　　　　당좌차월(또는 단기차입금) 150,000

28 다음 거래 중 당좌예금출납장에 기입할 수 없는 거래는?

① 당좌차월잔액이 있는 상태에서 타인발행수표를 예입하다.

② 외상매입금을 상환하기 위하여 타인발행수표를 지급하다.

③ 외상매출금을 현금으로 회수하여 당좌예입하다.

④ 상품을 매출하고 당점발행수표를 받다.

제시된 각각의 거래를 분개로 표시하면(분개상 금액은 임의의 숫자임)
① 〈차〉 당좌차월 30,000　　　　　〈대〉 현금　　　　50,000
　　　　당좌예금 20,000
② 〈차〉 매입채무 50,000　　　　　〈대〉 현금*　　　50,000
③ 〈차〉 당좌예금 50,000　　　　　〈대〉 매출채권 50,000
④ 〈차〉 당좌예금 50,000　　　　　〈대〉 매출　　　50,000
* 타인발행수표는 현금에 해당한다.

Answer☞　24.③　25.④　26.④　27.②　28.②

29 다음 중 현금계정으로 분류할 수 없는 항목은?

① 타인발행수표   ② 우편환증서

③ 선일자수표   ④ 보통예금

 ㉠ **통화** : 지폐, 주화
㉡ **통화대용증권** : 타인발행수표, 자기앞수표, 우편환증서, 전신환증서, 배당금지급통지표
㉢ **현금 및 현금성자산** : 당좌예금, 보통예금, 현금의 단기적 운용을 목적으로 한 유동성 높은 유가증권

30 다음의 계정과목에 대한 설명으로 옳지 않은 것은?

① 미수금 – 일반적 상거래 이외의 거래에서 발생한 채권
② 선급금 – 상품이나 원재료 등의 매입을 위하여 미리 지급한 금액
③ 선수금 – 미리 받은 수익 중 차기 이후에 속하는 금액
④ 예수금 – 일반적 상거래 이외의 거래에서 미리 받은 금액

 ③ 선수금은 일반적 상거래에서 그 대금을 미리 받은 것이며, 미리 받은 수익 중 차기 이후에 속하는 것은 선수수익에 해당한다.

31 지방출장 중인 사원으로부터 내용을 알 수 없는 송금수표 ₩100,000을 받아 당좌예입한 경우 올바른 분개는?

① 〈차〉 현금   100,000   〈대〉 송금수표 100,000
② 〈차〉 현금   100,000   〈대〉 잡이익   100,000
③ 〈차〉 당좌예금 100,000   〈대〉 매출채권 100,000
④ 〈차〉 당좌예금 100,000   〈대〉 가수금   100,000

현금의 유입이 있으나 내용을 알 수 없는 경우에는 내용이 밝혀질 때까지 가수금계정(임시계정)으로 처리한다.

32 다음은 ○○㈜의 업무용 〈신축 건물 관련 자료〉와 〈완공된 건물의 감가상각 관련 자료〉이다. 이를 통해 알 수 있는 것으로 옳지 않은 것은? (단, 회계기간은 매년 1월 1일부터 12월 31일까지이고, 신축 건물과 완공된 건물은 동일하며, 제시된 자료 외의 것은 고려하지 않는다.)

신축 건물 관련 자료	
공사 착수일	2015년 7월 1일(착수금 ₩500,000 현금 지급)
건물 완공일	2015년 12월 31일(잔금 ₩4,500,000과 취득세 및 등기 비용 ₩100,000 현금 지급)
건물 사용 시작일	2016년 1월 1일

완공된 건물의 감가상각 관련 자료	
내용연수	10년
잔존가치	₩100,000
감가상각 방법	내용연수 동안 일정액의 감가상각액을 계상하는 방법
감가상각비의 회계 처리 방법	간접법

① 감가상각방법은 정액법이다.
② 2015년 7월 1일 거래 내용을 분개할 때 차변 계정과목은 건설중인자산이다.
③ 2016년 결산 시 손익 계정에 대체되는 감가상각비는 ₩500,000이다.
④ 2017년 결산 후 재무상태표에 표시되는 건물의 장부금액은 ₩4,000,000이다.

 제시된 자료를 분개하면 다음과 같다.
• 공사 착수일
  〈차변〉 건설중인자산　　　　500,000　　　〈대변〉 현금　　　　　　　500,000
• 공사 완공일
  〈차변〉 건물　　　　　　　5,100,000　　　〈대변〉 건설중인자산　　　500,000
  　　　　　　　　　　　　　　　　　　　　　　　　 현금　　　　　　 4,600,000
* 공사 착수일의 착수금은 건설중인자산으로 처리되며, 이는 건물이 완공되는 경우 건물로 대체되고, 차변의 건설중인자산은 대변으로 간다.

정액법에 의해 1년 감가상각비($=\dfrac{\text{취득원가}-\text{잔존가치}}{\text{내용연수}}$)를 계산하면

$\dfrac{5,100,000-100,000}{10}=500,000$이 된다(③). 2017년 결산 후 재무상태표에 표시되는 건물의 장부금액은 ₩3,600,000[=₩5,100,000(취득원가) － ₩500,000×3년]이다.

Answer→ 29.③ 30.③ 31.④ 32.④

33 다음 내용 중 옳지 않은 것은?

① 매출채권에 대한 대손상각비는 물류원가와 관리비로 처리하고, 미수금에 대한 대손
상각비는 기타비용으로 처리한다.

② 매출환입은 판매된 상품에 결함이나 파손이 있어 반환되는 것으로 매출액에서 차감한다.

③ 매출에누리는 판매한 상품에 결함이나 파손이 있어서 가격을 할인해 주는 것으로 매
출액에서 차감한다.

④ 매출할인은 상품판매 후 조기에 대금을 결제해 준 것에 대한 현금할인으로 이자성격
이 강하므로 기타수익으로 처리한다.

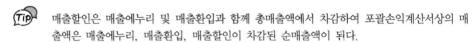 매출할인은 매출에누리 및 매출환입과 함께 총매출액에서 차감하여 포괄손익계산서상의 매
출액은 매출에누리, 매출환입, 매출할인이 차감된 순매출액이 된다.

34 다음 중 재고자산에 관한 설명이 잘못된 것은?

① 상품 – 상품판매기업이 판매를 목적으로 구입한 상품

② 제품 – 제조기업이 판매를 목적으로 제조한 생산품

③ 재공품 – 자가제조한 중간제품과 부분품

④ 저장품 – 소모품, 수선용부분품, 기타 저장품

 ③ 재공품은 제품이나 반제품의 제조를 위하여 제조과정에 있는 것이며, 자가제조한 중간
제품과 부분품 등은 반제품에 해당된다.

35 다음 거래를 분개로 표시한 것 중 옳은 것은?

> 한강상사는 매출처로부터 받은 약속어음 ₩1,000,000을 만기일 전에 은행에서 할인하고 현금 ₩930,000을 수취하다.

① 〈차〉 현금　　　　　930,000　　〈대〉 받을어음　930,000

② 〈차〉 현금　　　　　930,000　　〈대〉 받을어음 1,000,000
　　　　매출　　　　　 70,000

③ 〈차〉 현금　　　　　930,000　　〈대〉 받을어음 1,000,000
　　　　잡손실　　　　 70,000

④ 〈차〉 현금　　　　　930,000　　〈대〉 받을어음 1,000,000
　　　　매출채권처분손실　70,000

 매출채권(받을어음)을 만기일 전에 은행에서 할인한 경우 매출채권의 장부가액을 제거하고
현금수취액과의 차액은 매출채권처분손실(기타비용)로 처리한다.

36 상품 ₩600,000을 외상으로 매입하고 운임 ₩20,000을 현금으로 지급하다. 단, 상품구입
대금의 일부로 미리 지급한 금액 ₩200,000이 있다. 이 거래에 대한 올바른 분개는?

① 〈차〉 매입　 600,000　　　　　〈대〉 선급금　 200,000
　　　　운반비　 20,000　　　　　　　 매입채무 400,000
　　　　　　　　　　　　　　　　　　 현금　　 20,000

② 〈차〉 매입　 600,000　　　　　〈대〉 선급금　 200,000
　　　　운반비　 20,000　　　　　　　 매입채무 420,000

③ 〈차〉 매입　 620,000　　　　　〈대〉 선급금　 200,000
　　　　　　　　　　　　　　　　　　 매입채무 400,000
　　　　　　　　　　　　　　　　　　 현금　　 20,000

④ 〈차〉 매입　 620,000　　　　　〈대〉 선급금　 200,000
　　　　　　　　　　　　　　　　　　 매입채무 420,000

 ㉠ 상품 매입시 미리 지급한 선급금이 있으면 이를 먼저 감액한다.
　㉡ 상품 매입시 지급한 운반비는 상품의 매입원가에 포함된다.

Answer　33.④　34.③　35.④　36.③

37 신형자동차를 인수하면서 사용 중이던 자동차(취득원가 ₩15,000,000, 감가상각누계액 ₩8,000,000)를 ₩10,000,000으로 평가하여 현금 ₩10,000,000과 함께 제공한 경우 유형자산 처분손익은?

① 유형자산처분이익 ₩2,000,000

② 유형자산처분이익 ₩3,000,000

③ 유형자산처분손실 ₩2,000,000

④ 유형자산처분손실 ₩3,000,000

 자동차의 공정가치가 비슷하지 않을 뿐만 아니라 현금비율이 중요하므로 이종자산간의 교환으로 보고 교환에 따른 손익을 인식한다.

　㉠ 제공한 구자산의 장부가액 : 15,000,000(취득원가) − 8,000,000(감가상각누계액) = 7,000,000
　㉡ 제공한 구자산의 공정가치 : 10,000,000
　㉢ 유형자산처분이익 : 10,000,000(공정가치) − 7,000,000(장부가액) = 3,000,000
　㉣ 신자산의 취득원가 : 10,000,000(구자산공정가치) + 10,000,000(현금지급액) = 20,000,000
　㉤ 분개

　　〈차〉 차량운반구(신)　20,000,000　　〈대〉 차량운반구(구)　15,000,000
　　　　　감가상각누계액　8,000,000　　　　　　현금　　　　　　10,000,000
　　　　　　　　　　　　　　　　　　　　　　　　유형자산처분이익　3,000,000

38 ㈜한강은 주당액면 ₩5,000인 보통주 10,000주를 발행하고 ㈜마포로부터 건물과 토지를 구입하였다. 관련자료가 다음과 같을 경우 이 거래에 대한 분개로 옳은 것은? (단, ㈜한강의 주식은 상장되지 않아서 시가를 알 수 없다)

	건물	토지
• ㈜마포의 취득원가	₩50,000,000	₩30,000,000
• ㈜마포의 장부가액	30,000,000	30,000,000
• 공정가액	45,000,000	40,000,000

① 〈차〉 건물 31,250,000   〈대〉 자본금   50,000,000
        토지 18,750,000

② 〈차〉 건물 25,000,000   〈대〉 자본금   50,000,000
        토지 25,000,000

③ 〈차〉 건물 45,000,000   〈대〉 자본금   50,000,000
        토지 40,000,000   주식발행초과금 35,000,000

④ 〈차〉 건물 30,000,000   〈대〉 자본금   50,000,000
        토지 30,000,000   주식발행초과금 10,000,000

 현물출자로 취득한 자산의 취득원가는 공정가액으로 한다. 여기서 현물출자한 경우의 공정가치란 다음을 의미한다.
ⓐ 발행한 주식이 상장(등록)되어 있어서 시장가치가 형성되어 있는 경우에는 발행한 주식의 시가(즉, 주식의 발행가액)
ⓑ 주식의 시가를 측정하기 곤란한 경우에는 취득한 자산의 공정가치
ⓒ 발행한 주식의 시가나 취득한 자산의 공정가치를 모두 측정할 수 없는 경우에는 감정가액 등을 기초로 결정한 가액

39 다음과 같은 사채를 발행할 때 발행일의 분개로 옳은 것은?

> 사채액면총액 ₩10,000,000을 액면 @₩10,000에 대하여 @₩9,000으로 발행하고 납입금 중 사채발행비 ₩200,000을 차감한 잔액은 당좌예금하다.

① 〈차〉 당좌예금   9,000,000   〈대〉 사채 10,000,000
　　사채할인발행차금 1,200,000   현금   200,000

② 〈차〉 당좌예금   8,800,000   〈대〉 사채 10,000,000
　　사채할인발행차금 1,200,000

③ 〈차〉 당좌예금   9,000,000   〈대〉 사채 10,200,000
　　사채할인발행차금 1,200,000

④ 〈차〉 당좌예금   0,000,000   〈대〉 사채 10,000,000
　　사채발행비   200,000   현금   200,000
　　사채할인발행차금 1,000,000

(Tip) 사채발행비는 사채의 발행가액(현금유입액)에서 직접 차감한다.

　　㉠ 발행가액 : $10,000,000 \times \dfrac{9,000}{10,000} - 200,000 = 8,800,000$

　　㉡ 사채할인발행차금 : 10,000,000(액면가액) − 8,800,000(발행가액) = 1,200,000

40 다음 자료에 의하면 이익잉여금과 자본잉여금은 각각 얼마인가?

> • 당기순이익   ₩860,000   • 감채적립금 ₩1,500,000
> • 재무구조개선적립금   500,000   • 이익준비금   800,000
> • 주식발행초과금   4,500,000   • 감자차익   350,000
> • 자기주식처분이익   400,000

	이익잉여금	자본잉여금		이익잉여금	자본잉여금
①	₩4,060,000	₩4,850,000	②	₩3,660,000	₩5,250,000
③	₩2,800,000	₩5,250,000	④	₩3,660,000	₩4,850,000

(Tip) ㉠ 이익잉여금 : 860,000(당기순이익) + 1,500,000(감채적립금) + 500,000(재무구조개선적립금) + 800,000(이익준비금) = 3,660,000

　　㉡ 자본잉여금 : 4,500,000(주식발행초과금) + 350,000(감자차익) + 400,000(자기주식처분이익) = 5,250,000

41 다음은 △△㈜가 받은 은행조회서 일부를 나타낸다. 이를 △△㈜ 2019년 기말 재무상태표에 표시할 때 사용되는 부채 계정과목은? (단, 회계기간은 매년 1월 1일부터 12월 31일까지이고, 제시된 자료 외의 것은 고려하지 않는다.)

은행조회서

2019년 12월 31일 현재 △△㈜에 대해 당 은행이 대출해 준 내용을 다음과 같이 확인합니다.

대출종류	대출금액	대출일	최종만기일	상환방법
운영 자금 대출	₩500,000	2019. 8. 1.	2020. 1. 31.	만기 일시 상환

(   )

Tip 은행의 입장에서는 대출 기간 1년 미만으로 ₩500,000을 대출하였다. △△㈜의 입장에서 회계 처리를 하는 경우에는 1년 이내 자금 차입 거래이므로 '단기차입금'으로 처리한다.

42 다음은 ○○㈜의 단기매매증권 관련 자료이다. 2019년 1월 15일 거래를 분개할 때 단기투자 자산처분이익 금액은? (단, 일반기업회계기준을 적용하고, 회계기간은 매년 1월 1일부터 12월 31일까지이며, 제시된 자료 외의 것은 고려하지 않는다.)

○○㈜가 △△㈜ 발행의 주식 10주(1주당 액면금액 ₩5,000)를 취득한 분개와 결산일에 이를 평가한 분개 및 처분한 거래는 다음과 같다.

2018년 9월 28일 분개(취득)

〈차변〉 단기매매증권	70,000	〈대변〉 현금	71,000
수수료비	1,000		

2018년 12월 31일 분개(평가)

〈차변〉 단기매매증권	10,000	〈대변〉 단기투자자산평가이익	10,000

2019년 1월 15일 거래(처분)

- 소유하고 있는 위 주식 10주 전부를 1주당 ₩9,000에 처분하고 대금은 현금으로 받는다.

(   )

Tip
- 9월 28일 취득 : 10주 × ₩7,000 = ₩70,000
- 12월 31일 평가 : '10주 × @₩1,000 = ₩10,000(평가이익)'이므로 단가는 ₩8,000, 장부금액은 ₩80,000이다.
- 2019년 1월 15일 거래 분개

〈차변〉 현금	90,000	〈대변〉 단기매매증권	80,000
		단기투자자산처분이익	10,000

Answer → 39.②   40.②   41.(단기차입금)   42.(₩10,000)

43 다음은 ○○㈜의 제5기 '외상매출금 관련 자료'와 손익계산서의 일부이다. ㈎에 들어갈 금액은? (단, 일반기업회계기준을 적용하고, 받을어음 계정은 없으며, 제시된 자료 외의 것은 고려하지 않는다.)

외상매출금 관련 자료

- 외상매출금 기초 잔액 : ₩400,000
- 대손충당금 기초 잔액 : ₩30,000
- 4월 3일에 상품 외상 매출액 ₩450,000이 발생하였고, 9월 11일에는 전기에 대손 처리하였던 외상매출금 ₩10,000을 현금으로 회수하였다.
- 12월 31일 결산 시 외상매출금 대손 추산액에 대한 결산 정리 사항을 회계 처리하여 이를 이월시산표에 표시한 결과, 외상매출금에서 대손충당금(외상매출금에 대한 것임)을 차감한 금액은 ₩792,000이었다.

손익계산서

– 제5기 2019년 1월 1일부터 2019년 12월 31일까지 –

○○㈜ (단위 : 원)

과목	당기
⋮	⋮
대손상각비	㈎

(   )

> (Tip) 외상매출금 잔액 상태는 기초 잔액 ₩400,000에 4월 3일 외상매출액 ₩450,000을 더하여 ₩850,000이 된다. 대손충당금 잔액은 기초 잔액 ₩30,000에 9월 11일 전기에 대손 처리하였던 외상매출금 회수 금액 ₩10,000을 더하여 ₩40,000이 된다. 12월 31일 이월시산표에 표시된 외상매출금이 ₩792,000이므로 외상매출금 잔액 ₩850,000과의 차액 ₩58,000이 추산액이 됨을 알 수 있다. 따라서 대손상각비 금액 ㈎는 ₩58,000에서 대손충당금 잔액 ₩40,000을 차감한 ₩18,000이 된다.

44 ○○㈜는 △△㈜와 상품 판매 계약을 체결하고 계약금 10만 원을 자기앞수표로 받았다. 이에 나타난 거래를 ○○㈜ 의 입장에서 분개하면?

(   )

 판매 계약을 체결하고 계약금을 현금으로 받은 거래이다. 자기앞수표는 '현금'이며, 계약금을 받은 경우 부채 계정인 '선수금'으로 처리한다.

45 다음은 어느 기업의 자금 조달 방안에 대한 회의록 일부이다. 이를 실행하여 회계 처리하는 경우 자본 총액의 증감 변화에 대해 서술하시오. (단, 제시된 자료 외의 것은 고려하지 않는다.)

• 사업 확장에 필요한 자금을 다음과 같이 신주를 발행하여 조달하기로 함.

발행주식 수	100주
액면금액	1주당 ₩5,000
발행 금액	1주당 ₩6,000
납입금	전액 당좌예입하기로 함

(   )

Tip 유상증자(신주를 발행하고 주식 대금을 납입 받아 실질적으로 자본금을 증가시키는 것)를 나타내고 있다.

〈차변〉 당좌예금   600,000   〈대변〉 자본금   500,000
                                                    주식발행초과금   100,000

따라서 자본 총액이 ₩600,000 증가하게 된다.

Answer⤳ 43.(₩18,000) 44.〈차변〉 현금 100,000 〈대변〉 선수금 100,000 45.(자본 총액은 ₩600,000이 증가한다.)

02 상업경제

〉〉 기업의 사회적 책임(CSR ; Corporate Social Responsibility)

기업이 지속적으로 존속하기 위해 이윤추구 이외에 법령과 윤리를 준수하고 기업의 이해관계자의 요구에 적절히 대응함으로써 사회에 긍정적 영향을 미치는 책임 있는 활동을 의미하며 세계화의 진전 및 기업의 사회적 영향력이 커지면서 최근 급속도로 부각되고 있다. 또한 최근 국제사회를 중심으로 기업을 벗어나 사회를 구성하는 모든 조직에게 사회적 책임을 강조하는 국제표준(ISO26000 Guidance on Social Responsibility)이 정립되는 등 기업 외의 이해관계자인 개인, 시민단체, 노동조합, 비정부 / 이익단체 등의 전향적인 사회적 책임을 강조하는 경향이 나타나고 있다.

〉〉 경제 활동 주체

인간이 생활하는 데 필요한 재화와 서비스를 생산·분배·소비하는 일련의 활동인 경제 활동을 수행하는 개인이나 집단을 말한다. 소비 경제 주체인 가계, 생산 경제 주체인 기업, 생산과 소비의 주체인 정부 등으로 구성된다.

〉〉 경제 원칙

① 최소 비용의 원칙 … 최소의 비용으로 동일한 효과
② 최대 효과의 원칙 … 동일한 비용으로 최대의 효과
③ 최대 잉여의 원칙 … 최소의 비용으로 최대의 효과

〉〉 상업 발달의 과정

자급자족 → 잉여 생산물 발생 → 물물교환 → 시장 발생(화폐, 상인 출현) → 상업의 발달

〉〉 상업의 기능

기능	내용	종류
매매	소유권 이전을 통한 인적 불일치 극복	매매업
운송	장소적 불일치 극복	운송업
보관	시간적 불일치 극복	보관업
금융	자금이 필요한 사람에게 자금 융통	금융업
보험	위험으로 인한 손실 보상	보험업
정보전달	생산자와 소비자 간 정보의 불일치 극복	정보통신업
무역	국가 간 상거래	무역업

〉〉 소유경영과 전문경영

㉠ 소유경영 : 객관적인 견제장치 존재, 전문성 있는 경영진, 단기성과에 치중하는 경향, 대리인비용, 도덕적 해이 등
㉡ 전문경영 : 강력한 리더십 발휘, 빠른 정보전달과 의사결정, 위험에 소극적, 투명성 저하

〉〉 산업 정책

산업 정책은 산업의 육성과 발전을 통한 경제 발전, 생활수준 향상, 완전 고용 실현, 경제 성장 등을 목표로 하는 정책으로 산업 구조 조정 정책, 산업 구조 유지 정책, 산업 구조 형성 정책으로 구분 할 수 있다.

〉〉 우리나라 산업 구조의 문제점

① 중화학 공업과 경공업 간의 격차
② 지나친 수출 의존도와 내수 산업의 과다 경쟁
③ 산업 간 불균등한 인력 구조(1~2차 산업의 인력난)
④ 대기업 중심의 경제 활동

〉〉 경제 성장 지표

① 국민총생산(GNP) ··· 한 나라의 국민이 일정 기간 동안 자국과 외국에서 생산한 최종 생산물과 부가가치의 총계
② 국내총생산(GDP) ··· 국내에 거주하는 자국 국민과 외국 국민이 일정 기간 동안 그 나라 안에서 생산한 최종 생산물과 부가가치의 총계
③ 국민총소득(GNI) ··· 한 나라의 국민이 일정 기간 동안 생산 활동에 참여해 벌어들인 소득의 합계

〉〉 환경 관련 협약

① **몬트리올 의정서** … 지구 오존층 파괴 방지를 위하여 염화불화탄소(CFC), 할론 등 오존층 파괴 물질 사용에 대해 규정한 국제환경협약이다.

② **기후변화협약** … 지구온난화를 방지하기 위해 이산화탄소, 메탄 등의 발생량 감축을 목표로 한 국제협약으로 1992년 유엔환경개발회의에서 정식으로 채택되었다.

③ **생물다양성협약** … 지구상의 동·식물을 보호하고 천연자원을 보존하기 위한 국제협약으로 유엔환경개발회의에서 정식으로 채택되었다.

④ **람사르협약** … 물새 서식지로 중요한 습지보호에 관한 협약으로 1971년 이란 람사르에서 채택되어 1975년 발효되었다.

⑤ **바젤협약** … 1989년 스위스 바젤에서 채택된 것으로 유해폐기물의 국가간 이동 및 처리에 관한 협약이다.

⑥ **런던협약** … 폐기물 및 기타 물질의 투기에 의한 해양오염방지에 관한 조약이다.

〉〉 유통

유통은 재화와 서비스가 생산자에서 소비자에게 도달하기까지의 여러 활동으로 생산과 소비의 시간적·공간적 불일치를 조절하여 생산과 소비를 연결하고 시장 정보를 제공하며, 소비자의 기호 충족, 생산자의 이윤 실현, 국민 생활의 향상 등의 역할을 한다.

〉〉 유통 조직

① **수집 조직** … 생산자로부터 상품을 매입하여 다른 유통기관에게 판매하는 수집 기능을 담당하는 조직으로 매집상, 이출상, 수집상 등이 이에 해당한다.

② **중계 조직** … 수집과 분산을 연결하는 조직으로 보통 교통이 편리한 곳에 위치한다. 중개상, 무역업자 등이 있다.

③ **분산 조직** … 수집 조직 또는 중계 조직으로부터 매입하여 소매상이나 소비자에게 판매하는 기관으로 도매상, 소매상 등이 해당한다.

〉〉 전통 상거래와 전자 상거래의 비교

구분	전통 상거래	전자 상거래
유통 채널	기업→도매상→소매상→소비자	기업→소비자
거래 지역	한정적 지역	세계 전지역
거래 시간	제한된 영업시간	24시간 가능
고객 응대	신속성 떨어짐	신속한 대응 가능
판매 거점	구체적 공간	가상공간

>> 전자 상거래의 분류

① 기업과 기업 거래(B2B) … 기업과 기업 사이에서 주문과 대금 지급 등을 전자식으로 진행하는 것
② 기업과 소비자 거래(B2C) … 인터넷 쇼핑몰 등과 같이 기업과 소비자 간에 거래가 전자식으로 진행되는 것
③ 기업과 정부 거래(B2G) … 기업으로부터의 국가 기관 조달 상품 등의 거래가 전자식으로 진행되는 것

>> 인터넷 쇼핑몰 구축 절차

① 판매상품 선정 … 소비자의 욕구를 파악하여 판매 상품을 선정한다.
② 사업자 등록 신청 … 관할 세무서에 사업자 등록을 신청한다.
③ 도메인 등록 … 상점의 성격을 보여주는 도메인을 선정하여 등록한다.
④ 웹사이트 구축 … 웹 호스팅 및 네트워크 장비 등을 준비하여 웹사이트를 구축한다.
⑤ 결제 방식 선택 … 대금을 결제할 방식을 선택한다.
⑥ 물류 체계 구축 … 신속한 배송을 위한 물류 체계를 구축한다.
⑦ 유지 및 보수 … 지속적인 사이트 관리가 요구된다.

>> 경매매

다구의 판매자와 다수의 구매자가 일정한 시간과 장소에서 동시에 경쟁하여 수요와 공급이 일치하는 가격으로 거래하는 것으로 공정 가격으로 신속하게 대량의 거래가 가능하다는 장점이 있다. 상품거래소, 증권거래소 등에서 행해지는 매매의 유형이 이에 해당한다.

>> 보험 용어

① 보험자 … 보험 사업의 주체로서 보험금을 지급하는 보험 회사
② 보험 계약자 … 보험 계약 당사자로 보험자와 보험 계약을 맺은 사람
③ 보험료 … 보험 계약자가 보험자에게 납부하는 금액
④ 피보험자 … 보험 사고 발생의 대상이 되거나 경제적 손실의 대상이 되는 자
⑤ 보험 수익자 … 보험자로부터 보험금을 지급받는 사람
⑥ 보험금 … 보험 사고 발생시 보험자가 보험 수익자에게 지급하는 금액
⑦ 보험목적물 … 보험 계약의 대상
⑧ 보험 증권 … 보험 계약의 성립과 내용을 증명하는 증권
⑨ 보험 약관 … 보험자와 계약자 간의 권리와 의무를 규정해 놓은 약정 목록

>> 플랜트 수출

설비, 기계, 장치와 운영 기술 등을 수출하는 것으로 계약부터 인도까지의 기간이 길고 수출 금액도 큰 편이다.

>> 녹다운(knock-down) 수출

부품 및 반제품 형태로 수출하고 수입국에서 현지 조립하는 형태의 수출이다. 수입국의 완제품 수입 제한 및 고율 관세 부과를 피하기 위한 방법이다.

>> OEM 수출

Original Equipment Manufacturing의 약자로 주문자 상표 부착 방식 수출이다.

>> 인터넷 무역

인터넷을 통해 시장 정보나 기업 정보 및 각종 상품 정보 등을 검색하고, 수출상과 수입상을 찾아 수출입 계약 체결부터 대금 결제에 이르기까지의 무역 거래를 말한다.

>> 각종 무역 지수

경상수지	상품수지	상품 수출액과 수입액의 차액
	서비스수지	서비스 제공 수입과 서비스 이용 지출 금액의 차액
	소득수지	임금, 이자, 배당금 등 소득에 대한 수취액과 지급액의 차액
	경상이전수지	대가 없이 준 일방적인 이전의 차액
자본수지	투자수지	직접 투자, 증권 투자 등 기타 투자의 차액
	기타 자본수지	특허권, 저작권, 해외 이주비 등 자산 취득과 처분의 차액

>> 해외직접투자(FDI ; Foreign Direct Investment)

장래의 수익, 경영 지배 등을 목적으로 국내의 자본, 기술 등의 생산요소를 해외로 이전하여 직접적으로 투자하는 것이다. 이에 비해 해외간접투자는 배당금이나 자본 수익을 목적으로 해외 증권에 투자하는 것을 말한다.

① 유형
   ㉠ 자원 지향형 투자 : 원자재의 안정적 확보를 목적으로 광업, 임업, 수산업 등의 분야에 투자하는 것이다.
   ㉡ 생산요소 지향형 투자 : 해외 생산 거점형 투자 방식으로 저렴한 임금을 이용하여 국제 경쟁력을 높이는 것이 목적이다.

    © 현지시장 지향형 투자 : 현지 시장 접근형 투자로 현지 판매를 위해 생산 기지를 건설하고 마케팅을 전개하는 형태이다.

    ② 선진기술 습득형 투자 : 선진국의 생산 기술, 마케팅 방식, 경영 관리 등을 습득하는 데 필요한 투자를 말한다.

    ⑩ 수직적 해외직접투자 : 부품 공급 기지를 해외에 건설하는 등의 유형으로 생산 공정별 분업화를 위한 투자 유형이다.

    ⑪ 수평적 해외직접투자 : 현지 수요에 신속히 대응하고 수송비를 절감하기 위해 모기업과 동일한 상품을 생산·판매한다.

② 방식
    ㉠ 단독투자
    ㉡ 합작투자
    ㉢ 인수합병
    ㉣ 다국적 기업

③ 효과
    ㉠ 국제수지의 개선
    ㉡ 고용 창출
    ㉢ 생산요소 시장의 확보
    ㉣ 산업 구조의 조정

〉〉 국제경영전략

세계시장에서 장기적인 경영전략목표를 달성하기 위한 의사결정 지침으로 다른 경쟁 기업보다 우위를 선점하고자 하는 경영전략이다.

〉〉 지역무역협정(RTA ; Regional Trade Agreement)의 종류

구분	내용
자유무역협정(FTA)	회원국 간 관세 철폐를 중심으로 하는 자유무역협정
관세동맹	회원국 간 자유무역은 물론 역외국에 대해서도 공동관세율 적용
공동시장	관세동맹에 더해 회원국 간 생산요소의 자유로운 이동이 가능
완전경제통합	단일통화를 바탕으로 한 통합적 단일 시장

1 개발도상국들이 생산하는 원자재에 대해 선진국들이 수입관세를 낮추는 정책의 효과로 적절한 것은?

① 개발도상국과는 무관한 정책이다.

② 선진국의 원자재 생산업체를 돕는다.

③ 선진국의 완제품 제조 및 수출에 피해를 준다.

④ 완제품을 제조하여 수출하는 개발도상국에 피해를 준다.

 선진국들이 수입 원자재에 대한 관세를 인하하게 되면, 개발도상국의 원자재 수출이 증가하면서 원자재 가격은 상승한다. 반면에 선진국의 원자재 가격은 수입이 늘어나면서 하락한다. 따라서 선진국의 완제품 생산자와 개발도상국의 원자재 생산자에게는 이익이 되지만, 개발도상국의 완제품 생산자와 선진국의 원자재 생산자에게는 피해를 준다.

2 투자와 투기는 다르다. 투기에 해당하는 것을 모두 고른 것은?

> ㉠ 시세차익을 목적으로 부동산을 매매한다.
> ㉡ 단기간에 수익 목표를 달성하고자 위험부담을 무릅쓴다.
> ㉢ 위험을 최소화하고자 우량주를 중심으로 주식을 매입한다.

① ㉠   ② ㉠㉡

③ ㉠㉢   ④ ㉡㉢

 투기는 투자와 다르게 단기간의 수익목표 달성을 목적으로 하며, 논리적 분석이 다소 부족하다.

3 다음 '주식 시세표'에 대한 설명으로 옳지 않은 것은?

주식 시세표
- 2020년 ○월 ○일 -

KOSPI 지수 2,343.07(▽12.36)   (단위 : 원, 주)

종목명	시가	종가	등락	거래량	고가	저가
A	29,000	33,000	▲5,000	84,360	35,000	28,000

KOSDAQ 지수 822.27(▲8.74)   (단위 : 원, 주)

종목명	시가	종가	등락	거래량	고가	저가
B	24,000	23,000	▽1,000	25,890	25,000	21,000

---

① A종목의 당일 가격 변동 폭은 7,000원이다.

② A종목과 B종목이 매매된 증권 시장은 유통 시장이다.

③ B종목의 전일 종가는 당일 시가와 일치한다.

④ A종목이 거래되는 시장은 한국거래소에서, B종목이 거래되는 시장은 한국금융투자협회에서 운영한다.

 코스피 시장과 코스닥 시장 모두 한국거래소에서 운영한다.
① 35,000원(고가) − 28,000(저가) = 7,000원
② 코스피 시장과 코스닥 시장은 유통 시장에 해당한다.
③ B종목의 전일 종가는 24,000원으로 당일 시가와 일치한다.

Answer 1.④ 2.② 3.④

4 다음 ㈎, ㈏에 공통으로 들어갈 무형 재화로 알맞은 것은?

> A국 스포츠용품 제조업체인 M사가 B국에 제소당한 만화 캐릭터와 관련한 (가) 소송에서 패소했다고 보도했다. 법원은 M사가 B국 만화 캐릭터 작가인 ○○씨의 (나)을 침해한 것이 인정된다며 30만 달러의 배상금과 공개 사과를 명령했다.
>
> ─△△신문─

① 상표권   ② 특허권

③ 의장권   ④ 저작권

 저작권은 지적·정신적 창작물에 대한 독점적이고 배타적인 권리로, 산업 재산권, 영업권 등과 함께 무형 재화에 속한다.

5 금융시장에서 상품시장의 '가격'에 해당하는 것은?

① 저축금액   ② 지급준비율

③ 물가지수   ④ 이자율

 금융시장은 자금의 수요자와 공급자가 만나 거래가 이루어지는 시장으로 자금의 수요와 공급에 의해 이자율, 즉 금리가 결정된다.

6 ㈎, ㈏는 무역의 종류에 대한 사례를 나타낸다. 다음 중 옳은 설명은?

> ㈎ A 기업은 외국의 의류 생산업체인 B 기업에 원자재를 수출하고 B 기업으로부터 그 원자재로 생산한 의류 제품을 수입하여 국내에서 판매하고 있다.
> ㈏ C 기업은 □□국 D 기업으로부터 수입한 견과류를 국내의 보세 구역에 반입한 후 분할하고 재포장하여 ○○국의 E 기업에 수출하였다.

① ㈎는 간접 무역 형태, ㈏는 직접 무역 형태에 해당한다.

② ㈎에서 대금 결제는 제3국의 무역업자를 개입시켜 거래하는 방식이다.

③ ㈏에서 C 기업은 수출입 차액의 취득을 목적으로 한다.

④ ㈏는 수출액의 일정 비율만큼 구매하겠다는 계약을 체결하고 수출하는 거래이다.

㈎ 위탁 가공 무역(직접 무역 형태), ㈏ 중계 무역(간접 무역 형태)
C 기업은 수입한 제품을 전혀 가공하지 않고 분할·재포장만 하여 그대로 재수출하는 과정에서 수출입 차액을 얻는 것을 목적으로 하고 있다. ②는 스위치 무역, ④는 대응 구매에 대한 설명이다.
- 스위치 무역 : 매매계약과 상품의 수출입은 당사자 간에 이루어지나 대금결제는 제3국 또는 제4국 간의 상사를 통해 이루어지는 거래
- 대응 구매 : 수출을 하는 대가로 상대방의 상품을 구매하는 무역 거래 방식

7 다음은 어느 기업의 자금 조달 보고서 중 일부이다. 〈보기〉 중 이에 대한 설명으로 옳은 것을 모두 고르면?

조달 목적	신규 사업 진출에 필요한 설비 투자 자금 조달
조달 금액	총 60억 원
조달 내역	• 시중은행으로부터 15억 원 차입 • 3년 만기 회사채를 25억 원 발행 • 보통주를 유상 증자하여 20억 원 조달

〈보기〉
㉠ 직접 금융으로 조달한 금액이 간접 금융으로 조달한 금액보다 많다.
㉡ 타인 자본으로 조달한 금액이 자기 자본으로 조달한 금액보다 많다.
㉢ 원금을 상환해야 하는 자본 증권을 발행하여 조달한 금액은 40억 원이다.

① ㉠, ㉡

② ㉠, ㉢

③ ㉡, ㉢

④ ㉠, ㉡, ㉢

 ㉠ [O] 직접 금융 조달[회사채 발행(25억 원)+유상 증자(20억 원)] 〉 간접 금융 조달[은행 차입(15억 원)]
㉡ [O] 타인 자본 조달[은행 차입(15억 원)+회사채 발행(25억 원)] 〉 자기 자본 조달[유상 증자(20억 원)]
㉢ [×] '원금을 상환해야 하는 자본 증권'은 '회사채'에 해당한다. 회사채를 통한 조달 금액은 25억 원이다.

Answer⟳ 4.④ 5.④ 6.③ 7.①

8 다음은 웰빙 야채 주스를 개발한 ○○기업의 시장 조사 결과이다. 이 결과를 통해 알 수 있는 내용으로 적절한 것은?

> **주스 시장 조사 결과 요약서**
> 1. 주스 시장 현황
> • 전체 음료 시장 중 주스 시장이 약 70% 차지
> • 최근 야채 주스 시장이 급속히 커지고 있는 추세임
> 2. 주스 이용자의 소비 행태
> • 피부 및 건강에 대한 관심 높음
> • 아침 식사로 밥 대신 빵을 이용
> • 우유나 과일 주스보다 야채 주스 선호

① 상품의 판매 가능성   ② 지역별 예상 판매량
③ 판매원별 판매 할당량   ④ 소비자 불만 처리 방법

 최근 야채 주스 시장이 급속히 증가하고 있으며, 이용자들이 우유나 과일 주스보다 야채 주스를 더 선호한다는 것으로 보아 ○○기업의 웰빙 야채 주스 상품의 판매 가능성을 예상할 수 있다.

9 다음 글의 ㈎에 해당하는 유통 기관의 특징으로 옳은 것은?

> 전통적인 유통 경로에서 (㉮)은/는 재화나 서비스를 최종적으로 소비자에게 직접 판매하는 유통 기관이다.

① 대량 판매를 주로 하는 유통 기관이다.
② 수집 및 중계 기관으로서 역할을 한다.
③ 설비품, 원료, 재료 등을 주로 판매한다.
④ 생산자나 도매상에게 고객의 정보를 제공한다.

 ④ ㈎에 해당하는 유통 기관은 소매상으로 도매상 및 생산자로부터 상품을 매입하여 최종 소비자에게 직접 판매하며, 생산자에게는 시장 조사 자료를 제공한다.

10 다음은 ○○마트의 상품 매입에서 판매까지의 과정이다. 밑줄 친 부분과 관련된 판매 가격 구성 요소에 대한 설명으로 옳지 않은 것은?

> 건강식품 20세트를 100만원에 매입하고 운반비 1만원을 지급하였다. 그 후 할인 판매 행사를 위해 <u>광고비 5만원</u>을 지급하였고, 판매 후 발생한 이익은 8만원이었다.

① 영업비에 속한다.　　　　　　　　② 매입 원가에 포함된다.

③ 이폭률에 영향을 친다.　　　　　　④ 판매 원가의 구성 요소이다.

 판매 가격 구성 요소
　㉠ 매입 제비용 : 수수료, 매입 보관료, 반입 운임, 운송 보험료, 하역료 등
　㉡ 영업비 : 판매비, 광고비, 관리비
　㉢ 이폭 : 영업비＋이익

11 다음은 소비자의 기본적 권리 중 일부이다. 밑줄 친 부분에 저촉되는 사례로 가장 적절한 것은?

> 제4조(소비자의 기본적 권리) 소비자는 다음 각 호의 기본적 권리를 가진다.
> 1. 물품 또는 용역으로 인한 생명·신체 또는 재산에 대한 위해로부터 보호받을 권리
> 2. <u>물품 등을 선택함에 있어서 필요한 지식 및 정보를 제공받을 권리</u>
> 　　　　　　　　　　〈하략〉
> 　　　　　　　　　　　　　　　　　　　－소비자 기본법 제4조－

① 음식점에서 식사를 한 후 식중독에 걸렸다.

② 어린이가 장난감의 품질 불량으로 인해 상해를 입었다.

③ 제약 회사의 과장 광고 제품을 구입하여 피해를 입었다.

④ 놀이 공원에서 안전장치 미설치로 인해 부상을 입었다.

 소비자 8대 권리
　㉠ 안전할 권리
　㉡ 정보를 받을 권리(알 권리)
　㉢ 선택할 권리
　㉣ 의사가 반영될 권리
　㉤ 보상 받을 권리
　㉥ 소비자 교육을 받을 권리
　㉦ 쾌적한 환경에 살 권리
　㉧ 조직할 권리

Answer ↱ 8.① 9.④ 10.② 11.③

12 다음의 품질 조건에 따라서 구매한 사례로 가장 적절한 것은?

> • 수확 전의 농산물이나 광산물 등의 품질을 결정할 때 이용한다.
> • 실제 인도하는 상품이 품질과 다를 경우, 정도에 따라 가격을 가감한다.

① 일반 편의점에서 치약을 구매하였다.

② 질 좋기로 유명한 '○○휴대폰'을 구매하였다.

③ 자동차에 장착되는 온풍기용 모터를 구매하였다.

④ 학생이 사용하는 가구를 제작하기 위해 원목을 구매하였다.

> (Tip) 품질에 따라 등급을 정해 놓고 등급별 표준품에 의해 품질을 결정하는 방법으로 원목, 미수확된 농산물, 미착 상품의 품질 결정에 활용된다.

13 다음은 통화 신용 정책이 경제에 미치는 영향을 나타낸 것이다. ㈎~㈐에 들어갈 내용으로 옳은 것은?

> 한국은행은 경기 침체를 해소하기 위한 방안의 일환으로 국공채를 (가)하기로 했다. 이로 인해 시중 자금이 (나)하고 민간 투자와 소비가 (다)하여 경기가 회복될 것으로 기대하고 있다.

	㈎	㈏	㈐
①	매입	증가	증가
②	매입	증가	감소
③	매입	감소	증가
④	매각	감소	감소

> (Tip) 한국은행의 통화 조절 기능에 대한 지문으로, 한국은행은 시중에 자금이 부족하면 국공채를 사들여 자금을 공급하고 이를 통해 민간 투자와 소비를 증가시킴으로 경기 회복을 기대한다. 반면 시중에 자금이 넘칠 경우 국공채를 매각하고 시중의 자금을 흡수하여 통화를 조절한다.

14 그림은 유가 증권의 발행 시장을 나타낸 것이다. 시장의 기능과 성격을 바르게 짝지은 것은?

증권 투자자	증권 발행 ←	증권 발행자
(자금 공급자)	→ 자금 공급	(자금 수요자)

    기능   성격   기능   성격
① 자금 조달   추상적 시장   ② 자금 조달   구체적 시장
③ 간접 금융   추상적 시장   ④ 간접 금융   구체적 시장

 발행 시장은 직접 금융 방식으로 자금 조달 기능과 투자 환경 조성, 투자 소득 재분배 등의 기능을 한다. 발행 시장은 추상적 시장에 해당한다.

15 금융 시장 안정을 위하여 한국은행이 취할 수 있는 정책으로 옳은 것은?

> ㉠ 콜금리를 인하하거나 인상한다.
> ㉡ 신용카드 대출 한도를 조절한다.
> ㉢ 공개 시장 조작을 통하여 통화량을 조절한다.

① ㉠   ② ㉠㉡
③ ㉠㉢   ④ ㉡㉢

 한국은행의 통화정책
㉠ 지급 준비율 정책 : 금융 기관으로 하여금 금전 채무의 일정 비율에 해당하는 지급 준비금을 한국은행에 예치하도록 하는 정책
㉡ 대출 정책 : 한국은행이 금융 기관에 대출해 주는 돈의 양이나 금리를 조절하는 정책
㉢ 공개 시장 조작 정책 : 국공채 및 통화 안정 증권의 매매를 통해 유동성을 증감시켜 통화량을 조절하는 정책

Answer → 12.④ 13.① 14.① 15.③

16 다음에 나타난 그래프를 바탕으로 내년도에 나타날 환율 변동의 효과에 대해 추론한 것으로 옳은 것은? (단, A점은 금년도 평균 환율이며, B점은 내년도 예측치이다.)

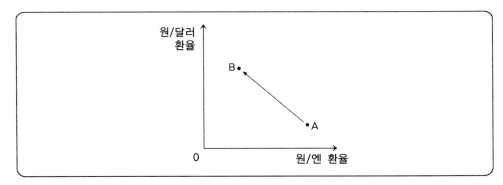

① 한국 시장에서 미국 제품의 가격 경쟁력은 높아질 것이다.

② 미국산 원재료를 사용하는 한국 기업의 생산비는 감소할 것이다.

③ 일본산 부품을 사용하여 미국에 수출하는 한국 기업의 이익은 증가할 것이다.

④ 한국 시장에서 일본 제품의 가격 경쟁력은 미국 제품보다 낮아질 것이다.

 A에서 B로 이동하면 원/달러 환율은 상승하고 원/엔 환율은 하락한다. 따라서 내년도에 나타날 세 화폐의 가치는 '달러〉원〉엔' 순이다. 일본에서 부품을 수입할 때는 '원/엔 환율'하락으로 보다 낮은 원화 가격으로 수입하고, 미국으로 수출할 때는 '원/달러 환율'상승으로 인해 수출품의 달러 표시 가격이 낮아져 상대적으로 가격경쟁력이 높아진다. 따라서 한국 기업의 이익은 증가할 것이다.

① 원/달러 환율이 상승하므로 미국 제품의 원화 표시 가격이 높아지게 되므로 미국 제품의 가격 경쟁력이 낮아질 것이다.

② 미국산 원재료를 수입할 때 '원/달러 환율' 상승으로 인해 원화 표시 가격이 높아지므로 한국 기업의 생산비가 증가할 것이다.

④ '원/엔 환율' 하락으로 일본 제품의 원화 표시 가격은 낮아지고, '원/달러 환율' 상승으로 미국 제품의 원화 표시 가격은 상승하므로 일본 제품의 가격경쟁력이 미국 제품의 가격 경쟁력보다 높아질 것이다.

17 표에 나타난 세 사람의 동일 종목에 대한 주식 매도 주문이 10시 10분 후 차례로 체결되었다. 거래가 체결된 주문자의 순서를 바르게 나열한 것은?

매도 주문자	매도 주문 시간	매도 가격(원)	매도 수량(주)
갑	10 : 00	5,000	500
을	10 : 05	5,000	500
병	10 : 07	4,900	800

① 갑 - 을 - 병
② 갑 - 병 - 을
③ 을 - 갑 - 병
④ 병 - 갑 - 을

 ④ 매도 가격이 가장 낮은 병이 가장 먼저 체결되고, 가격과 수량이 동일한 갑, 을은 시간이 빠른 순서로 체결된다. 참고로 가격과 시간이 동일할 경우에는 수량이 많은 주문이 먼저 체결된다.

18 다음 괄호 안에 공통적으로 들어갈 말로 적절한 것은?

• ㈜서원각은 만기가 3년인 (   )을 발행하여 자금을 조달하였다.
• (   )은 회사의 경영 성과에 관계없이 원금과 이자를 받으며, 주주 총회에서 의결권이 없다.

① 어음
② 주식
③ 채권
④ 신탁 상품

 주식과 채권의 비교

구분	주식	채권
자금 조달 성격	자기 자본 조달	타인 자본 조달
발행자	주식회사	정부, 지자체, 특수 법인, 주식회사
존속기간	영구 증권	기간부 증권
원금 상환	없음	만기 상환
이익 배당	이익 발생 시에만 배당금 지급	이익에 상관없이 원금과 이자 지급
경영 참가	주주 총회를 통한 의결권 행사	불가

Answer ↪ 16.③ 17.④ 18.③

19 현대 사회의 정보 통신 기술 활용에 관련된 내용이다. 이 글이 의미하는 것으로 적절한 것은?

> 기업에서 일하는 사람들이 정보 기술을 이용하여 사고와 협력을 한다면 그것은 '디지털 신경망'을 가지고 있다고 할 수 있다. 그러기 위해서는 몇 군데의 출처에서 얻은 데이터 정보를 쉽게 연결시켜 다시 구성하는 것을 가능하게 하는 환경이 필요하다.

① 재택근무　　　　　　　　② 원격 진료
③ 인트라넷　　　　　　　　④ 사이버 교육

 인트라넷 … 조직의 업무를 보다 편리하게 처리할 수 있도록 구축된 기업 내 정보 환경

20 다음 기사에 소개된 거래 방식의 특징은?

> ○○도는 농촌 지역에 정보화 마을 103곳을 선정하고 초고속통신망과 인터넷망을 갖춘 인터넷 쇼핑몰을 구축하였다. 금년 설에 처음으로 이를 통하여 판매한 결과 놀라운 매출 실적을 올린 ○○도는 이러한 방식이 농수산물 판매에 매우 효과적이라는 판단 아래 도민들의 신청을 받아 정보화 마을 14곳을 추가 조성해 주기로 결정하였다.
> － ○○일보 －

① 유통 단계가 줄어 유통 비용이 감소한다.
② 농촌 지역에 위치하므로 고객 정보 수집이 어렵다.
③ 농촌 지역에 위치하므로 영업시간의 제약을 받는다.
④ 의사소통이 단절되어 일방적인 마케팅이 이루어진다.

 ②③ 전자 상거래는 시·공간의 제약을 받지 않는다.
　　④ 전자 상거래는 쌍방향 통신을 통해 1대 1 마케팅이 가능하다.

21 다음 글은 무역 확대에 관한 보고서이다. ㈎에 들어갈 내용으로 적절한 것을 고른 것은?

> 제목 : 전자 무역 확대 효과
> 내용 : 인터넷은 우리 생활 전반에 영향을 미치고 있다. 무역 분야에서도 인터넷을 이용해 세계 시장에서 상품과 서비스의 거래가 활발히 진행되고 있으며 향후에는 더욱 더 활발해질 것으로 전망된다. 무역 업체 관계자들은 전자 무역이 확대됨으로써 (가)라고 예상하고 있다.

> ㉠ 수출 홍보비용이 늘어날 것이다.
> ㉡ 서류 작성 시 오류를 최소화 할 수 있을 것이다.
> ㉢ 통신비가 증가하여 전체 상거래 비용이 늘어날 것이다.
> ㉣ 다품종 소량으로 생산된 상품에 대한 수출이 늘어날 것이다.

① ㉠㉡
② ㉠㉢
③ ㉡㉢
④ ㉡㉣

 전자 무역 … 인터넷을 통해 상품, 서비스 등을 매매하는 것으로 가상공간에서 인터넷 이용자를 대상으로 하는 거래이다.

22 다음 내용에 적합한 전자 상거래의 유형으로 옳은 것은?

> 정부 조달청은 이동이 잦은 기업인들의 편의를 높이기 위해 개인 휴대 단말기(PDA)로 전자 입찰에 참가할 수 있는 '모바일 전자 입찰 서비스'를 실시하기로 하였다.

① B to B
② B to C
③ B to G
④ C to G

 ③ B to G : 기업과 정부 거래
① B to B : 기업과 기업 거래
② B to C : 기업과 개인 거래
④ C to G : 개인과 정부 거래

23 다음은 대외 무역법의 일부이다. 이에 해당하는 수출의 형태는?

> 제22조
> 1. 농업 · 임업 · 어업 · 광업 · 제조업, 전기 · 가스 · 수도 사업, 창고 · 운송업 및 방송 · 통
>   신업을 영위하기 위하여 설치하는 기재 · 장치 및 대통령령이 정하는 설비 중 지식경
>   제부장관이 정하는 일정 규모 이상의 산업 설비의 수출
> 2. 산업 설비 · 기술 용역 및 시공을 포괄적으로 행하는 수출

① 가공 수출   ② 플랜트 수출

③ 녹다운 수출   ④ 연불 수출

 플랜트 수출 … 생산 설비, 기계, 장치뿐만 아니라 운영에 필요한 지식과 기술을 종합적으로 수출하는 방식이다.

24 다음은 불공정 무역 행위 제소 내용의 일부이다. 우리나라 정부가 취할 수 있는 조치로 적절한 것을 고른 것은?

> 1. 개요 : 국내 A사에서 외국 경쟁사 B를 제소
> 2. 내용 : 외국 경쟁사 B의 불공정 행위
>   • 자국 내 판매 가격보다 현저히 낮은 가격으로 우리나라에 수출
>   • B사는 자국 정부로부터 보조금을 지급 받음

> ㉠ A사의 수입 예치금을 높인다.
> ㉡ A사의 관세 환급 비율을 줄인다.
> ㉢ B사 제품에 상계 관세를 부과한다.
> ㉣ B사 제품에 덤핑 방지 관세를 부과한다.

① ㉠㉡   ② ㉡㉢

③ ㉡㉣   ④ ㉢㉣

 ㉢ 상계 관세 : 어떤 상품을 생산 · 수출하는 과정에서 장려금 또는 보조금을 주었다고 판명되는 경우, 자국의 산업을 보호하기 위해 기본 관세 이외에 추가로 관세를 부과하는 것이다.
㉣ 덤핑 방지 관세 : 수출국 내의 정상 가격과 덤핑 가격의 차액 범위 내에서 부과하는 할증 관세이다.

25 다음 표는 타이어에 대한 관세율 및 수출입 공고문의 일부이다. 이에 관한 설명으로 옳은 것을 모두 고른 것은?

품목 번호	품명	관세율(%)	수입 요령
4011-20-1010	버스용 타이어	8	–
4011-30-0000	항공기용 타이어	5	한국우주산업진흥협회의 승인이 필요

　ㄱ 버스용 타이어는 수입 승인제가 적용된다.
　ㄴ 버스용은 항공기용보다 수입 관세 장벽이 높다.
　ㄷ 항공기용 타이어에는 수입 할당제가 적용된다.
　ㄹ 항공기용 타이어 수입에는 비관세 장벽이 있다.

① ㄱㄴ
② ㄴㄷ
③ ㄴㄹ
④ ㄷㄹ

 ㄴ 버스용 타이어의 관세율은 8%, 항공기용 타이어의 관세율은 5%이므로 버스용이 항공기용보다 수입 관세 장벽이 높다.
　ㄹ 항공기용 타이어 수입에는 한국우주산업진흥협회의 승인이라는 비관세 장벽이 있다.

26 다음은 어느 화장품 회사의 마케팅 계획서 일부이다. 마케팅 믹스(4P's) 요소 중 이와 관련한 것으로 가장 적절한 것 두 가지는?

마케팅 대상 제품	남성용 화장품
마케팅 계획	남성용 기초 화장품 출시에 맞춰, 이 제품에 대한 인지도 및 관심도를 높이기 위해 영화배우 A를 모델로 한 TV 광고를 방영하려 한다. 또한 기초 화장품뿐만 아니라 미백 화장품, 주름 개선 화장품 등을 추가로 출시하여 제품군을 형성할 예정이다.

(　　　　)

 마케팅 믹스 4P는 Price(가격), Place(유통), Promotion(촉진), Product(제품)를 가리킨다. 이 중 문제의 마케팅 계획에서는 촉진(영화배우를 모델로 한 TV광고 방영)과 제품(미백 화장품, 주름 개선 화장품 등 다양한 제품군 형성) 전략에 대한 것이 언급되어 있다.
• 가격 : 제품을 시장에 출시할 때 가격을 어떻게 책정할 것인가에 관한 전략
• 유통 : 어떠한 경로로 제품을 소비자에게 판매할 것인가에 관한 전략

Answer ↪ 23.② 24.④ 25.③ 26.(촉진(Promotion), 제품(Product))

27 다음에서 설명하는 용어는 무엇인가?

> • 기후변화가 경제에 전방위적인 영향을 미치고, 결국 금융위기까지 초래할 수 있다는 것을 말한다.
> • 국제결제은행(BIS)은 2020년 1월 20일 「기후변화 시대의 중앙은행과 금융안정」이라는 보고서를 통해 "기후변화는 자연생태계와 시민사회를 위협할 뿐 아니라 화폐와 금융의 안정성까지 흔들어 금융위기를 초래할 수 있다."고 강조하면서, 기후변화로 인한 금융위기를 이 용어로 규정했다.

(   )

 그린 스완 : 녹색 백조라는 뜻으로, 기후변화로 인한 경제의 파괴적 위기를 가리킨다.

28 다음 사례에서 나타난 계약 방식으로 알맞은 것은?

> 2019년 환경부와 한국수자원공사는 솔로몬제도 수도인 호니아라에서 티나 강 수력발전사업을 총괄하는 일괄 도급식 계약을 체결한다고 밝혔다. 환경부는 "이번 계약 체결로 ○○엔지니어링은 앞으로 4년 6개월간 수력발전소 건설을 담당하며, 수자원공사는 완공 이후 THL을 통해 30년간 댐 및 발전시설 등을 운영하게 된다."고 설명했다. THL은 수자원공사가 티나 수력발전사업을 위해 설립한 현지법인이다. 이번에 체결된 계약은 기획, 조사, 설계, 조달, 시공, 유지 관리 등 프로젝트 전체를 포괄하는 내용을 담고 있다.

(   )

 설계부터 기기 · 자재 · 노무의 조달, 건설 및 시운전까지의 모든 업무를 단일 계약자가 일괄하여 정액으로 납기, 보증, 성능에 대한 책임을 지고 도급을 맡는 계약을 턴키(Turn key) 계약이라 한다. 주로 공장 · 발전소 따위의 플랜트 수출, 해외 건설 공사에서 이용한다. 발주자는 완성 후에 키를 돌리기만 하면 된다는 뜻에서 명칭이 붙여졌다.

29 다음은 국제적인 환경 협약에 대한 글이다. 이에 따라 우리나라 각 경제주체별로 실천할 수 있는 방안에 대해 간략히 서술하시오.

> 2020년 만료 예정인 교토의정서를 대체, 2021년 1월부터 적용될 기후변화 대응을 담은 기후변화협약이다. 이는 산업화 이전 대비 지구 평균기온 상승을 '2℃보다 상당히 낮은 수준으로 유지'하는 것을 장기목표로 하고 있으며, '1.5℃ 이하로 제한하기 위한 노력을 추구'하기로 했다. 또 국가별 온실가스 감축량은 각국이 제출한 자발적 감축목표(INDC)를 그대로 인정하되 2020년부터 5년마다 상향된 목표를 제출하도록 했다. 이에 따라 우리나라의 경우 2030년 온실가스 배출전망치 대비 37% 감축을 목표로 하고 있다.

(   )

 '파리기후변화협약'에 대한 설명이다. 각 경제주체에 따라, '가계'는 에너지 절약을 생활화해야 하며, '정부'는 탄소 배출 규제를 강화하는 한편 대체 에너지를 개발하기 위한 노력을 기울여야 하고, '기업'은 화석 연료 사용을 줄이도록 해야 한다.

30 우리나라에서 최근 몇 달간 발생한 국제거래가 다음과 같다고 가정했을 때, 우리나라 국제수지의 변화에 대해 경상수지와 금융계정을 중심으로 서술하시오.

> • 독일로부터 차관 5억 달러를 도입하였다.
> • 미국에 휴대폰 10억 달러어치를 수출하였다.
> • 칠레로부터 과일 2억 달러어치를 수입하였다.
> • 영국에 4억 달러를 투자하여 자동차 공장을 지었다.
> • 외국인 관광객 수입이 3억 달러에 달하였다.

(   )

 • 차관도입 : 금융계정 +5
• 휴대폰 수출 : 경상수지 +10
• 과일 수입 : 경상수지 −2
• 자동차 공장 설립 : 금융계정 −4
• 관광객 수입 : 경상수지 +3

Answer ➟ 27.(그린 스완) 28.(턴키 계약 방식) 29.('가계'는 에너지 절약을 생활화하고, '정부'는 탄소 배출 규제를 강화하는 한편 대체 에너지 개발에 힘써야 한다. '기업' 역시 화석 연료 사용을 줄이는 노력을 해야 한다) 30.(경상수지는 11억 달러 흑자이며, 금융계정은 1억 달러 흑자이다.)

04 금융일반

>> 절약의 역설(paradox of thrift)

케인즈는 사람들이 저축을 더 많이 하면 할수록 국가 전체로서는 반드시 저축이 증가하지는 않는다고 지적하였다. 즉, 가계가 미래소득을 증가시키는 방법은 장래소비를 더욱 증대시키기 위하여 현재소비의 일부를 저축하는 것이다. 가계가 저축하는 가장 근본적인 동기는 생산자원을 더 많이 축적시켜 미래소득을 증대시키려는 것이다. 개별가계의 입장에서는 저축이 효용극대화의 목표를 달성시키는 데 효과적인 방법이다. 그렇지만 저축의 증가는 현재소비의 감소에서 나오기 때문에 저축의 증가는 가계의 지출을 같은 크기만큼 감소시킨다. 기업의 투자지출은 기계의 지축결정과 독립적으로 결정되므로 딩기에 저축의 증가는 투사누문에 영항을 미치지 못한다. 따라서 경제에서 저축된 양은 기업들이 투자하려는 양보다 더 크며, 초과저축이 발생하게 된다. 따라서 총수요가 감소하고 이에 상응하는 총공급이 감소하여 고용과 가계의 소득이 낮아진다.

>> 더블 딥(double dip)

경기가 침체된 후 회복되는 듯이 보이다가 다시금 침체로 빠져드는 현상. 일반적으로 경기 침체로 규정되는 2분기 연속 마이너스 성장 직후 잠시 회복 기미를 보이다가 다시 2분기 연속 마이너스 성장으로 추락하는 것을 말한다. 두 번의 경기침체를 겪어야 회복기로 돌아선다는 점에서 'W자형' 경제구조라고도 한다. 우리말로는 '이중하강', '이중하락', '이중침체' 등으로 번역된다. 2001년 미국 모건스탠리 증권의 스테판 로치가 미국 경제를 진단하며 이 표현을 처음 썼다. 스테판 로치에 의하면 과거 6번의 미국 경기침체 중 5번에 더블딥이 있었다고 한다.

>> 승자의 저주(The Winner's Curse)

미국의 행동경제학자 리처드 세일러가 사용하며 널리 쓰인 용어로 과도한 경쟁을 벌인 나머지 경쟁에서는 승리하였지만 결과적으로 더 많은 것을 잃게 되는 현상을 일컫는다. 특히 기업 M&A에서 자주 일어나는데 미국에서는 M&A를 한 기업의 70%가 실패한다는 통계가 있을 정도로 흔하다. 인수할 기업의 가치를 제한적인 정보만으로 판단하는 과정에서 생기는 '비합리성'이 근본적인 원인으로 지적되고 있다.

>> 윔블던현상

윔블던 테니스대회의 주최국은 영국이지만, 우승은 외국 선수들이 더 많이 하는 현상에서 유래한 말로, 개방된 국내시장에서 자국 기업의 활동의 활동보다 외국계 기업들의 활동이 더 활발히 이루어지는 현상을 뜻한다.

① 영국은 1986년 금융빅뱅 단행 이후, 금융 산업의 개방화·자유화·국제화가 이루어지면서 영국 10대 증권사 대부분이 막강한 자금력을 동원한 미국과 유럽의 금융기관에 흡수합병되거나 도산하였다.

② 금융빅뱅 … 1986년 영국 정부가 단행한 금융 대개혁에서 유래된 말로, 금융 산업의 판도 변화를 위해 규제완화 등의 방법으로 금융 산업 체계를 재편하는 것을 이른다.

>> 메뉴비용

가격표나 메뉴판 등과 같이 제품의 가격조정을 위하여 들어가는 비용을 메뉴비용이라고 한다. 인플레이션의 발생으로 제품의 가격을 조정해야 할 필요가 있음에도 불구하고 기업들이 가격을 자주 조정하지 않는 이유는 이렇듯 가격을 조정하는 데 비용이 들기 때문이다. 하지만 최근 전자상거래, 시스템 등의 발달로 중간상인이 줄어들고, 손쉽게 가격조정이 가능해지면서 메뉴비용이 점차 낮아지고 있는 추세이다.

>> 엔저(円低)현상

① 원인
  ㉠ 일본 경제의 침체 지속
  ㉡ 일본의 대규모 무역수적자
  ㉢ 유럽 재정위기 완화에 따른 안전자산 선호 심리 약화
  ㉣ 일본 은행의 양적완화 정책
  ㉤ 일본의 신용등급 하향 조정
② 엔저현상이 장기화될 경우 예상되는 피해
  ㉠ 가격 경쟁력 저하로 인한 해외 시장 점유율 하락
  ㉡ 일본 기업과의 경쟁 심화로 수익성 악화
  ㉢ 對日 수출 감소
③ 피해업종 … 철강·금속>조선·플랜트·기자재>음식료·생활용품>반도체·디스플레이>기계·정밀기기>가전제품 등
④ 정부 대책
  ㉠ 수출기업 금융지원 강화
  ㉡ 기업 환 위험관리 지원
  ㉢ 금리 인상 자제

ⓔ 외환시장 모니터링 강화 및 시장개입

　　ⓜ 신흥시장 개척 및 지원 확대

　　ⓗ 해외 전시회 마케팅 지원 강화

〉〉 스팩(SPAC ; Special Purpose Acquisition Company, 기업인수목적회사)

공모를 통해 다른 기업의 합병만을 사업목적으로 하는 명목상의 회사로, 페이퍼 컴퍼니의 일종이라고 할 수 있다. 투자자에게 안전한 M&A 기회를 제공하면서도 IPO 시장과 기업구조조정 및 인수합병을 활성화시키려는 목적으로 도입하였다. 공모를 통하여 투자자로부터 자금을 모으고, 기업합병에 따른 주가상승으로 수익을 창출한다.

〉〉 가산세

세법에 규정하는 의무의 성실한 이행을 확보하기 위하여 그 세법에 의하여 산출한 세액에 가산하여 징수하는 금액을 말한다. 가산세는 가산금과 유사하지만, 가산세는 세법상의 성실한 신고·납부의무의 준수에 중점을 두는 데에 비하여 가산금은 납기의 준수에 중점을 두는 것이 다르며, 정부는 세법에 규정하는 의무를 위반한 자에 대하여 세법이 정하는 바에 의하여 가산세를 부과할 수 있으며, 가산세는 당해 세법이 정하는 국세의 세목으로 한다.

〉〉 재무설계시 고객과 협의해야 하는 내용

ⓐ 제공하는 서비스의 범위와 수수료

ⓑ FP의 역할과 책임한계

ⓒ 서비스범위를 제한하거나 정하는 데 필요한 추가정보 제공

ⓓ 계약기간

〉〉 하이일드펀드(high yield fund)

수익성은 높지만 신용도가 취약한 고수익·고위험 채권인 '정크본드(Junk Bond)'에 투자하는 펀드로, 투기채펀드라고도 부른다. 정해진 만기까지 중도환매가 불가능한 폐쇄형이라는 점에서 뮤추얼펀드와 비슷하다. 하이일드펀드는 신용등급이 BB+ 이하인 투기등급채권과 B+ 이하의 기업어음에 자산의 50% 이상을 투자하고, 투자부적격인 채권을 주로 편입해 운용하는 펀드이므로 발행자의 채무불이행 위험이 상당히 높다. 즉, 투자를 잘하면 고수익이 보장되지만 그렇지 않을 경우 원금 손실의 위험이 따른다.

〉〉 CDS(Credit Default Swap)

채권 등의 형태로 자금을 조달한 채무자의 신용위험만을 별도로 분리해 이를 시장에서 사고파는 신용파생상품의 일종이다. 자본시장이 채무자의 신용위험에 대한 프리미엄을 받고 위험을 부담하는 보험의 역할을 한다. 금융기관 대 금융기관의 파생상품거래의 성격이기 때문에 CDS 거래가 많아져야 시장이 활성화된다.

〉〉 선물거래와 선도거래

① 선물거래(futures trading)
　　㉠ 선물거래는 장래의 일정한 시점에 미리 정한 가격으로 매매할 것을 현재의 시점에서 약정하는 거래이다.
　　㉡ 선물의 가치가 현물시장에서 운용되는 기초자산(채권, 외환, 주식 등)의 가격변동에 따라 파생적으로 결정되는 파생상품 거래의 일종이다.
　　㉢ 정해진 가격으로 매매를 약속한 것이기 때문에 가격변동으로 발생할 수 있는 위험을 회피할 수 있지만, 최근으로 오면서 첨단 금융기법을 이용하여 위험을 능동적으로 받아들임으로써 오히려 고수익·고위험의 투자 상품으로 발전했다.
　　㉣ 선물거래의 대상으로는 원유, 곡물 등부터 금리, 통화, 주식, 채권 등 금융상품까지 확대되고 있다.

② 선도거래(forward transaction)
　　㉠ 선도거래는 선물거래의 한 방식으로, 불특정 다수의 참가자가 한 장소에 모여 일정한 규칙을 가지고 거래하는 보통의 선물거래와 달리 매입자와 매도자 쌍방이 교섭하여 결제일이나 거래량 등을 결정하는 방식이다.
　　㉡ 선도거래는 거래소가 결제기일을 지정하기도 하고 거래의 수도결제가 매월 일정한 날에 행해지는 등 거래방법이 고정되어 있는 선물거래에 비해 거래기간, 금액 등 거래방법을 자유롭게 정할 수 있는 주문자 생산형태로, 장외거래라고도 한다.
　　㉢ 거래 당사자가 전화로 상대방과 계약하는 은행 간의 외국환 거래, 상품시장의 원유가격 등이 선도거래에 해당한다.

〉〉 콜옵션과 풋옵션

① **콜옵션**(call option)

   ㉠ 콜옵션이란 특정한 기초자산을 만기일이나 만기일 이전에 미리 정한 행사가격으로 매입할 수 있는 옵션이다.

   ㉡ **콜옵션 매입자의 손익** : 기초자산의 현재가격, 행사가격 및 매입 시 지불한 옵션가격에 의해 결정

② **풋옵션**(put option)

   ㉠ 풋옵션이란 미래의 일정한 기간 내에 특정한 상품(주식, 채권, 통화, 금리 등)을 일정한 가격과 수량으로 매각할 권리이다.

   ㉡ **매수자와 매도자**

     • 매수자 : 지정된 통화 및 금융을 사전에 계약된 환율로 일정한 기간 내에 강매할 권리가 있다.

     • 매도자 : 매수자의 권리행사에 대하여 지정된 통화 및 금액을 사전에 계약된 환율로 특정한 기일 내에 매입할 의무가 있다.

〉〉 ELS · ELF · ELD

① **ELS**(Equity Linked Securities, 지수연계증권) … 주가지수의 수치나 특정 주식의 가격에 연계하여 수익이 결정되는 유가증권이다. 자산을 우량 채권에 투자하여 원금을 보존하고 일부를 주가지수 옵션 등 금융파생 상품에 투자해 고수익을 노리는 유가증권에 대하여 적용되는 일반적인 규제가 동일하게 적용되나 주식이나 채권에 비해 손익구조가 복잡하다. 또한 원금과 수익을 지급받지 못할 위험성도 있고 투자자가 만기 전에 현금화하기가 어렵다는 특징도 지닌다.

② **ELF**(Equity Linked Fund, 주가연계펀드) … 투자신탁회사들이 ELS 상품을 펀드에 편입하거나 자체적으로 원금 보존을 위한 펀드를 구성하여 판매하는 파생상품펀드의 일종이다. 펀드자산의 대부분을 국공채나 우량 회사채 등과 같은 안전자산에 투자하여 원금을 확보하고, 잔여재산을 증권회사에서 발행한 ELS 권리증서(warrant)에 편입해 펀드 수익률이 주가에 연동되도록 설계한다. 이로 인해 ELF는 펀드의 수익률이 주가나 주가지수에 의해 결정되는 수익구조를 보인다.

③ **ELD**(Equity Linked Deposit, 지수연동정기예금) … 은행권 파생형예금상품으로 예금의 일부가 시장 지수에 연결되어 있는 정기예금이다. 위험이 따르는 직접투자보다는 원금이 보장되는 간접투자를 선호하는 사람들에게 적합한 상품이다.

〉〉 대차거래(loan transaction)

신용거래의 결제에 필요한 자금이나 유가증권을 증권금융회사와 증권회사 사이에 대차하는 거래를 말한다. 일본의 증권용어로 우리나라의 유통금융과도 유사하다.

① 대차종목 : 대차거래에 있어 적격종목

② 대차가격 : 종목별 융자 또는 대주를 실시할 때 적용되는 주당가격

>> 유상증자

회사가 사업을 운영하는 중 필요한 자금 조달을 위해 신주를 발행하여 주주로부터 자금을 납입 받아 자본을 늘리는 것을 말한다. 유상증자의 형태에는 다음 3가지가 있다.

① **주주할당방법** … 주주에게 신주인수권을 주어 이들로부터 신주주를 모집
② **제3자할당방법** … 회사의 임원·종업원·거래선 등에게 신주인수권을 주어서 신주를 인수
③ 널리 일반으로부터 주주를 모집

>> 희소성의 법칙

① 희소성(scarcity)의 법칙이란 한 사회가 가지고 있는 경제적 자원이 인간의 욕망에 비하여 수량이 제한되어 있음을 의미한다.
② 제한된 경제적 자원을 인간이 어떻게 효율적으로 이용할 것인지에 대한 선택의 문제가 따르게 된다.

>> 미시경제학과 거시경제학

① 미시경제학(microeconomics)
　㉠ 가계와 기업이 어떻게 의사 결정을 내리며 시장에서 이들이 어떻게 상호작용을 하는가를 연구하는 분야이다.
　㉡ 자원배분과 분배의 문제에 관심의 초점을 둔다. 이를 위해서는 개별 시장 혹은 개별 경제주체의 차원에서 분석을 해야 할 필요가 있다.
　㉢ 개별상품시장에서 이루어지는 균형, 즉 수요와 공급에 의해서 결정되는 생산량과 가격에 분석의 초점을 둔다. 이러한 분석은 생산물시장뿐 아니라 생산요소시장에도 해당된다.
　㉣ 그 외에도 정보의 비대칭성, 외부성, 공공재 등에 대한 연구도 포함된다.
② 거시경제학(macroeconomics)
　㉠ 인플레이션, 실업, 경제성장, 국제수지 등과 같이 나라 경제 전체에 관한 경제현상을 연구하는 학문이다.
　㉡ 경제의 성장과 안정에 관심의 초점을 둔다. 안정과 성장은 국민경제 전반에 관한 문제로 전반적인 흐름에 관심의 초점을 두어야 한다.
　㉢ 거시경제의 주요 변수로는 물가, 실업, 국민소득 등이 있으며 이에 대한 분석을 한다.
　㉣ 그 외에도 경기변동과 경제성장에 대한 분석을 포함한다.

>> 기회비용과 매몰비용

① 기회비용(opportunity cost)

    ㉠ 기회비용은 어떤 대안을 택함으로써 포기해야 하는 다른 대안 중에서 가치가 가장 큰 것을 의미한다.

    ㉡ 기회비용은 희소한 자원을 최대한 효율적으로 분배할 것인지에 관한 선택의 문제에서 발생하는 개념이다.

② 매몰비용(sunk cost)

    ㉠ 매몰비용은 의사결정을 하고 실행한 이후에 발생하는 비용 중 회수할 수 없는 비용을 말한다.

    ㉡ 합리적인 선택을 위해서는 이미 지출되었으나 회수가 불가능한 매몰비용은 고려하지 않는다.

>> 시장경제의 특성

① 시장경제 제도의 원칙

    ㉠ **사유재산권**: 재산의 소유, 사용, 처분이 재산 소유주 의사에 따라 자유롭게 이루어지는 원칙이다.

    ㉡ **경제활동의 자유**: 경제 행위에 대한 개인의 의사결정이 자유롭게 이루어지며 책임이 따른다.

    ㉢ **사적이익 추구**: 개인의 경제적 이득을 얻기 위하여 경제활동의 참여를 보장한다.

② 시장경제의 부정적 측면

    ㉠ **빈부격차**: 모든 경제주체들의 능력과 소질의 차이로 인하여 발생한다.

    ㉡ 실업과 인플레이션이 발생한다.

    ㉢ 무분별한 개발로 인한 환경 파괴 및 오염문제가 발생한다.

    ㉣ **인간 소외 현상**: 인간성이 소외 되고 물질의 지배를 받게 되는 현상이 생긴다.

    ㉤ 집단이기주의 및 지역이기주의 등으로 공적이익과 사적이익 사이의 대립이 발생한다.

③ **우리나라의 경제제도** … 원칙적으로는 시장경제 체제를 유지하면서 시장경제의 문제점을 해결하고 경제질서를 유지하기 위하여 일정한 범위 내에서는 정부의 개입을 인정하는 혼합경제체제를 채택하고 있다.

>> 수요의 가격탄력성 결정요인

① 대체재의 수가 많을수록 그 재화는 일반적으로 탄력적이다.

② 사치품은 탄력적이고 생활필수품은 비탄력적인 것이 일반적이다.

③ 재화의 사용 용도가 다양할수록 탄력적이다.

④ 수요의 탄력성을 측정하는 기간이 길수록 탄력적이다.

〉〉 무차별곡선 이론

소비자에게 동일한 만족 또는 효용을 제공하는 재화의 묶음들을 연결한 곡선을 말한다. 즉 총 효용을 일정하게 했을 때 재화의 조합을 나타내는 것으로 무차별곡선상의 어떤 조합을 선택하여도 총 효용은 일정하다. 때문에 만약 X재의 소비량을 증가시키는데 Y재의 소비량이 그대로라면 총 효용은 증가하게 되어 무차별곡선 자체가 이동하게 되므로 Y재의 소비량은 감소시켜야 한다. 즉, 한 재화의 소비량을 증가시키면 다른 재화의 소비량은 감소하므로 무차별곡선은 우하향하는 모습을 띤다. 무차별곡선은 다음과 같은 가정을 지닌다.

① 완전성(completeness) … 선호는 완전하며 소비자는 선택 가능한 재화 바스켓을 서로 비교하며 순위를 매길 수 있다.
② 전이성(transitivity) … 선호는 전이성을 가지며 만약 A재화를 B보다 더 선호하고 B를 C보다 더 선호한다면 이는 소비자가 A보다 C를 더 좋아한다는 것을 의미한다.
③ 불포화성 … 아무리 소비를 증가시켜도 한계효용은 마이너스 값을 갖지 않는다.

〉〉 경제완전경쟁시장

① 완전경쟁시장을 위한 조건
   ㉠ 제품의 동질성 : 수요공급분석에서 하나의 시장가격만이 존재한다.
   ㉡ 자유로운 진입과 퇴출 : 새로운 기업이 해당 산업에 진입하거나, 해당 산업으로부터 나오는 것에 특별한 비용이 발생하지 않는다.
   ㉢ 가격수용자로서 수요자와 공급자 : 시장가격에 영향을 미칠 수 없는 기업이나 소비자이다.
   ㉣ 자원의 완전한 이동과 완벽한 정보를 얻을 수 있다.
② 완전경쟁시장의 균형
   ㉠ 단기균형
     • 수요곡선과 공급곡선이 교차하는 점에서 가격과 수요량이 결정된다.
     • 단기에 기업은 초과이윤을 얻을 수도 손실을 볼 수도 있다.
   ㉡ 장기균형
     • 장기에 기업은 정상이윤만을 획득한다(정상이윤은 보통 '0'을 뜻한다).
     • 장기에는 최적시설규모에서 최적량을 생산한다.

〉〉 독점시장

① 독점의 발생원인 … 진입장벽의 존재
  ㉠ 생산요소의 공급 장악
  ㉡ 규모의 경제로 생산비용의 절감
  ㉢ 특허권, 자격증(독점생산권)
② 독점시장의 특징
  ㉠ 독점기업은 시장에 가격을 결정할 수 있는 지배력을 가진다.
  ㉡ 독점기업은 경쟁압력에 시달리지 않는다.

〉〉 게임이론

① 게임이론의 기본요소
  ㉠ 경기자 : 둘 이상의 경제주체가 게임의 주체로 기업과 개인 등이 이에 해당한다.
  ㉡ 전략 : 게임을 통해 경기자들이 이윤극대화를 위해 선택할 수 있는 대안을 말한다.
  ㉢ 보수 : 게임을 통해 경기자가 얻게 되는 이윤이나 효용을 말한다.
② 게임의 종류
  ㉠ 제로섬게임과 비제로섬게임
  ㉡ 정합게임과 비정합게임
  ㉢ 동시게임과 순차게임
  ㉣ 협조적 게임과 비협조적 게임

〉〉 시장실패와 정부실패

① 시장실패란 자유로운 시장의 기능에 맡겨둘 경우 효율적인 자원 배분을 달성하지 못하는 것을 말한다.
② 시장실패의 보완을 위하여 정부가 개입한다면 민간부문에서의 자유로운 의사결정이 교란되어 더 큰 비효율성이 초래될 수 있다.
③ 시장실패가 일어났다 하더라도 정부개입이 효율성을 증진시킬 수 있는 경우에 한하여 개입을 시도하여야 정부실패를 방지할 수 있다.
④ 독과점, 공공재, 정보비대칭 등으로 시장실패가 발생한다.

>> 환율제도

구분	고정환율제도	변동환율제도
국제수지불균형	국제수지의 불균형이 조정되지 않는다.	환율변동을 통하여 외환시장에서 자동적으로 조정된다.
환위험	작다.	크다(환투기의 발생가능성).
국제무역과 투자	환율이 안정적이므로 국제무역과 투자가 활발히 일어난다.	환위험이 크기 때문에 국제무역과 투자가 저해된다.
해외교란요인의 파급여부	해외의 교란요인이 국내로 쉽게 전파된다.	해외의 교란요인이 발생하더라도 국내경제는 별 영향을 받지 않는다.
금융정책의 자율성 여부	국제수지 변화에 따라 통화량이 변화→ 금융정책의 자율성 상실	국제수지 불균형이 환율변동에 따라 조정→ 금융정책의 자율성 유지
정책효과	금융정책 효과 없다.	재정정책 효과 없다.
투기적인 단기자본이동	환율이 고정되어 있으므로 투기적인 단기자본 이동이 적다.	환투기로 인한 단기자본이동이 많다.
환율	정부의 정책변수(외생변수)	국제수지 변화에 따라 환율이 조정(내생변수)

>> 메가뱅크(Mega bank)

초대형은행을 뜻하며, 정부가 공적자금 회수의 일환으로 자산 규모 318조 원에 이르는 우리금융그룹의 민영화를 추진하면서 메가뱅크 탄생 여부가 화두로 떠올랐다. 우리금융 인수에 성공하는 은행은 규모에서 다른 은행을 압도하며 금융권에 새로운 지도를 짜게 될 가능성이 높다. M&A를 통해 세계적 규모의 대형은행을 육성한다는 메가뱅크 구상에는 규모를 키우면 구조조정 등을 통해 효율성이 높아질 것이라는 기대가 깔려있다. 아울러 자산 규모가 세계 50위 은행의 절반밖에 되지 않는 국내 은행의 국제 경쟁력을 강화하고 업무영역을 다변화하기 위해서는 초대형은행이 필요하다는 의견이 있다. 반면 대형화로 시장 경쟁이 줄어들어 중소기업이나 가계 등 금융소비자들에게 부정적인 영향을 줄 수 있다는 점은 부작용으로 꼽힌다.

>> 기준금리

한국은행기준금리(약칭 기준금리)는 한국은행의 최고 의사결정기구인 금융통화위원회에서 매월 결정하는 정책금리를 말하며, 한국은행과 금융기관간 환매조건부채권(RP) 매매와 대기성 여수신 등의 자금거래를 할 때 적용되는 금리이다.

2008년 3월부터 정책금리를 기존의 '익일물 콜금리 목표'에서 '기준금리'로 변경하였다. 콜금리는 대표적인 시장금리 중 하나로 초단기금융시장의 자금상황을 반영하는 금리이다. 그러나 1999년 콜금리목표제를 도입한 이후 콜금리가 자금수급사정에 관계없이 목표수준에서 거의 고정되면서 콜금리의 시장신호 전달 및 자금배분 기능이 약화되는 문제점이 노출되었다. 이로 인해 단기자금거래가 콜시장에 과도하게 집중되고 환매조건부채권(RP) 등 기일물 단기자금시장의 발달이 크게 저해되는 부작용이 발생하였다.

따라서 정책금리의 변경이 단기 및 장기 시장금리의 변화로 이어지는 통화정책 파급경로가 원활히 작동되기 어려워 정책금리를 콜금리 목표제에서 기준금리로 바꾼 것이다.

>> 통화스왑

두 개 또는 그 이상의 거래기관이 사전에 정해진 만기와 환율에 의해 다른 통화로 차입한 자금의 원리금 상환을 상호 교환하는 것을 말한다. 통화스왑은 환리스크 헤지 및 필요 통화의 자금을 조달하는 수단으로 주로 이용되고 있다. 금리변동에 대한 헤지 및 특정시장에서의 외환규제나 조세차별 등을 피하기 위한 수단으로 활용되기도 한다.

한편 국가 간 통화스왑 계약은 자국통화를 상대국 통화와 맞교환하는 것으로 두 나라의 중앙은행 간에 체결되며 환위험 헤지나 차입비용 절감을 위한 것이 아니라 한 나라에서 외화 유동성이 부족하면 자국통화를 상대국에 맡기고 외화를 차입하는 계약이다.

2008년 10월 한국은행은 미국 연방준비제도이사회와 300억달러 규모의 통화스왑 계약을 체결함으로써 외환시장의 안정을 높이는 계기가 되었다.

>> 파생상품

① 선물(futures) : 특정의 상품(기초자산)을 현재 시점에서 약정해 놓은 가격으로 장래의 일정시점에 매입 또는 매도하기로 조직화된 시장(거래소)에서 계약하는 거래이다. 선도(forward)는 선물계약과 유사하지만 거래소가 아닌 장외에서 거래된다.

② 옵션(option) : 특정자산을 미래의 일정 시점까지 약정된 가격으로 사거나 팔 수 있는 권리를 그 소유자에게 부여하는 계약이다.

구분	선물거래	옵션거래
거래대상	기초자산	기초자산의 매수 또는 매도에 대한 권리
매수자	손실무한정, 이익무한대 권리와 의무 모두 부여	손실한정, 이익무한대 옵션행사 권리만 보유, 프리미엄 지급
매도자	손실무한정, 이익무한대 권리와 의무 모두 부여	손실무한정, 이익한정 의무만 보유, 프리미엄 지급

③ 스왑(swap) : 장래 일정기간 동안 미리 정한 가격으로 기초자산이나 기초자산의 가격·이자율·지표· 단위 또는 이를 기초로 하는 지수 등에 의하여 산출되는 금전 등을 교환할 것을 약정하는 계약이다.

〉〉 예금자보호법

금융기관이 파산 등으로 인해 고객의 예금을 지급하지 못하게 될 경우 예금자의 예금을 보호하려는 목적으로 제정된 법이다. 예금보험공사는 금융기관으로부터 보험료(예금보험료)를 받아 기금(예금보험기금)을 적립한 후 금융기관이 파산 등으로 인해 예금을 지급할 수 없는 상황이 되면 대신해서 예금을 지급한다. 금융기관별로 예금자 1인당 예금 원리금합계 5,000만 원까지 보호하는 것으로 보호한도는 금융기관별로 산정되고, 예금자 개인별로 계산한다. 또 예금보험은 예금자를 보호하기 위한 목적으로 법에 의해 운영되는 공적 보험이기 때문에 금융기관이 납부한 예금보험료만으로 예금을 지급할 재원이 부족할 경우에는 예금보험공사가 직접 채권(예금보험기금채권)을 발행하는 등의 방법을 통해 재원을 조성하여 예금을 지급하게 된다. 예금보험공사에 예금보험료를 납부하는 금융기관을 '부보금융기관'이라고 하는데, 구체적으로 은행, 투자매매업자·투자중개업자, 보험회사, 종합금융회사, 상호신용저축은행 등 5개 금융권이 해당된다. 그리고 농·수·축협중앙회과 외국은행 지점은 은행법에 의한 은행도 부보금융기관에 해당한다. 다만 농·수·축협 단위조합과 새마을금고는 예금자보호법상 부보금융기관이 아니나, 농·수·축협 단위조합과 새마을금고, 신용협동조합은 각 중앙회에서 자체적으로 적립한 별도의 기금을 통해 예금자를 보호하고 있다.

>> 투자설계의 과정

㉠ 1단계 : 재무목표, 투자우선순위, 투자기간 설정

㉡ 2단계 : 고객재무상황 분석, 제약조건 파악, 위험감소도 측정, 국내외 경제환경 및 금융시장 분석

㉢ 3단계 : 자산배분전략을 포함한 투자지침서 작성

㉣ 4단계 : 포트폴리오수립 및 개별상품 선정

㉤ 5단계 : 투자전략 실행

㉥ 6단계 : 투자성과 점검 및 수정

>> CSS(개인신용평가시스템 ; Credit Scoring System)

금융기관에서 과거 일정 기간 축적된 고객의 신용거래 행태 등의 정보를 현재 시점에서 통계적으로 분석해 고객의 신용도를 예측하는 선진국형 개인신용평가 기법 또는 대출심사제도를 말한다. 이미 개발된 모형을 가지고 시스템을 구축해 효율적인 위험관리는 물론, 시스템 심사를 통한 경비절감과 합리적인 의사결정, 신속하고 일관성 있는 심사지원을 통한 고객만족 실현을 목적으로 도입하였다.

평가 내용은 개인신상 정보, 거래실적 정보, 신용거래불량 정보, 신용한도·신용소진·연체 등이 없는 신용거래 내역 등이다. 이를 통해 얻어진 신용평점이 높고 낮음에 따라 대출한도 및 이자율을 차등화함으로써 위험을 사전에 예측하고 위험관리와 수익성을 제고할 수 있다는 장점이 있다.

>> 프라이빗 뱅킹(Private Banking)

은행이 부유층 및 거액 자산가들을 대상으로 자산을 종합 관리해 주는 고객 서비스를 말한다. 자산 관리는 전담자인 프라이빗 뱅커(private banker)가 거액 예금자의 예금·주식·부동산 등을 1대 1로 종합 관리하면서 때로는 투자 상담도 하는데, 대부분의 경우 이자율이 높고, 수수료를 면제해 주는 혜택도 있다. 은행들은 거액 예금자의 수가 전체 고객 수에 비해 극히 적기는 하지만, 수신고로 볼 때는 이들 소수가 차지하는 비중이 엄청나기 때문에 갈수록 프라이빗 뱅킹은 늘어날 전망이다.

〉〉 통화지표

통화지표란 통화량을 측정하는 지표로 통화량이 국민경제 규모에 비하여 지나치게 많으면 그 가치가 하락하여 물가가 지속적으로 오르는 인플레이션이 발생하고, 반대로 지나치게 적으면 금리가 오르고 생산자금이 부족하게 되어 경제활동이 위축되므로 통화가치를 안정시키고 경제활동을 원활히 유지하기 위하여 중앙은행은 총 통화량을 적절히 조절하는 정책을 사용한다. 우리나라는 한국은행에서 M_1(협의통화) · M_2(광의통화) · L_f(금융기관유동성) · L(광의유동성) 등 여러 종류의 통화지표를 작성하고 있으며, 이중에서 실물 경제변수와의 관계, 중앙은행의 통제 가능성 등을 고려하여 통화중심지표를 선정하고 그 밖의 통화지표는 보조지표로 활용하고 있다.

PLUS tip 통화지표의 종류

- M_1(협의통화) = 현금통화 + 요구불예금(보통예금 · 당좌예금 등)
- M_2(광의통화) = M_1 + 정기예적금 + 기타예금 · 금융채 + 실적배당형상품 + 시장성금융상품
- L_f(금융기관유동성) = M_2 + 생명보험계약준비금 및 증권예수금 + 2년이상 장기금융상품
- L(광의유동성) = L_f + 회사채, CD, 국채, 지방채 및 기타금융상품

〉〉 국제결제은행(BIS) 자기자본비율(BIS capital adequacy ratio)

은행은 예금자들로부터 얻은 예금을 기업과 개인에게 대출하거나 채권, 주식 등에 투자를 한다. 만약 어떤 은행이 높은 수익이 기대되지만 원금을 돌려받지 못할 경우가 발생할 수도 있는 곳에 대출을 한다고 해보자. 그 은행은 원금과 수익을 약속대로 받을 경우 큰 이득을 얻지만 돌려받지 못할 경우 부실해져 경영위험에 빠질 수 있다. 따라서 예금주 입장에서는 어떤 은행이 위험자산의 비중이 높아 부실해질 가능성이 높은지 또는 안전자산의 비중이 높아 건전성과 안정성을 확보하였는지를 구별하는 것이 중요하다. BIS 자기자본비율은 이러한 은행 건전성 지표의 하나로 사용되고 있다.

이 비율은 국제결제은행(Bank for International Settlements, BIS)이 표준안으로 제시한 방법으로 계산하기 때문에 이름 앞에 BIS를 붙이며 산식은 다음과 같다.

$$\text{BIS 자기자본비율} = \frac{\text{자기자본}}{\text{위험가중자산}} \times 100$$

여기서 자기자본은 은행의 총 자산 중 부채를 뺀 부분이며, 위험가중자산은 총 자산에 자산의 위험정도에 따라 각각의 위험가중치를 곱한 후 이를 합산한 것이다. 위험가중치는 현금이나 국채, 통안증권 등의 경우 위험이 전혀 없으므로 0%, 기타 공공기관 발행 채권은 10%, 국내 은행 또는 OECD가입국 은행 관련 채권 등은 20%, 주택담보대출 등은 50%, 기타 대출금과 주식에는 100%를 부여한다.

BIS 자기자본비율은 이와 같은 특성으로 인해 은행의 자산운용에서 위험가중치가 높은 자산이 많이 포함될수록 낮아지며, 안전자산의 비중이 높아질수록 높아진다. 따라서 동 비율이 높은 은행일수록 더 건전한 은행임을 의미한다. 우리나라의 경우 1995년 말 동 비율을 8% 이상으로 유지하도록 의무화하였으며, 2008년부터는 신용 및 시장위험만 반영하는 기존 제도에서 운영위험도 반영한 새로운 자기자본규제 제도로 변경하여 시행하고 있다.

〉〉 시장가격(market)과 요소비용(factor cost)

시장가격이란 상품이 시장에서 실제로 거래되고 있는 가격을 말하는 것으로 순생산 및 수입세(생산 및 수입세-보조금)가 포함되어 있다. 생산 및 수입세는 부가가치세나 개별소비세 등과 같이 우리가 상품을 살 때 상품가격에 포함되어 있는 세금을 말한다. 보조금은 기업이 상품을 만든 때 정부가 그 상품의 생산을 장려하기 위하여 생산비용 중 일부를 무상으로 보전해 주는 것을 말한다. 요소비용이란 시장가격에서 순생산 및 수입세를 공제한 것으로서 결국 그 상품을 만드는 때 들어간 생산요소에 대한 대가인 피용자보수와 영업잉여의 합계와 같아지는 것이다.

〉〉 상업은행(Commercial Bank ; CB)과 투자은행(Investment Bank ; IB)

우리 주변에서 흔히 볼 수 있는 은행은 대부분 상업은행(Commercial Bank ; CB)으로, 여유자금을 가진 예금자로부터 받은 예금을 자원으로 하여 기업이나 개인에게 단기의 대출을 하는 것을 원칙으로 하는 은행이다.

반면, 투자은행(IB)은 장기적인 산업자금의 공급을 목적으로 하는 은행으로, 상업은행은 고객들에게 정해진 금리에 따라 이자를 지급하지만, 투자은행은 투자성과에 따라 고객들에게 돌려주는 수익이 달라진다는 큰 차이점이 있다. 또한 투자은행(IB)은 증권중개, 증권인수는 물론 인수합병(M&A), 기업공개(IPO), 자기자본투자(PI), 사모펀드 및 헤지펀드 운영, 자산운용 등을 주간하고 자문하는 금융투자사업을 영위한다.

〉〉 개인 프리워크아웃(individual pre-workout)

프리워크아웃 중에서 개인을 대상으로 하는 것으로, 단기 연체자들에 대하여 채무를 조정해주는 사전재무조정제도 말한다. 2009년 4월부터 1년 동안 한시적으로 1~3개월 미만의 금융기관 채무 단기연체자의 상환 부담을 덜어주는 목적으로 시행하였다. 지원대상은 채무액 5억 원 이하인 3개월 미만 연체자 등으로 원리금 상환기간을 최장 20년까지 연장할 수 있다. 금융위원회는 개인 프리워크아웃을 1년 더 연장하여 2011년 4월까지 적용하려던 것을 2년 더 연장했다.

>> 서브프라임 모기지(sub-prime mortgage)

미국에서 신용등급이 낮은 저소득층을 대상으로 높은 금리에 주택 마련 자금을 빌려 주는 비우량 주택담보대출을 뜻한다. 미국의 주택담보대출은 신용도가 높은 개인을 대상으로 하는 프라임(prime), 중간 정도의 신용을 가진 개인을 대상으로 하는 알트 A(Alternative A), 신용도가 일정 기준 이하인 저소득층을 상대로 하는 서브프라임의 3등급으로 구분된다. 2007년 서브프라임 모기지로 대출을 받은 서민들이 대출금을 갚지 못해 집을 내놓았고 집값이 폭락하며 금융기관의 파산 및 글로벌 금융위기를 야기시킨 바 있다. 최근 시사주간지 타임에서는 서브프라임 모기지를 '2010년 세계 50대 최악의 발명품'으로 선정하였다.

>> 전대차관(轉貸借款)

외국환은행이 국내거주자에게 수입자금 등으로 전대할 것을 조건으로 외국의 금융기관으로부터 외화자금을 차입하는 것이다. 일종의 뱅크론이라고 할 수 있지만 일반적으로 뱅크론은 자금의 용도에 대해 차관공여주로부터 아무런 조건이 붙지 않는 임팩트론이지만, 전대차관은 차관공여국 또는 특정 지역으로부터 물자수입자금에의 사용 등 차입자금의 용도에 대해 조건이 따른다. 또한 뱅크론의 차관공여주는 주로 외국의 일반상업은행인데 비해 전대차관의 공여주는 외국의 특수정책금융기관 혹은 국제금융기관인 것이 일반적이다.

1 2015년의 한국 경제의 전망이 다음과 같을 때 이를 바탕으로 2015년의 경제 상황을 가장 잘 예측한 것은?

구분	경제성장률	소비자 물가 상승률	경제수지흑자	실업률
2014년	4.6%	3.6%	460억 달러	3.5%
2015년	4% 초반	3% 초반	300억 달러	3% 초반

① 전년도에 비하여 화폐가치는 다소 높아질 것이다.

② 긴축 정책을 실시할 필요가 있다.

③ 수입이 지출을 초과할 것이다.

④ 전년도에 비하여 국민 소득이 늘어날 것이다.

 경제 성장률이 4%라는 것은 GDP, 즉 국민 소득이 전년도에 비하여 증가한다는 것을 의미한다.

2 우유가 콜라보다 가격에 민감하게 반응한다고 할 때 우유와 콜라에 대한 세금이 경제적으로 어떤 영향을 미치는지 바르게 추론한 것은?

① 우유에 대한 세금이 콜라에 대한 세금보다 더 큰 판매량 감소를 가져온다.

② 콜라에 대한 세금이 우유에 대한 세금보다 더 큰 판매량 감소를 가져온다.

③ 우유의 수요가 콜라에 대한 수요보다 가격에 민감하게 반응하므로 세금에 대해서는 반대가 된다.

④ 콜라에 대한 수요가 우유에 대한 수요보다 가격에 덜 민감하게 반응하므로 콜라는 세금에 민감하다.

 세금이 부과되면 판매가격이 상승하게 되고 가격탄력성이 큰 재화는 판매량이 줄어들게 된다. 조세의 부과는 생산자의 비용을 증가시키고 판매제품의 가격을 상승시킨다. 상승된 가격으로 인해 소비자의 소비량은 자연스럽게 줄어들게 된다.

3 중국에서 쓰촨성 지진이 발생한 후 많은 사람들이 위험에 대비하여 지진보험에 가입하기 위해 보험회사에 연락을 한다고 한다. 다음 중 이러한 상황을 가장 바르게 설명한 것은?

① 지진이 한 번 발생하면 또 다시 발생할 위험이 있으므로 보험에 가입하는 것은 합리적인 선택이 된다.

② 지진이 또 다시 일어날 가능성은 매우 희박하기 때문에 지진보험의 이득은 떨어지게 된다.

③ 전화를 거는 사람들이 모두 지진에 대해 과민반응을 보이는 사람이라고 볼 수는 없다.

④ 지진이 일어나기 전까지 지진으로 인한 잠재적 위험을 모르고 있을 경우에는 보험에 가입하는 것이 합리적이다.

 쓰촨성에 지진이 한 번 발생하였다고 하여도 지진이 계속 발생할 가능성은 희박하기 때문에 지진보험의 이득은 변하지 않는다. 보험회사에 전화를 거는 사람들은 과민반응자에 해당하며 지진이 발생하기 전까지 지진으로 인한 잠재적인 위험을 모를 경우에는 지진보험에 가입하는 것이 합리적인 선택이 될 수 있다.

4 기업 체감경기를 나타내는 용어는?

① GNI   ② CB

③ BSI   ④ BIS

 BSI(기업경기실사지수) … 기업의 체감경기를 지수화한 지표로, 경기에 대한 기업가들의 예측 및 판단, 이를 기반으로 한 계획의 변화 등을 관찰하여 지수화한 것이다.
① 국민총소득
② 전환사채
④ 국제결제은행

Answer↱ 1.④ 2.① 3.④ 4.③

5 텔레비전이나 신문, 잡지 등을 통하여 많은 광고를 접할 수 있다. 이것은 광고가 시장의 경쟁력을 만든다는 것을 말하는 것이다. 이렇듯 광고가 경쟁을 제약할 수 있는 이유에 대한 설명으로 옳은 것은?

① 광고는 소비자에게 정보의 전달 뿐 아니라 소비자의 선호도에 영향을 미치기 때문이다.

② 광고는 소비자들이 제품들 사이의 차이점을 많이 느끼지 못하도록 유사하게 하고 있기 때문이다.

③ 광고는 소비자들에게 신제품의 출시를 알려주기 때문에 기업들의 시장진입을 어렵게 만들기 때문이다.

④ 광고에 많은 투자를 하게 되면 소비자들은 제품이 가격이 비싸다고 판단하기 때문이다.

 광고는 소비자들에게 정보를 전달하는 것이 아닌 소비자의 선호에 영향을 미치기 때문에 경쟁을 제한하는 효과를 내는 것이다. 광고는 소비자들에게 제품들 사이의 차이를 실제보다 더 많이 느끼게 만들고 이로 인하여 수요곡선이 더욱 더 비탄력적이서 넌하니, 공급자는 한계비용보다 더 높은 가격을 받을 수 있게 된다. 광고는 시장을 더욱더 경쟁적으로 만들며 신제품의 출시를 소비자들에게 알려주어 기업들의 시장진입이 용이하게 된다. 광고의 비용이 높을수록 소비자들은 제품의 품질이 우수하다고 믿으며 브랜드 이름을 통하여 기업은 소비자들에게 보다 확실한 기업의 이미지를 심어줄 수 있다.

6 자산상태표 중 부채와 관련된 설명으로 가장 거리가 먼 것은?

① 부채는 사적인 목적이나 사업상의 목적으로 타인에게 차입하여 아직 갚지 않은 금액이다.

② 부채의 계산에서는 현재 시점에서 갚아야 할 잔액과 이자액을 포함한다.

③ 보통 만기가 1년 이내인 부채를 단기부채라 한다.

④ 신용카드대금이나 보험료, 세금 등의 지불기한이 지나지 않은 금액은 포함되지 아니한다.

 ② 부채의 계산 시 현재 시점에서 갚아야 할 잔액만을 포함시켜야 하며 미래에 지급할 이자액은 포함시키지 않는다.

7 베이비부머 세대의 귀농·귀촌의 특성으로 옳지 않은 것은?

① 베이비부머 세대의 귀촌 이유로는 '농·수산 생산 활동'이 가장 많은 비율을 차지한다.

② 농촌의 열악한 의료 및 복지 요건은 베이비부머 세대의 농촌이주의 저해 요인으로 작용할 수 있다.

③ 일부 지자체에서는 귀농·귀촌을 하는 베이비부머 세대를 위한 지원 프로그램을 실행하기도 한다.

④ 미국의 경우 정부 주도로 귀농인연합회를 조직해 선배 귀농인과의 네트워크 형성은 물론 농기구 구입비 등을 지원한다.

 ① 베이비부머 세대의 귀촌 이유로는 '본인 및 배우자의 노후, 전원 및 휴양생활, 여가활동 영위'가 가장 많은 비율을 차지한다.

※ 베이비부머 세대 … 한국전쟁 이후 출산율이 급증하였던 1955~1963년 사이에 출생한 695만 명을 지칭한다.

8 다음 중 용어의 설명이 잘못된 것은?

① 프로젝트 파이낸싱은 인터넷을 통하여 개인으로부터 투자자금을 모아 대출받기 어려운 기업이 자금을 조달받을 수 있는 제도이다.

② 클린뱅크는 원금과 이자를 받기 어려운 부실채권이 거의 없는 재무구조가 건전한 은행을 말한다.

③ 뱅크런은 금융위기 등으로 인하여 고객의 예금인출이 대규모로 일어나는 현상이다.

④ 랩어카운트는 고객이 예탁한 재산에 대해 증권회사의 금융자산관리사가 고객의 투자성향에 따라 적절한 운용 배분과 투자종목 추천 등의 서비스를 제공하고 그 대가로 일정률의 수수료(Wrap fee)를 받는 상품이다.

 ① 프로젝트 파이낸싱은 대규모의 자금이 필요한 석유, 탄광, 조선, 발전소, 고속도로 건설 등의 사업에 흔히 사용되는 방식으로 선진국에서는 보편화된 금융기법이다.

※ 크라우드 펀딩 … 후원, 기부, 대출, 투자 등을 목적으로 웹이나 모바일 네트워크 등을 통해 다수의 개인으로부터 자금을 모으는 행위를 말한다.

Answer→ 5.① 6.② 7.① 8.①

9 다음 중 위험의 성립과 관계가 없는 것은?

① 신체적 손상, 정신적 피해, 경제적 피해 등 바람직하지 못한 결과가 전제되어야 한다.

② 현재나 과거의 손해가 대상이 아닌 미래의 손해를 대상으로 할 때 위험은 성립한다.

③ 손해발생여부, 손해발생시기, 손해규모가 확실할 때 성립한다.

④ 위험이 성립되기 위해서는 손해가 반드시 예상되어야 한다.

 위험은 손해발생여부, 손해발생시기 및 손해규모가 불확실할 경우에만 성립한다.

10 국가경쟁력지수 평가 항목 중 우리나라가 고순위에 위치하고 있는 부분이 아닌 것은?

① 교육
② 노사관계 협력
③ 기술 성숙도
④ 지적 인프라

 ② 우리나라의 경우 지적인프라, 거시경제, 교육, 기술 성숙도 등은 높게 평가되고 있는 반면, 노사관계 협력, 정책의 투명성 등은 세계 최하위 수준에 머물고 있다.

11 외국인이 국내에서 자산을 운용하는 단순한 수준이 아닌 기술 협력 및 경영 참여 등 적극적인 방법으로 국내 기업과 지속적인 경제활동을 유지할 목적으로 투자를 하는 것은?

① FDI
② FAD
③ FTA
④ ODA

FDI(외국인직접투자) ⋯ 기업이 단독 또는 합작으로 현지에 법인을 설립하거나 현지의 기존 기업을 인수한 등 국내 기업과 지속적인 경제활동을 유지할 목적으로 하는 투자

12 기업의 해외진출 유형에 대한 설명으로 옳지 않은 것은?

① 그린필드 투자 – 신규 법인 설립의 방식으로 이루어지는 직접투자

② JV – 파트너 기업과 협력하여 공동투자

③ 계약 기반 제휴 – 자본투자에 대한 양방의 책임과 제휴 방법 등을 명시

④ 전략적 제휴 – 2개 이상의 기업이 독립성을 유지한 채 공동의 전략적 목표 달성을 위한 협력

 ③ 전략적 제휴의 한 유형인 계약 기반 제휴는 자본 투자 없이 양방의 책임과 제휴 방법 등을 명시한 계약을 바탕으로 이루어진다.

13 양적완화가 금융시장에 미친 영향에 대한 설명으로 옳지 않은 것은?

① 실물경제에 미치는 영향은 크지 않았던 것으로 추정된다.

② 금융시장의 신용경색이 완화되었다.

③ 유동성이 축소되어 시장지표가 개선되었다.

④ 시장 참가자의 위험선호가 크게 회복되었다.

 ③ 양적완화란 신용경색을 해소 및 경기 부양을 목적으로 중앙은행이 직접 시중에 통화를 공급하는 정책으로, 이를 통해 금융시장의 신용경색 완화 및 유동성이 확대되어 시장지표가 개선되었으며 이는 시장 참가자의 위험선호 회복에 크게 기여하였다.

Answer 9.③ 10.② 11.① 12.③ 13.③

14 금융권 전체에 위험을 안겨줄 수 있는 가능성이 큰 대형 금융기관을 선정하여 부실에 대해 특별 관리하는 것은?

① R - ECBs

② R - BOJs

③ G - BISs

④ G - SIBs

 G - SIBs(Global - Systemically Important Banks, 글로벌 시스템적 중요 은행) … 금융권 전체에 위험을 안겨줄 수 있는 가능성이 있는 대형 금융기관들을 지정한 것으로, 자산 규모, 업무의 복잡성, 시스템적 상호연결 등을 판단 조건으로 한다.

15 선진국들의 경제상황이 장기적인 저성장과 디플레이션, 재정적자 심화 등 장기 불황 상태를 보이는 것을 일컫는 용어는?

① 부메랑 효과

② 일본화 현상

③ 베블렌 효과

④ J커브 현상

 일본화(Japanification) 현상 … 선진국의 경제 상황이 일본의 1990년대 자산 버블 붕괴 이후의 모습과 유사해지는 현상으로, 장기적인 저성장과 디플레이션, 재정적자 심화 등이 나타난다.

① 선진국이 후진국에 대하여 제공한 경제원조나 자본투자결과 그 생산제품이 현지 시장수요를 초과하게 되어 선진국에 역수출됨으로써 당해 산업과 경합하게 되는 현상

③ 가격이 증가함에도 일부 계층의 과시욕이나 허영심 등으로 수요가 증가하는 현상

④ 환율이 변동해도 조정효과가 나타나기까지 걸리는 시간으로 인해 당분간의 무역수지가 본래의 조정과정으로 들어가는 현상

16 공매도의 순기능과 역기능에 대한 설명으로 옳은 것은?

① 가격버블의 가능성을 낮춰 가격결정의 효율성을 제고할 수 있게 된다.

② 공매도는 유동성을 저하시켜 거래비용을 높이는 효과가 있다.

③ 무차입공매도의 경우 결제 불이행의 가능성이 있다.

④ 공매도 급증 시 단기적으로 주가하락이 가속화되고 주가변동이 확대될 수 있다.

 공매도 … 가지고 있지 않은 주식이나 채권을 바탕으로 하는 매도주문으로, 결제일 안에 주식이나 채권을 매수해 매입자에게 상환하는 방식이다.

② 공매도는 시장에 물량을 공급하고 수요를 창출하여 유동성을 확대시키며 그 결과 거래비용을 낮추는 효과가 있다.

17 다음 중 글로벌 금융위기로 국제 투자 자금이 상대적으로 안정적인 국가로 집중되면 해당 국가에 나타날 수 있는 경제 현상을 순서대로 바르게 나열한 것을 고르면?

이자율	경상수지
① 상승	개선
② 상승	악화
③ 하락	개선
④ 하락	악화

 국제투자자금이 국내에 유입되면 외환시장에서는 외환의 공급 증가로 환율이 하락하고 국내 자금시장에서는 통화량 증가로 이자율은 하락하게 된다. 한편 환율 하락은 수출상품의 외화표시 가격 상승을 초래하여 결국 경상수지는 악화된다.

18 물가연동채권의 투자활용에 대한 설명으로 옳지 않은 것은?

① 경기순환주기에 따른 물가변동을 예측하여 적극적인 투자전략 추구가 가능하다.

② 물가상승 및 저금리 기조가 지속될 때에는 장기적 인플레이션의 헤지 차원에서 접근하는 것이 바람직하다.

③ 생활비를 이자소득에 의존해야하는 은퇴생활자는 인플레의 위험을 피하면서 이자를 생활비에 보탤 수 있어 은퇴자산 배분상품으로 유용하다.

④ 글로벌 유동성과 선진국의 양적완화 정책 추진의 가능성은 일반국채대비 초과수익을 기대하기 어렵다.

 ④ 최근 국내 소비자물가 하락에도 불구하고 풍부한 글로벌 유동성과 선진국의 양적완화 정책 추진의 가능성은 물가연동채권이 일반국채대비 초과수익을 기대할 수 있게 하는 요인으로 작용한다.

Answer ⟶ 14.④ 15.② 16.② 17.④ 18.④

19 엔화 환율변동의 요인으로 그 성격이 다른 하나는?

① 일본은행의 적극적인 금융완화 정책

② 미국 고용경기의 회복세

③ 유럽 재정위기 및 정치 불안의 심화

④ 미국 및 유럽 국가의 정책과 금리 동향

 ②③④는 대외적인 요인인데 비해 ①은 대내적인 요인으로 분석할 수 있다.

20 국가가 자산을 운용하기 위해 특별히 설립한 투자펀드로, 적정 수준 이상의 보유 외환을 투자용으로 분리해 놓은 자금은?

① ETF

② SWF

③ FSW

④ BIS

 국부펀드(SWF ; Sovereign Wealth Fund) … 국가가 자산을 운용하기 위해 특별히 설립한 투자펀드로, 무역수지 흑자를 재원으로 하는 '상품펀드'와 석유 및 자원 등 상품 수출을 통해 벌어들인 잉여 자금을 재원으로 하는 '비상품펀드'로 구분할 수 있다.

21 단기금융상품에 집중투자해 단기 실세금리의 등락이 펀드 수익률에 신속히 반영될 수 있도록 한 초단기공사채형 상품은?

① MMF

② MMDA

③ CMA

④ MMW

 ② MMDA : 시장금리부 수시입출식예금은 은행의 단기 금융상품으로서, 가입 시 적용되는 금리가 시장금리의 변동에 따라 결정되는 상품이다.

③ CMA : 자산관리계좌(Cash Management Account)로 고객이 예치한 자금을 국공채 등에 투자해 그 수익을 고객에게 돌려주는 금융상품이다.

④ MMW : 'Money Market Wrap'의 약자로, 증권사 CMA의 운용방식 중 하나다. 신탁은 아니지만 고객이 자산을 증권사에 맡기면 증권사는 신용등급 AAA 이상인 한국증권금융 등 우량한 금융기관의 예금, 채권, 발행어음, 콜론(call loan) 등 단기금융상품에 투자하고, 그에 따른 실적을 지급하는 상품이다.

22 다음 중 '질적 완화'에 대한 설명으로 옳지 않은 것은?

① 중앙은행이 시장 금리를 관리하기 위해 매입하는 자산의 종류를 국채에서 회사채, 주식까지 다변화하는 것을 말한다.

② 구조조정이 필요하거나 신용경색 해소를 필요로 하는 기업이 대상이며 단기 기업 어음까지 그 대상에 포함된다.

③ 질적완화는 양적완화에서 더 나아가 위험자산인 회사채와 주식 등을 매입하여 유동성 공급뿐만 아니라 질적으로도 경제환경을 개선시키는 정책을 의미한다.

④ 시중에 돈을 푸는 것에 집중하는 양적완화보다 시중 금리를 관리하는 데 더욱 초점이 있다.

 구조조정이 필요하거나 신용경색 해소를 필요로 하는 기업이 대상이며 단기 기업 어음은 질적 완화에서 제외된다.

23 은퇴 시점을 설정하면 생애주기별 자산 배분 프로그램에 맞춰 자동으로 주식과 채권 비중을 조정해 주는 펀드는?

① 메자닌 펀드
② 페어 펀드
③ 타깃 리스크 펀드
④ 타깃 데이트 펀드

• 메자닌 펀드 : 메자닌은 건물 1층과 2층 사이에 있는 라운지 공간을 의미하는 이탈리아어로, 메자닌 펀드는 채권과 주식의 중간 위험단계에 있는 상품에 투자하는 펀드를 말한다.
• 페어 펀드 : 공정한 펀드라는 이름처럼, 불완전판매 등 잘못을 한 행위자에게 벌금을 부과한 후 이 자금으로 피해를 본 투자자들을 구제하는 펀드를 말한다.
• 타깃 리스크 펀드 : 리스크에 따라 주식과 채권 등 기초자산의 비중을 다르게 배분한 펀드 상품이다.

Answer 19.① 20.② 21.① 22.② 23.④

24 개인 기부 확산의 장애 요인에 해당하지 않는 것은?

① 혈연, 학연, 지연 등 강한 연고주의
② 사회지도층의 노블레스 오블리주 정신 부족
③ 기부금품 모집 및 사용에 관한 법률 제정
④ 기부자들이 노후에 대한 걱정 없이 기부할 수 있는 제도적 기반 부재

 「기부금품 모집 및 사용에 관한 법률」은 성숙한 기부문화 조성, 건전한 기부금품 모집제도 정착을 목적으로 기부금의 모집을 장려하고 사용에 대한 관리를 위해 제정되었다.

25 변액보험과 금융투자회사 상품을 비교한 것으로 옳은 것은?

구분		변액보험	금융투자회사 상품
①	가입목적	간접투자를 통한 고수익 창출	실질가치가 보전된 보장 제공
②	운용방법	투자금 대부분을 유가증권에 투자	보험료의 일부를 유가증권에 투자
③	투자자의 지위	계약자 권리 보유	수익자·주주의 권리 보유
④	부가비용	판매보수, 자산운용보수, 수탁보수	사업비, 자산운용보수, 수탁보수

 변액보험(variable insurance) … 보험계약자가 납입한 보험료 중 일부를 주식이나 채권과 같은 유가증권에 투자해 그 운용 결과에 따라 계약자에게 투자 성과를 배당해주는 실적배당형 보험 상품
①②④ 반대로 설명되었다.

26 기업주가 후계자에게 기업의 주식이나 사업용 재산을 상속하여 기업의 소유권을 다음 세대에게 무상으로 이전하는 것은?

① 경영권 승계   ② 지분 승계
③ 가업 승계   ④ 경영자 승계

가업 승계 … 기업이 기업 자체의 동일성을 유지하면서 기업주가 후계자에게 해당 기업의 주식이나 사업용 재산을 상속·증여하여 기업의 소유권 또는 경영권을 무상으로 다음 세대에게 이전하는 것을 말한다.

27 금융투자 의사결정 시 범하는 다양한 형태의 오류에 대한 설명으로 옳지 않은 것은?

① 과도한 자신감 – 자신에 대한 과신으로 너무 잦은 공격적 투자를 한다.

② 후회 기피 – 자신의 투자행동에 대해 후회하고 급격한 변화를 감행한다.

③ 기준점 설정 – 특정 투자대안에 대해 과도한 목표수익률을 설정한다.

④ 무작위 사건에 대한 부정 – 우연히 발생한 투자 성과를 자신의 실력으로 인식한다.

(Tip) ② 후회 기피는 자신의 투자패턴의 변화에 의한 실패를 두려워해 현상을 유지하려는 것을 말한다.

28 부동산 경매 용어에 대한 설명으로 잘못된 것은?

① 감정가 – 감정평가인이 경매 대상 목적물의 가격을 법원의 명령에 의하여 산정한 금액

② 매각가 – 경매 대상 부동산의 매각 가격으로 과거 '낙찰'이라는 용어가 민사집행법 제정 이후 '매각'으로 변경

③ 응찰률 – 응찰자수를 매각된 건수로 나눈 비율

④ 매각률 – 경매 건수를 매각된 건수로 나눈 비율

(Tip) ④ 매각률은 매각된 건수를 경매 건수로 나눈 비율로, 경매시장이 침체될 수록 매각률이 낮을 가능성이 크다.

29 공모형 PF사업의 특성으로 옳지 않은 것은?

① 민간의 아이디어를 활용해 창의적인 개발 가능

② 복합기능을 담당하는 전략시설 유치에 유리

③ 사업리스크 증가 및 초기 부담금 증가

④ 대규모 부동산 개발 노하우 습득

(Tip) ③ 공모형 PF사업의 경우 공공의 사업참여로 사업리스크가 감소하고 초기부담이 완화되는 특성이 있다.

Answer↱ 24.③ 25.③ 26.③ 27.② 28.④ 29.③

30 일반모기지론과 역모기지론을 비교한 것으로 잘못된 것은?

구분		일반모기지론	역모기지론
①	이용자	주택구입자	주택소유 고령자
②	출발시점	계약시점부터 분할 대출	계약시점 일시 대출
③	대출기간	사전 확정 기간	종신 또는 사전 확정 기간
④	지분	시간 경과에 따라 증가	시간 경과에 따라 감소

 ② 일반모기지론은 계약시점 일시 대출인데 비하여 역모기지론은 계약시점부터 분할 대출의 형태를 띤다.

31 유럽 대형은행의 자산 운용 특징에 대한 설명으로 옳은 것은?

① 다른 지역에 비해 유럽 대형은행들의 자산은 채권이 비중이 낮다.
② 국채나 은행채 등을 통해 다른 국가들에 투자하는 비중이 낮다.
③ 은행이 보유하는 채권은 우량한 국공채, 은행채 등으로 일반적인 기업·가계대출에 비해 수익률이 높다.
④ 금융위기와 같은 이자율 급변시기에 채권평가손익이 은행 수익에 큰 영향을 미친다.

 ① 유럽 대형은행들의 자산은 다른 지역의 은행들에 비해 채권 비중이 높다.
② 유럽 대형은행들의 평균 대출비중은 약 52%로, 국채나 은행채 등을 통해 다른 국가들에 투자하는 비중이 높다.
③ 은행이 보유하는 채권은 우량한 국공채, 은행채 등으로 일반적인 기업·가계대출에 비해 수익률이 낮다.
④ 자산의 상당부분을 채권이 차지하고 있기 때문에 금융위기와 같은 이자율 급변시기에 채권평가손익이 은행 수익에 큰 영향을 미친다.

32 프랜차이즈 업체 평가 방법에 대한 설명으로 옳지 않은 것은?

① 프랜차이즈 성공을 위해서는 가맹본부의 브랜드 파워와 유통 노하우, 가맹점주의 운영능력 등이 중요하다.
② 프랜차이즈 가맹본부는 가맹점 폐점비율이 낮을수록 우량한 업체로 평가할 수 있다.
③ 프랜차이즈는 개별 창업 대비 투자비용이 적고, 마진율이 커 창업 선호도가 높다.
④ 직영점 없이 급격히 가맹점 수를 늘리는 경우 부실화 가능성이 크다.

> (Tip) ③ 일반적으로 프랜차이즈는 창업 선호도가 높으나, 개별 창업에 비해 초기 투자비용이 크고 마진율이 낮은 편이며 가맹점주의 자율적인 점포 운영에도 제약이 있다.

33 재정에 관한 설명으로 옳지 않은 것은?

① 정부 및 공공부문의 수입과 지출에 관한 활동을 재정이라고 한다.
② 정부는 재정을 운영하기 위하여 매 회계연도마다 예산을 편성하여 그 해의 수입과 지출에 관한 계획을 세운다.
③ 회계연도가 진행되는 도중에 국내외 경제정세의 변화나 천재지변과 같은 부득이한 사정으로 예산을 변경할 필요가 있을 경우에 편성하는 예산을 수정예산이라고 한다.
④ 정부의 재정활동을 공공경제라고 부르기도 한다.

> (Tip) ③ 추가경정예산은 예산이 성립한 후에 발생한 사유로 인하여 변경된 예산이며 정부가 예산을 국회에 제출한 후 국회에서 통과되기 전에 그 내용의 일부를 수정하고자 할 때 국회에 제출하는 예산을 수정예산이라고 한다.

Answer → 30.② 31.④ 32.③ 33.③

34 무언가를 고정시키는 '말뚝' 또는 '못'이라는 의미를 가진 단어에서 따온 말로 한 나라의 통화 가치를 특정국가의 통화에 고정시켜 두고, 정해진 환율로 교환을 약속한 고정환율제도를 뜻하는 말은?

(   )

 페그제 … 한 나라의 통화가치를 특정국가의 통화에 고정시켜 두고, 정해진 환율로 교환을 약속한 고정환율제도이다. 페그(peg)란 무언가를 고정시키는 '말뚝' 또는 '못'이라는 의미를 가지고 있다. 예를 들어 어떤 나라가 기축통화로 미국 달러를 채택했다면 그 나라의 통화와 미국 달러 간의 환율은 변하지 않지만 다른 나라의 통화에 대한 환율은 미국 달러와 다른 나라 통화의 환율변동에 따라 자동적으로 결정된다.

35 정책금융의 특성상 위험가중자산의 비중이 확대되는 것이 불가피한 만큼 꾸준히 자본을 확충해야 할 필요성이 있다. 정책금융 또는 구조조정 지원으로 위험가중자산이 높아지면 건전성 비율인 '이것'은 하락할 수밖에 없다. '이것'은 국제적인 은행시스템의 건전성과 안정성을 확보하고 은행 간 경쟁조건상의 형평을 기하기 위해 국제결제은행의 은행감독규제위원회(바젤위원회)에서 정한 기준이다. '이것'에 해당하는 용어는 무엇인가?

(   )

 BIS 자기자본비율 … 국제결제은행에서 정한 기준으로, 무역을 할 때 국제금융을 거래할 수 있는 은행이 되려면 일정 비율 이상의 자기자산을 보유하고 있어야 한다는 것이다.

36 다음 글에서 밑줄 친 '이것'은 무엇을 가리키는가?

> • 1944년 출범한 <u>이것</u>은 기존의 금 대신 미국 달러화를 국제결제에 사용하도록 한 것으로, 금 1온스의 가격을 35달러로 고정해 태환할 수 있도록 하고, 다른 국가의 통화는 조정 가능한 환율로 달러 교환이 가능하도록 해 달러를 기축통화로 만든 것이다.
> • 리처드 닉슨 대통령은 1971년 8월 15일 금과 달러의 태환을 중단한다고 발표했다. 이로써 기존의 <u>이것</u>이 사실상 와해되는 결과를 낳으며, 자본주의 경제는 거대한 전환기를 맞게 됐다.

(   )

 브레튼우즈 체제 … 1930년 이래의 각국 통화가치 불안정, 외환관리, 평가절하경쟁, 무역거래 제한 등을 시정하여 국제무역의 확대, 고용 및 실질소득증대, 외환의 안정과 자유화, 국제수지균형 등을 달성할 것을 목적으로 1944년 7월 미국 브레튼우즈에서 체결되었다. 고정환율과 금환본위제를 통하여 환율의 안정, 자유무역과 경제성장의 확대를 추구하고자 하였다.

37 은행과 보험회사가 서로 연결되어 종합금융서비스를 제공하는 새로운 금융결합 형태를 말한다. 보험회사가 은행 지점을 보험상품의 판매 대리점으로 이용하는 형태 등으로 나타나며, 1986년 프랑스의 크레디아그리콜 은행이 생명보험사인 자회사를 설립하여 전국 은행창구에서 보험상품을 판매하면서 시작되었다. 이러한 것을 일컫는 용어는?

(   )

 프랑스어로 은행(Banque)과 보험(assurance)의 합성어이다.

Answer ↦ 34.(페그제) 35.(BIS 자기자본비율) 36.(브레튼우즈 체제) 37.(방카슈랑스)

38 '한 국가가 경제·정치적인 이유로 외국에서 빌려온 차관에 대해 일시적으로 상환을 연기하는 것' 혹은 '전쟁·천재(天災)·공황 등에 의해 경제계가 혼란하고 채무이행이 어려워지게 된 경우 국가의 공권력에 의해서 일정기간 채무의 이행을 연기 또는 유예하는 일'을 뜻하는 용어는?

(   )

 국가의 공권력에 의해서 일정기간 채무의 이행을 연기 또는 유예하는 일을 의미한다.

39 어떤 나라의 채권시장에서는 중앙정부가 발행한 국채와 지방정부가 발행한 지방채만 거래되고 있으며, 채권 보유에 따른 수익에 대해 세금이 부과된다. 새로 들어선 정부는 국채 보유에 따른 수익에 이전과 같은 세금을 부과하는 반면, 지방채 보유에 따른 수익에는 세금을 면제할 계획이다. 다른 조건에 변화가 없다고 가정했을 때, 두 채권의 이자율은 어떻게 변화될 것인가?

(   )

 국채 보유에 대해서는 세금이 계속 부과되는 반면 지방채 보유에 대한 세금은 면제되었으므로, 지방채에 대한 수요는 증가하고 대체재인 국채에 대한 수요는 감소하게 된다. 따라서 다른 조건에 변화가 없다면 국채의 가격은 하락하고 지방채에 대한 가격은 상승한다. 이자율은 채권 가격과 역의 관계가 있으므로 국채 이자율은 상승하고 지방채 이자율은 하락하게 된다.

40 '콜 옵션'과 '풋 옵션'이 무엇인지, '유러피안 옵션'와 '아메리칸 옵션'이 무엇인지 그 차이점을 중심으로 간략히 서술해보시오.

( )

Tip 증권을 매입할 권리를 '콜 옵션', 매도할 권리를 '풋 옵션'이라 하며, 약정기간의 만기에만 권리행사를 할 수 있는 옵션을 '유러피안 옵션', 약정기간 중 어느 때나 권리행사를 할 수 있는 옵션을 '아메리칸 옵션'이라 한다.

Answer⤷ 38.(모라토리엄(Moratorium)) 39.(국채 이자율은 상승하고 지방채 이자율은 하락할 것이다.) 40.(해설과 동일)

PART

III

직무능력평가

01 의사소통능력

1 의사소통과 의사소통능력

(1)

① 개념 … 사람들 간에 생각이나 감정, 정보, 의견 등을 교환하는 총체적인 행위로, 직장생활에서의 의사소통은 조직과 팀의 효율성과 효과성을 성취할 목적으로 이루어지는 구성원 간의 정보와 지식 전달 과정이라고 할 수 있다.

② 기능 … 공동의 목표를 추구해 나가는 집단 내의 기본적 존재 기반이며 성과를 결정하는 핵심 기능이다.

③ 의사소통의 종류
    ㉠ 언어적인 것 : 대화, 전화통화, 토론 등
    ㉡ 문서적인 것 : 메모, 편지, 기획안 등
    ㉢ 비언어적인 것 : 몸짓, 표정 등

④ 의사소통을 저해하는 요인 … 정보의 과다, 메시지의 복잡성 및 메시지 간의 경쟁, 상이한 직위와 과업지향형, 신뢰의 부족, 의사소통을 위한 구조상의 권한, 잘못된 매체의 선택, 폐쇄적인 의사소통 분위기 등

(2) 의사소통능력

① 개념 … 의사소통능력은 직장생활에서 문서나 상대방이 하는 말의 의미를 파악하는 능력, 자신의 의사를 정확하게 표현하는 능력, 간단한 외국어 자료를 읽거나 외국인의 의사표시를 이해하는 능력을 포함한다.

② 의사소통능력 개발을 위한 방법
    ㉠ 사후검토와 피드백을 활용한다.
    ㉡ 명확한 의미를 가진 이해하기 쉬운 단어를 선택하여 이해도를 높인다.
    ㉢ 적극적으로 경청한다.
    ㉣ 메시지를 감정적으로 곡해하지 않는다.

2 의사소통능력을 구성하는 하위능력

(1) 문서이해능력

① 문서와 문서이해능력
  ㉠ 문서 : 제안서, 보고서, 기획서, 이메일, 팩스 등 문자로 구성된 것으로 상대방에게 의사를 전달하여 설득하는 것을 목적으로 한다.
  ㉡ 문서이해능력 : 직업현장에서 자신의 업무와 관련된 문서를 읽고, 내용을 이해하고 요점을 파악할 수 있는 능력을 말한다.

예제 1

다음은 신용카드 약관의 주요내용이다. 규정 약관을 제대로 이해하지 못한 사람은?

> **[부가서비스]**
> 카드사는 법령에서 정한 경우를 제외하고 상품을 새로 출시한 후 1년 이내에 부가서비스를 줄이거나 없앨 수가 없다. 또한 부가서비스를 줄이거나 없앨 경우에는 그 세부내용을 변경일 6개월 이전에 회원에게 알려주어야 한다.
> **[중도 해지 시 연회비 반환]**
> 연회비 부과기간이 끝나기 이전에 카드를 중도해지하는 경우 남은 기간에 해당하는 연회비를 계산하여 10 영업일 이내에 돌려줘야 한다. 다만, 카드 발급 및 부가서비스 제공에 이미 지출된 비용은 제외된다.
> **[카드 이용한도]**
> 카드 이용한도는 카드 발급을 신청할 때에 회원이 신청한 금액과 카드사의 심사 기준을 종합적으로 반영하여 회원이 신청한 금액 범위 이내에서 책정되며 회원의 신용도가 변동되었을 때에는 카드사는 회원의 이용한도를 조정할 수 있다.
> **[부정사용 책임]**
> 카드 위조 및 변조로 인하여 발생된 부정사용 금액에 대해서는 카드사가 책임을 진다. 다만, 회원이 비밀번호를 다른 사람에게 알려주거나 카드를 다른 사람에게 빌려주는 등의 중대한 과실로 인해 부정사용이 발생하는 경우에는 회원이 그 책임의 전부 또는 일부를 부담할 수 있다.

① 혜수 : 카드사는 법령에서 정한 경우를 제외하고는 1년 이내에 부가서비스를 줄일 수 없어.
② 진성 : 카드 위조 및 변조로 인하여 발생된 부정사용 금액은 일괄 카드사가 책임을 지게 돼.
③ 영훈 : 회원의 신용도가 변경되었을 때 카드사가 이용한도를 조정할 수 있어.
④ 영호 : 연회비 부과기간이 끝나기 이전에 카드를 중도 해지하는 경우에는 남은 기간에 해당하는 연회비를 카드사는 돌려줘야 해.

[출제의도]
주어진 약관의 내용을 읽고 그에 대한 상세 내용의 정보를 이해하는 능력을 측정하는 문항이다.
[해설]
② 부정사용에 대해 고객의 과실이 있으면 회원이 그 책임의 전부 또는 일부를 부담할 수 있다.

답 ②

② 문서의 종류
　　㉠ 공문서 : 정부기관에서 공무를 집행하기 위해 작성하는 문서로, 단체 또는 일반회사에서 정부기관을 상대로 사업을 진행할 때 작성하는 문서도 포함된다. 엄격한 규격과 양식이 특징이다.
　　㉡ 기획서 : 아이디어를 바탕으로 기획한 프로젝트에 대해 상대방에게 전달하여 시행하도록 설득하는 문서이다.
　　㉢ 기안서 : 업무에 대한 협조를 구하거나 의견을 전달할 때 작성하는 사내 공문서이다.
　　㉣ 보고서 : 특정한 업무에 관한 현황이나 진행 상황, 연구·검토 결과 등을 보고하고자 할 때 작성하는 문서이다.
　　㉤ 설명서 : 상품의 특성이나 작동 방법 등을 소비자에게 설명하기 위해 작성하는 문서이다.
　　㉥ 보도자료 : 정부기관이나 기업체 등이 언론을 상대로 자신들의 정보를 기사화 되도록 하기 위해 보내는 자료이다.
　　㉦ 자기소개서 : 개인이 자신의 성장과정이나, 입사 동기, 포부 등에 대해 구체적으로 기술하여 자신을 소개하는 문서이다.
　　㉧ 비즈니스 레터(E-mail) : 사업상의 이유로 고객에게 보내는 편지다.
　　㉨ 비즈니스 메모 : 업무상 확인해야 할 일을 메모형식으로 작성하여 전달하는 글이다.

③ 문서이해의 절차 … 문서의 목적 이해→문서 작성 배경·주제 파악→정보 확인 및 현안문제 파악→문서 작성자의 의도 파악 및 자신에게 요구되는 행동 분석→목적 달성을 위해 취해야 할 행동 고려→문서 작성자의 의도를 도표나 그림 등으로 요약·정리

(2) 문서작성능력

① 작성되는 문서에는 대상과 목적, 시기, 기대효과 등이 포함되어야 한다.

② 문서작성의 구성요소
　　㉠ 짜임새 있는 골격, 이해하기 쉬운 구조
　　㉡ 객관적이고 논리적인 내용
　　㉢ 명료하고 설득력 있는 문장
　　㉣ 세련되고 인상적인 레이아웃

다음은 들은 내용을 구조적으로 정리하는 방법이다. 순서에 맞게 배열하면?

> ㉠ 관련 있는 내용끼리 묶는다.
> ㉡ 묶은 내용에 적절한 이름을 붙인다.
> ㉢ 전체 내용을 이해하기 쉽게 구조화한다.
> ㉣ 중복된 내용이나 덜 중요한 내용을 삭제한다.

① ㉠㉡㉢㉣   ② ㉠㉡㉣㉢
③ ㉡㉠㉢㉣   ④ ㉡㉠㉣㉢

[출제의도]
음성정보는 문자정보와는 달리 쉽게 잊혀 지기 때문에 음성정보를 구조화 시키는 방법을 묻는 문항이다.

[해설]
내용을 구조적으로 정리하는 방법은 '㉠ 관련 있는 내용끼리 묶는다. → ㉡ 묶은 내용에 적절한 이름을 붙인다. → ㉣ 중복된 내용이나 덜 중요한 내용을 삭제한다. → ㉢ 전체 내용을 이해하기 쉽게 구조화한다.'가 적절하다.

답 ②

③ 문서의 종류에 따른 작성방법

　㉠ 공문서

　　• 육하원칙이 드러나도록 써야 한다.

　　• 날짜는 반드시 연도와 월, 일을 함께 언급하며, 날짜 다음에 괄호를 사용할 때는 마침표를 찍지 않는다.

　　• 대외문서이며, 장기간 보관되기 때문에 정확하게 기술해야 한다.

　　• 내용이 복잡할 경우 '-다음-', '-아래-'와 같은 항목을 만들어 구분한다.

　　• 한 장에 담아내는 것을 원칙으로 하며, 마지막엔 반드시 '끝'자로 마무리 한다.

　㉡ 설명서

　　• 정확하고 간결하게 작성한다.

　　• 이해하기 어려운 전문용어의 사용은 삼가고, 복잡한 내용은 도표화 한다.

　　• 명령문보다는 평서문을 사용하고, 동어 반복보다는 다양한 표현을 구사하는 것이 바람직하다.

　㉢ 기획서

　　• 상대를 설득하여 기획서가 채택되는 것이 목적이므로 상대가 요구하는 것이 무엇인지 고려하여 작성하며, 기획의 핵심을 잘 전달하였는지 확인한다.

　　• 분량이 많을 경우 전체 내용을 한눈에 파악할 수 있도록 목차구성을 신중히 한다.

　　• 효과적인 내용 전달을 위한 표나 그래프를 적절히 활용하고 산뜻한 느낌을 줄 수 있도록 한다.

　　• 인용한 자료의 출처 및 내용이 정확해야 하며 제출 전 충분히 검토한다.

ⓔ 보고서

• 도출하고자 한 핵심내용을 구체적이고 간결하게 작성한다.

• 내용이 복잡할 경우 도표나 그림을 활용하고, 참고자료는 정확하게 제시한다.

• 제출하기 전에 최종점검을 하며 질의를 받을 것에 대비한다.

예제 3

다음 중 공문서 작성에 대한 설명으로 가장 적절하지 못한 것은?

① 공문서나 유가증권 등에 금액을 표시할 때에는 한글로 기재하고 그 옆에 괄호를 넣어 숫자로 표기한다.

② 날짜는 숫자로 표기하되 년, 월, 일의 글자는 생략하고 그 자리에 온점(.)을 찍어 표시한다.

③ 첨부물이 있는 경우에는 붙임 표시문 끝에 1자 띄우고 "끝."이라고 표시한다.

④ 공문서의 본문이 끝났을 경우에는 1자를 띄우고 "끝."이라고 표시한다.

[출제의도]
업무를 할 때 필요한 공문서 작성법을 잘 알고 있는지를 측정하는 문항이다.
[해설]
공문서 금액 표시
아라비아 숫자로 쓰고, 숫자 다음에 괄호를 하여 한글로 기재한다.
예) 금 123,456원(금 일십이만삼천 사백오십육원)

답 ①

---

④ 문서작성의 원칙

ⓐ 문장은 짧고 간결하게 작성한다(간결체 사용).

ⓑ 상대방이 이해하기 쉽게 쓴다.

ⓒ 불필요한 한자의 사용을 자제한다.

ⓓ 문장은 긍정문의 형식을 사용한다.

ⓔ 간단한 표제를 붙인다.

ⓕ 문서의 핵심내용을 먼저 쓰도록 한다(두괄식 구성).

⑤ 문서작성 시 주의사항

ⓐ 육하원칙에 의해 작성한다.

ⓑ 문서 작성시기가 중요하다.

ⓒ 한 사안은 한 장의 용지에 작성한다.

ⓓ 반드시 필요한 자료만 첨부한다.

ⓔ 금액, 수량, 일자 등은 기재에 정확성을 기한다.

ⓕ 경어나 단어사용 등 표현에 신경 쓴다.

ⓖ 문서작성 후 반드시 최종적으로 검토한다.

⑥ **효과적인 문서작성 요령**

　　㉠ **내용이해** : 전달하고자 하는 내용과 핵심을 정확하게 이해해야 한다.

　　㉡ **목표설정** : 전달하고자 하는 목표를 분명하게 설정한다.

　　㉢ **구성** : 내용 전달 및 설득에 효과적인 구성과 형식을 고려한다.

　　㉣ **자료수집** : 목표를 뒷받침할 자료를 수집한다.

　　㉤ **핵심전달** : 단락별 핵심을 하위목차로 요약한다.

　　㉥ **대상파악** : 대상에 대한 이해와 분석을 통해 철저히 파악한다.

　　㉦ **보충설명** : 예상되는 질문을 정리하여 구체적인 답변을 준비한다.

　　㉧ **문서표현의 시각화** : 그래프, 그림, 사진 등을 적절히 사용하여 이해를 돕는다.

(3) 경청능력

① **경청의 중요성** … 경청은 다른 사람의 말을 주의 깊게 들으며 공감하는 능력으로 경청을 통해 상대방을 한 개인으로 존중하고 성실한 마음으로 대하게 되며, 상대방의 입장에 공감하고 이해하게 된다.

② **경청을 방해하는 습관** … 짐작하기, 대답할 말 준비하기, 걸러내기, 판단하기, 다른 생각하기, 조언하기, 언쟁하기, 옳아야만 하기, 슬쩍 넘어가기, 비위 맞추기 등

③ **효과적인 경청방법**

　　㉠ **준비하기** : 강연이나 프레젠테이션 이전에 나누어주는 자료를 읽어 미리 주제를 파악하고 등장하는 용어를 익혀둔다.

　　㉡ **주의 집중** : 말하는 사람의 모든 것에 집중해서 적극적으로 듣는다.

　　㉢ **예측하기** : 다음에 무엇을 말할 것인가를 추측하려고 노력한다.

　　㉣ **나와 관련짓기** : 상대방이 전달하고자 하는 메시지를 나의 경험과 관련지어 생각해 본다.

　　㉤ **질문하기** : 질문은 듣는 행위를 적극적으로 하게 만들고 집중력을 높인다.

　　㉥ **요약하기** : 주기적으로 상대방이 전달하려는 내용을 요약한다.

　　㉦ **반응하기** : 피드백을 통해 의사소통을 점검한다.

예제 4

다음은 면접스터디 중 일어난 대화이다. 민아의 고민을 해소하기 위한 조언으로 가장 적절한 것은?

> 지섭 : 민아씨, 어디 아파요? 표정이 안 좋아 보여요.
>
> 민아 : 제가 원서 넣은 공단이 내일 면접이어서요. 그동안 스터디를 통해서 면접 연습을 많이 했는데도 벌써부터 긴장이 되네요.
>
> 지섭 : 민아씨는 자기 의견도 명확히 피력할 줄 알고 조리 있게 설명을 잘 하시니 걱정 안하셔도 될 것 같아요. 아, 손에 꽉 쥐고 계신 건 뭔가요?
>
> 민아 : 아, 제가 예상 답변을 정리해서 모아둔거에요. 내용은 거의 외웠는데 이렇게 쥐고 있지 않으면 불안해서
>
> 지섭 : 그 정도로 준비를 철저히 하셨으면 걱정될 이유 없을 것 같이요.
>
> 민아 : 그래도 압박면접이거나 예상치 못한 질문이 들어오면 어떻게 하죠?
>
> 지섭 : _____

① 시선을 적절히 처리하면서 부드러운 어투로 말하는 연습을 해보는 건 어때요?
② 공식적인 자리인 만큼 옷차림을 신경 쓰는 게 좋을 것 같아요.
③ 당황하지 말고 질문자의 의도를 잘 파악해서 침착하게 대답하면 되지 않을까요?
④ 예상 질문에 대한 답변을 좀 더 정확하게 외워보는 건 어떨까요?

[출제의도]
상대방이 하는 말을 듣고 질문 의도에 따라 올바르게 답하는 능력을 측정하는 문항이다.
[해설]
민아는 압박질문이나 예상치 못한 질문에 대해 걱정을 하고 있으므로 침착하게 대응하라고 조언을 해주는 것이 좋다.

답 ③

---

(4) 의사표현능력

① **의사표현의 개념과 종류**

　㉠ 개념 : 화자가 자신의 생각과 감정을 청자에게 음성언어나 신체언어로 표현하는 행위이다.

　㉡ 종류

　　• 공식적 말하기 : 사전에 준비된 내용을 대중을 대상으로 말하는 것으로 연설, 토의, 토론 등이 있다.

　　• 의례적 말하기 : 사회·문화적 행사에서와 같이 절차에 따라 하는 말하기로 식사, 주례, 회의 등이 있다.

　　• 친교적 말하기 : 친근한 사람들 사이에서 자연스럽게 주고받는 대화 등을 말한다.

② **의사표현의 방해요인**

　㉠ 연단공포증 : 연단에 섰을 때 가슴이 두근거리거나 땀이 나고 얼굴이 달아오르는 등의 현상으로 충분한 분석과 준비, 더 많은 말하기 기회 등을 통해 극복할 수 있다.

ⓛ 말 : 말의 장단, 고저, 발음, 속도, 쉼 등을 포함한다.

ⓒ 음성 : 목소리와 관련된 것으로 음색, 고저, 명료도, 완급 등을 의미한다.

ⓔ 몸짓 : 비언어적 요소로 화자의 외모, 표정, 동작 등이다.

ⓜ 유머 : 말하기 상황에 따른 적절한 유머를 구사할 수 있어야 한다.

③ 상황과 대상에 따른 의사표현법

ⓐ 잘못을 지적할 때 : 모호한 표현을 삼가고 확실하게 지적하며, 당장 꾸짖고 있는 내용에만 한정한다.

ⓑ 칭찬할 때 : 자칫 아부로 여겨질 수 있으므로 센스 있는 칭찬이 필요하다.

ⓒ 부탁할 때 : 먼저 상대방의 사정을 듣고 응하기 쉽게 구체적으로 부탁하며 거절을 당해도 싫은 내색을 하지 않는다.

ⓓ 요구를 거절할 때 : 먼저 사과하고 응해줄 수 없는 이유를 설명한다.

ⓔ 명령할 때 : 강압적인 말투보다는 'ㅇㅇ을 이렇게 해주는 것이 어떻겠습니까?'와 같은 식으로 부드럽게 표현하는 것이 효과적이다.

ⓑ 설득할 때 : 일방적으로 강요하기보다는 먼저 양보해서 이익을 공유하겠다는 의지를 보여주는 것이 좋다.

ⓢ 충고할 때 : 충고는 가장 최후의 방법이다. 반드시 충고가 필요한 상황이라면 예화를 들어 비유적으로 깨우쳐주는 것이 바람직하다.

ⓞ 질책할 때 : 샌드위치 화법(칭찬의 말 + 질책의 말 + 격려의 말)을 사용하여 청자의 반발을 최소화 한다.

예제 5

당신은 팀장님께 업무 지시내용을 수행하고 결과물을 보고 드렸다. 하지만 팀장님께서는 "최대리 업무를 이렇게 처리하면 어떡하나? 누락된 부분이 있지 않은가."라고 말하였다. 이에 대해 당신이 행할 수 있는 가장 부적절한 대처 자세는?

① "죄송합니다. 제가 잘 모르는 부분이라 이수혁 과장님께 부탁을 했는데 과장님께서 실수를 하신 것 같습니다."

② "주의를 기울이지 못해 죄송합니다. 어느 부분을 수정보완하면 될까요?"

③ "지시하신 내용을 제가 충분히 이해하지 못하였습니다. 내용을 다시 한 번 여쭤보아도 되겠습니까?"

④ "부족한 내용을 보완하는 자료를 취합하기 위해서 하루정도가 더 소요될 것 같습니다. 언제까지 재작성하여 드리면 될까요?"

[출제의도]
상사가 잘못을 지적하는 상황에서 어떻게 대처해야 하는지를 묻는 문항이다.

[해설]
상사가 부탁한 지시사항을 다른 사람에게 부탁하는 것은 옳지 못하며 설사 그렇다고 해도 그 일의 과오에 대해 책임을 전가하는 것은 지양해야 할 자세이다.

답 ①

④ 원활한 의사표현을 위한 지침

ㄱ 올바른 화법을 위해 독서를 하라.

ㄴ 좋은 청중이 되라.

ㄷ 칭찬을 아끼지 마라.

ㄹ 공감하고, 긍정적으로 보이게 하라.

ㅁ 겸손은 최고의 미덕임을 잊지 마라.

ㅂ 과감하게 공개하라.

ㅅ 뒷말을 숨기지 마라.

ㅇ 첫마디 말을 준비하라.

ㅈ 이성과 감성의 조화를 꾀하라.

ㅊ 대화의 룰을 지켜라.

ㅋ 문장을 완전하게 말하라.

⑤ 설득력 있는 의사표현을 위한 지침

ㄱ 'Yes'를 유도하여 미리 설득 분위기를 조성하라.

ㄴ 대비 효과로 분발심을 불러 일으켜라.

ㄷ 침묵을 지키는 사람의 참여도를 높여라.

ㄹ 여운을 남기는 말로 상대방의 감정을 누그러뜨려라.

ㅁ 하던 말을 갑자기 멈춤으로써 상대방의 주의를 끌어라.

ㅂ 호칭을 바꿔서 심리적 간격을 좁혀라.

ㅅ 끄집어 말하여 자존심을 건드려라.

ㅇ 정보전달 공식을 이용하여 설득하라.

ㅈ 상대방의 불평이 가져올 결과를 강조하라.

ㅊ 권위 있는 사람의 말이나 작품을 인용하라.

ㅋ 약점을 보여 주어 심리적 거리를 좁혀라.

ㅌ 이상과 현실의 구체적 차이를 확인시켜라.

ㅍ 자신의 잘못도 솔직하게 인정하라.

ㅎ 집단의 요구를 거절하려면 개개인의 의견을 물어라.

ⓐ 동조 심리를 이용하여 설득하라.

ⓑ 지금까지의 노고를 치하한 뒤 새로운 요구를 하라.

ⓒ 담당자가 대변자 역할을 하도록 하여 윗사람을 설득하게 하라.

ⓓ 겉치레 양보로 기선을 제압하라.

ⓔ 변명의 여지를 만들어 주고 설득하라.

ⓕ 혼자 말하는 척하면서 상대의 잘못을 지적하라.

(5) 기초외국어능력

① 기초외국어능력의 개념과 필요성

　　㉠ 개념 : 기초외국어능력은 외국어로 된 간단한 자료를 이해하거나, 외국인과의 전화응대
　　　와 간단한 대화 등 외국인의 의사표현을 이해하고, 자신의 의사를 기초외국어로 표현
　　　할 수 있는 능력이다.

　　㉡ 필요성 : 국제화·세계화 시대에 다른 나라와의 무역을 위해 우리의 언어가 아닌 국제적
　　　인 통용어를 사용하거나 그들의 언어로 의사소통을 해야 하는 경우가 생길 수 있다.

② 외국인과의 의사소통에서 피해야 할 행동

　　㉠ 상대를 볼 때 흘겨보거나, 노려보거나, 아예 보지 않는 행동

　　㉡ 팔이나 다리를 꼬는 행동

　　㉢ 표정이 없는 것

　　㉣ 다리를 흔들거나 펜을 돌리는 행동

　　㉤ 맞장구를 치지 않거나 고개를 끄덕이지 않는 행동

　　㉥ 생각 없이 메모하는 행동

　　㉦ 자료만 들여다보는 행동

　　㉧ 바르지 못한 자세로 앉는 행동

　　㉨ 한숨, 하품, 신음소리를 내는 행동

　　㉩ 다른 일을 하며 듣는 행동

　　㉪ 상대방에게 이름이나 호칭을 어떻게 부를지 묻지 않고 마음대로 부르는 행동

③ 기초외국어능력 향상을 위한 공부법

　　㉠ 외국어공부의 목적부터 정하라.

　　㉡ 매일 30분씩 눈과 손과 입에 밸 정도로 반복하라.

　　㉢ 실수를 두려워하지 말고 기회가 있을 때마다 외국어로 말하라.

　　㉣ 외국어 잡지나 원서와 친해져라.

　　㉤ 소홀해지지 않도록 라이벌을 정하고 공부하라.

　　㉥ 업무와 관련된 주요 용어의 외국어는 꼭 알아두자.

　　㉦ 출퇴근 시간에 외국어 방송을 보거나, 듣는 것만으로도 귀가 트인다.

　　㉧ 어린이가 단어를 배우듯 외국어 단어를 암기할 때 그림카드를 사용해 보라.

　　㉨ 가능하면 외국인 친구를 사귀고 대화를 자주 나눠 보라.

1 다음은 S기업에서 진행하는 낙후지역 벽화그리기 프로그램 제안서이다. 다음과 같은 〈조건〉으로 기대 효과에 대해 작성하려고 할 때 가장 적절한 것은?

프로그램명	낙후지역 벽화그리기
제안부서	홍보부
제안이유	우리 S기업 사옥에서 멀지 않은 ○○동은 대표적인 낙후지역으로 한부모가정 또는 조부모가정, 기초생활수급가정 등이 밀집되어 있는 곳이다 이면 이이들이 많음에도 불구하고 칠이 벗겨진 벽이 그대로 방치되어 있는 건물이 매우 많습니다. 그런 건물들 때문에 주변 공간까지 황폐해 보입니다. 저희는 이런 건물들에 생동감을 불어넣고 기업 홍보효과도 얻기 위해 벽화그리기를 제안합니다.
제안내용	벽화에는 최대한 밝은 분위기를 담아내려고 합니다. 이를 위해 함께하는 직원들과 주민들에게 설문조사를 하여 주제와 소재를 결정하려고 합니다. 프로그램 기간에는 각자 역할을 나누어 밑그림을 그리고 채색을 할 것입니다. 또한 이를 축하하는 행사도 마련하려고 하오니 좋은 아이디어가 있으면 제공해주시고, 원활하게 진행될 수 있도록 협조해 주십시오.
기대효과	

> 〈조건〉
> • 참여 직원들에게 미치는 긍정적 효과를 드러낼 것
> • 지역 주민들에게 가져올 생활상의 변화를 제시할 것

① 이 활동은 사무실에서만 주로 일하는 직원들의 사기증진과 회사에 대한 자부심, 서로 간의 협동 정신을 심어줄 수 있습니다. 또한 개선된 생활공간에서 주민들, 특히나 어린 아이들은 밝은 웃음을 되찾을 수 있을 것입니다.

② 저희 홍보부는 최선을 다해 이 일을 추진할 것입니다. 직원여러분들께서도 많은 관심과 참여로 격려와 지원을 해 주시기 바랍니다.

③ 벽화 그리기는 사내의 분위기를 활발하게 움직이기에 매우 적합한 활동입니다. 앞으로도 홍보부는 이러한 많은 활동들을 통해 직원들의 사기증진을 위해 노력하겠습니다.

④ 벽화 그리기는 자율적이고 창의적인 사내 문화를 만들어 나가는 출발점이 될 것입니다. 이런 활동들에 주변 주민들이 함께한다면 회사 홍보효과도 함께 가져올 수 있을 것입니다.

2 다음은 SNS 회사에 함께 인턴으로 채용된 두 친구의 대화이다. 두 사람이 제출했을 토론 주제로 적합한 것은?

> 여 : 대리님께서 말씀하신 토론 주제는 정했어? 난 인터넷에서 '저무는 육필의 시대'라는 기사를 찾았는데 토론 주제로 괜찮을 것 같아서 그걸 정리해 가려고 하는데.
> 남 : 난 아직 마땅한 게 없어서 찾는 중이야. 그런데 육필이 뭐야?
> 여 : SNS 회사에 입사했다는 애가 그것도 모르는 거야? 컴퓨터로 글을 쓰는 게 디지털 글쓰기라면 손으로 글을 쓰는 걸 육필이라고 하잖아.
> 남 : 아! 그런 거야? 그럼 우리는 디지털 글쓰기 세대겠네?
> 여 : 그런 셈이지. 요즘 다들 컴퓨터로 글을 쓰니까. 그나저나 너는 디지털 글쓰기의 장점이 뭐라고 생각해?
> 남 : 음, 우선 떠오르는 대로 빨리 쓸 수 있다는 점 아닐까? 또 쉽게 고칠 수도 있고. 그래서 누구나 쉽게 글을 쓸 수 있다는 점이 디지털 글쓰기의 최대 장점이라고 생각하는데.
> 여 : 맞아. 기존의 글쓰기가 소수의 전유물이었다면, 디지털 글쓰기 덕분에 누구나 쉽게 글을 쓰고 의사소통을 할 수 있게 되었다는 게 내가 본 기사의 핵심이었어. 한마디로 글쓰기의 민주화가 이루어진 거지.
> 남 : 글쓰기의 민주화…… . 멋있어 보이기는 하는데, 디지털 글쓰기가 꼭 장점만 있는 것 같지는 않아. 누구나 쉽게 글을 쓸 수 있게 됐다는 건, 그만큼 글이 가벼워졌다는 거 아냐? 우리 주변에서도 그런 글들을 엄청나잖아.
> 여 : 하긴, 디지털 글쓰기 때문에 과거보다 진지하게 글을 쓰는 사람이 적어진 건 사실이야. 남의 글을 베끼거나 근거 없는 내용을 담은 글들도 많아지고.
> 남 : 우리 이 주제로 토론을 해 보는 게 어때?

① 세대 간 정보화 격차   ② 디지털 글쓰기와 정보화
③ 디지털 글쓰기의 장단점   ④ 디지털 글쓰기와 의사소통의 관계

 ③ 대화 속의 남과 여는 디지털 글쓰기의 장점과 단점에 대해 이야기하고 있다. 따라서 두 사람이 제출했을 토론 주제로는 '디지털 글쓰기의 장단점'이 적합하다.

Answer → 1.① 2.③

3 주어진 글을 근거로 판단할 때 보기 중 환율이 상승하는 요인은?

> 환율은 자국 통화와 비교 대상 국가 통화 간의 교환 비율을 나타낸다. 이러한 환율은 두 나라의 상대적 물가에 의해서 결정된다. 가령 우리나라에서 1,200원에 살 수 있는 상품을 미국에서 1달러에 살 수 있다면 환율은 1달러에 1,200원이 된다. 그래서 한 나라의 물가가 오르면 그 나라의 환율도 오른다.
>
> 한 국가의 실질 화폐 공급량이 실질 화폐 수요량과 같을 때 화폐시장이 균형을 이루게 된다. 실질 화폐 공급량이란 명목 통화량을 물가로 나눈 것이다. 실질 화폐 수요량은 자국의 소득 및 이자율의 영향을 받아 결정되는데, 소득이 증가(감소)하면 화폐 수요량이 증가(감소)하고, 이자율이 상승(하락)하면 화폐 수요량이 감소(증가)한다. 그리고 화폐시장이 균형을 이루므로 물가는 명목 통화량을 실질 화폐 수요량으로 나눈 값과 같다. 두 나라에서 이러한 방식으로 결정되는 두 나라 물가의 비율이 환율과 같다.

① 비교대상국의 이자율 감소
② 비교대상국의 실질 화폐 수요량 증가
③ 자국의 명목 통화량 증가
④ 자국의 소득 증가

 한 나라의 물가가 오르면 그 나라의 환율도 오른다. 따라서 자국의 물가가 내리거나 비교대상국의 물가가 오르는 경우 비교대상국의 환율이 상승한다.

$물가 = \dfrac{명목\ 통화량}{실질\ 화폐\ 수요량}$ 이고, 실질 화폐 수요량은 소득에 비례, 이자율에 반비례한다.

따라서 환율이 상승하는 요인으로는 비교대상국의 명목 통화량 증가, 실질 화폐 수요량 감소, 소득의 감소, 이자율의 증가가 있으며, 자국의 명목 통화량 감소, 실질 화폐 수요량 증가, 소득의 증가, 이자율의 감소가 있다.

4 다음에 주어진 자료를 활용하여 '능률적인 업무 처리 방법 모색'에 대한 기획안을 구상하였다. 적절하지 않은 것은?

> (가) 한 나무꾼이 땔감을 구하기 위해 열심히 나무를 베고 있었는데 갈수록 힘만 들고 나무는 잘 베어지지 않았다. 도끼날이 무뎌진 것을 알아채지 못한 것이다. 나무꾼은 지칠 때까지 힘들게 나무를 베다가 결국 바닥에 드러눕고 말았다.
>
> (나) 펜을 떼지 말고 한 번에 점선을 모두 이으시오. (단, 이미 지난 선은 다시 지날 수 없다.)
>
>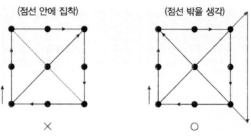
>
> | (점선 안에 집착) | (점선 밖을 생각) |
> | :---: | :---: |
> | × | ○ |

(가)	자료해석	(나)
날이 무딘 도끼로 나무를 베는 것은 비능률적인 일이다.		점선 안에만 집착하면 문제를 해결하지 못한다.
↓①	↓	↓②
근본적인 원인을 찾아야 문제를 해결할 수 있다.	의미추출	고정된 사고의 틀을 벗어나는 창의적 발상이 필요하다.
	↓	
끈기 있게 노력하지 않고 좋은 결과를 바라는 업무 태도를 개선하는 데 적용한다. ③	적용 대상 모색	고정 관념에 빠져 새로운 문제 해결 방안을 모색하지 못하는 업무 태도를 개선하는 데 적용한다. ④

↓

주제 발견 : 문제의 진단과 해결 방안의 모색

 (가)에서 나무꾼은 도끼날이 무뎌졌다는 근본적인 원인을 찾지 못 해 지칠 때까지 힘들게 나무를 베다가 결국 바닥에 드러눕고 말았다. 따라서 이를 끈기 있게 노력하지 않고 좋은 결과를 바라는 업무 태도 개선에 적용하는 것은 적용 대상의 모색이 잘못된 것이다.

Answer → 3.④ 4.③

5 다음은 사원들이 아래 신문 기사를 읽고 나눈 대화이다. 대화의 흐름상 빈칸에 들어갈 말로 가장 적절한 것은?

"김치는 살아 있다"
젖산균이 지배하는 신비한 미생물의 세계
처음에 생기는 일반 세균 새콤한 맛 젖산균이 물리쳐 "우와~ 김치 잘 익었네."
효모에 무너지는 '젖산균 왕국' "어유~ 군내, 팍 시었네."
점차 밝혀지는 김치의 과학 토종 젖산균 '김치 아이'
유전자 해독 계기로 맛 좌우하는 씨앗균 연구 개발

1990년대 중반 이후부터 실험실의 김치 연구가 거듭되면서, 배추김치, 무김치, 오이 김치들의 작은 시공간에서 펼쳐지는 미생물들의 '작지만 큰 생태계'도 점차 밝혀지고 있다. 20여 년째 김치를 연구해 오며 지난해 토종 젖산균(유산균) '류코노스톡 김치 아이'를 발견해 세계 학계에서 새로운 종으로 인정받은 인하대 한홍의(61) 미생물학과 교수는 "일반 세균과 젖산균, 효모로 이어지는 김치 생태계의 순환은 우리 생태계의 축소판"이라고 말했다.

흔히 "김치 참 잘 익었다."라고 말한다. 그러나 김치 과학자라면 매콤새콤하고 시원한 김치 맛을 보면 이렇게 말할 법하다. "젖산균들이 한창 물이 올랐군." 하지만, 젖산균이 물이 오르기 전까지 갓 담근 김치에선 배추, 무, 고춧가루 등에 살던 일반 세균들이 한때나마 왕성하게 번식한다. 소금에 절인 배추, 무는 포도당 등 영양분을 주는 좋은 먹이 터전인 것이다.

"김치 초기에 일반 세균은 최대 10배까지 급속히 늘어나다가 다시 급속히 사멸해 버립니다. 제 입에 맞는 먹잇감이 줄어드는데다 자신이 만들어 내는 이산화탄소가 포화 상태에 이르러 더는 살아갈 수 없는 환경이 되는 거죠." 한 교수는 이즈음 산소를 싫어하는 '혐기성' 미생물인 젖산균이 활동을 개시한다고 설명했다. 젖산균은 시큼한 젖산을 만들며 배추, 무를 서서히 김치로 무르익게 만든다. 젖산균만이 살 수 있는 환경이 되는데, "다른 미생물이 출현하면 수십 종의 젖산균이 함께 '박테리오신'이라는 항생 물질을 뿜어내어 이를 물리친다."라고 한다.

그러나 '젖산 왕조'도 크게 두 번의 부흥과 몰락을 겪는다. 김치 중기엔 주로 둥근 모양의 젖산균(구균)이, 김치 말기엔 막대 모양의 젖산균(간균)이 세력을 떨친다. 한국 식품 개발연구원 박완수(46) 김치 연구단장은 "처음엔 젖산과 에탄올 등 여러 유기물을 생산하는 젖산균이 지배하지만, 나중엔 젖산만을 내는 젖산균이 우세종이 된다."며 "김치가 숙성할수록 시큼털털해지는 것은 이 때문"이라고 설명했다.

-○○일보-

사원 甲 : 김치가 신 맛을 내는 이유는 젖산균 때문이었군? 난 세균 때문인 줄 알았어.
사원 乙 : 나도 그래. 처음에 번식하던 일반 세균이 스스로 사멸하다니, 김치는 참 신기해.
사원 丙 : 맞아. 게다가 젖산균이 출현한 이후에는 젖산균이 뿜어내는 항생 물질 때문에 다른 미생물들이 살 수 없는 환경이 된다는데.
사원 丁 : 하지만 _____

① 일반세균이 모두 죽고 나면 단 한가지의 젖산균만이 활동하게 돼.
② 모든 젖산균이 김치를 맛있게 만드는 것은 아니더군.
③ 김치는 오래되면 오래될수록 맛이 깊어지지.
④ 김치가 오래될수록 시큼해지는 이유는 젖산균에서 나오는 유기물들 때문이야.

 ① 김치 중기엔 주로 둥근 모양의 젖산균(구균)이, 김치 말기엔 막대 모양의 젖산균(간균)이 세력을 떨친다.
③ 나중엔 젖산만을 내는 젖산균이 우세종이 되어 김치가 숙성될수록 시금털털해진다.
④ 김치가 오래될수록 시큼해지는 이유는 젖산균에서 나오는 젖산 때문이다.

Answer → 5.②

6 다음은 한 인터넷 쇼핑몰의 FAQ 게시판이다. 사원 甲씨는 순서 없이 배열되어있던 질문과 답을 고객들이 보기 쉽도록 분류하여 정리하려고 한다. ㉠~㉣에 들어갈 수 있는 질문으로 적절하게 연결된 것은?

FAQ
SEARCH

먼저 확인하시면 더 빠른 답을 얻으실 수 있습니다.

[   ] SEARCH

Q1. 아이핀(i-pin)인증이 무엇인가요?
Q2. 현금영수증 신청방법을 알려주세요.
Q3. 입금을 했는데 입금확인이 되지 않아요.
Q4. 아이디와 비밀번호가 생각 안나요.
Q5. 주문 취소는 어떻게 하는 건가요?
Q6. 주문 상품을 변경하고 싶어요.
Q7. 주문자와 입금자가 달라요.
Q8. 게시판으로 환불 접수는 어떻게 하나요?
Q9. 교환·환불이 불가능한 경우가 있나요?
Q10. 회원정보를 변경하고 싶어요.
Q11. 초과 입금한 경우에는 어떻게 해야 하나요?
Q12. 지정한 날짜에 제품을 받고 싶어요.
Q13. 비회원도 주문이 가능한가요?
Q14. 세금계산서를 발급받고 싶어요.
Q15. 주문완료 후 결제 방법을 바꿀 수 있나요?

▶ FAQ 자주 묻는 질문			
회원정보	주문/배송	반품/취소/환불	입금/결제
㉠	㉡	㉢	㉣

① ㉠ : Q1, Q4, Q7
② ㉡ : Q6, Q8, Q12
③ ㉢ : Q5, Q9, Q14
④ ㉣ : Q2, Q3, Q11

 ㉠ 회원정보 : Q1, Q4, Q10
㉡ 주문/배송 : Q6, Q12, Q13
㉢ 반품/취소/환불 : Q5, Q8, Q9
㉣ 입금/결제 : Q2, Q3, Q7, Q11, Q14, Q15

7 다음과 같은 상황에서 김 과장이 취할 행동으로 가장 바람직한 것은?

> 무역회사에 근무하는 김 과장은 아침부터 밀려드는 일에 정신이 없다. 오늘 독일의 고객사에서 보내온 주방용품 컨테이너 수취확인서를 보내야하고, 운송장을 작성해야 하는 일이 꼬여버려 국제전화로 걸려오는 수취확인 문의전화와 다른 고객사의 클레임을 받느라 전화도 불이 난다. 어제 오후 퇴근하기 전에 자리를 비운 박 대리에게 운송장을 영문으로 작성해서 오전 중에 메일로 보내줄 것을 지시한 메모를 잘 보이도록 책상 모니터에 붙여두고 갔는데 점심시간이 다 되도록 박 대리에게 메일을 받지 못했다.

① 박 대리가 점심 먹으러 나간 사이 다시 메모를 남겨놓는다.
② 바쁜 사람 여러 번 이야기하게 한다고 박 대리를 다그친다.
③ 바쁜 시간을 쪼개어 스스로 영문 운송장을 작성한다.
④ 메모를 못 본 것일 수 있으니 다시 한 번 업무를 지시한다.

 의사소통은 내가 상대방에게 메시지를 전달하는 과정이 아니라 상대방과의 상호작용을 통해 메시지를 다루는 과정이다. 우리가 남들에게 일방적으로 언어 혹은 문서를 통해 의사를 전달하는 것은 엄격한 의미에서 말하는 것이지 의사소통이라고 할 수 없다. 의사소통이란 다른 이해와 의미를 가지고 있는 사람들이 공통적으로 공유할 수 있는 의미와 이해를 만들어 내기 위해 서로 언어 또는 문서, 그리고 비언어적인 수단을 통해 상호 노력하는 과정이기 때문에 일방적인 말하기가 아니라 의사소통이 되기 위해서는 의사소통의 정확한 목적을 알고, 의견을 나누는 자세가 필요하다.

8 다음은 어느 쇼핑몰의 약관의 일부와 고객관리부 사원 乙씨가 홈페이지에 올라온 질문들에 대해서 약관에 근거하여 답변한 것이다. 옳지 않은 것은?

제12조(수신확인통지, 구매신청 변경 및 취소)
① "몰"은 이용자의 구매신청이 있는 경우 이용자에게 수신확인통지를 합니다.
② 수신확인통지를 받은 이용자는 의사표시의 불일치 등이 있는 경우에는 수신확인통지를 받은 후 즉시 구매신청 변경 및 취소를 요청할 수 있고 "몰"은 배송 전에 이용자의 요청이 있는 경우에는 지체 없이 그 요청에 따라 처리하여야 합니다. 다만 이미 대금을 지불한 경우에는 제15조의 청약철회 등에 관한 규정에 따릅니다.

제13조(재화 등의 공급)
① "몰"은 이용자와 재화 등의 공급시기에 관하여 별도의 약정이 없는 이상, 이용자가 청약을 한 날부터 7일 이내에 재화 등을 배송할 수 있도록 주문제작, 포장 등 기타의 필요한 조치를 취합니다. 다만, "몰"이 이미 재화 등의 대금의 전부 또는 일부를 받은 경우에는 대금의 전부 또는 일부를 받은 날부터 2영업일 이내에 조치를 취합니다. 이때 "몰"은 이용자가 재화 등의 공급 절차 및 진행 사항을 확인할 수 있도록 적절한 조치를 합니다.
② "몰"은 이용자가 구매한 재화에 대해 배송수단, 수단별 배송비용 부담자, 수단별 배송기간 등을 명시합니다. 만약 "몰"이 약정 배송기간을 초과한 경우에는 그로 인한 이용자의 손해를 배상하여야 합니다. 다만 "몰"이 고의, 과실이 없음을 입증한 경우에는 그러하지 아니합니다.

제14조(환급)
"몰"은 이용자가 구매 신청한 재화 등이 품절 등의 사유로 인도 또는 제공을 할 수 없을 때에는 지체 없이 그 사유를 이용자에게 통지하고 사전에 재화 등의 대금을 받은 경우에는 대금을 받은 날부터 2영업일 이내에 환급하거나 환급에 필요한 조치를 취합니다.

제15조(청약철회 등)
① "몰"과 재화 등의 구매에 관한 계약을 체결한 이용자는 수신확인의 통지를 받은 날부터 7일 이내에는 청약의 철회를 할 수 있습니다.
② 이용자는 재화 등을 배송 받은 경우 다음 각 호의 1에 해당하는 경우에는 반품 및 교환을 할 수 없습니다.
    1. 이용자에게 책임 있는 사유로 재화 등이 멸실 또는 훼손된 경우(다만, 재화 등의 내용을 확인하기 위하여 포장 등을 훼손한 경우에는 청약철회를 할 수 있습니다)
    2. 이용자의 사용 또는 일부 소비에 의하여 재화 등의 가치가 현저히 감소한 경우
    3. 시간의 경과에 의하여 재판매가 곤란할 정도로 재화 등의 가치가 현저히 감소한 경우
    4. 같은 성능을 지닌 재화 등으로 복제가 가능한 경우 그 원본인 재화 등의 포장을 훼손한 경우

③ 제2항 제2호 내지 제4호의 경우에 "몰"이 사전에 청약철회 등이 제한되는 사실을 소비자가 쉽게 알 수 있는 곳에 명기하거나 시용상품을 제공하는 등의 조치를 하지 않았다면 이용자의 청약철회 등이 제한되지 않습니다.

④ 이용자는 제1항 및 제2항의 규정에 불구하고 재화 등의 내용이 표시·광고 내용과 다르거나 계약내용과 다르게 이행된 때에는 당해 재화 등을 공급받은 날부터 3월 이내, 그 사실을 안 날 또는 알 수 있었던 날부터 30일 이내에 청약철회 등을 할 수 있습니다.

① Q. 겉포장을 뜯었는데 거울이 깨져있습니다. 교환이나 환불이 가능한가요?

  A. 제품을 확인하기 위해서 포장을 뜯은 경우에는 교환이나 환불이 가능합니다.

② Q. 구매한 제품과 다른 색상이 왔습니다. 언제까지 교환 환불이 가능한가요?

  A. 제품을 받으신 날부터 3개월 이내, 받으신 제품이 구매품과 다른 것을 안 날 또는 알 수 있었던 날부터 30일 이내에 교환, 환불 등의 조치를 취하실 수 있습니다.

③ Q. 책을 구매했는데 비닐 포장을 뜯었습니다. 환불이 가능한가요? 사용하지 않은 새 책입니다.

  A. 복제가 가능한 책 등의 제품은 포장을 뜯으신 경우 환불이 불가능합니다. 하지만 도서를 구매할 당시 이 사실을 확실히 명기하지 않은 경우나 상품이 불량인 경우에는 환불하실 수 있습니다.

④ Q. 주문 완료한 상품이 품절이라고 되어있습니다. 환급은 언제 받을 수 있나요?

  A. 입금하신 날부터 5영업일 이내에 환급해드리거나 환급에 필요한 조치를 해드립니다.

 ④ 5영업일을 2영업일로 수정해야 한다.

9 다음은 총무팀의 업무분장표이다. 이를 보고 업무내용을 바르게 이해한 것을 고르면?

구분	담당	업무내용	비고
주요 업무	팀장	• 팀원들의 전반적인 관리 및 연간 계획 설정 • 업무분장, 감독, 근무평정 등 업무관리 • 타부서 및 거래처와의 관계유지 및 위원회의 참석	
	과장	• 보고서 작성 및 근무일지 취합 보고 • 비품 및 시설의 전반적인 관리	
기타 업무	사원	• 주간보고서, 일일보고서 작성 • 사무실 정리 및 관리 • 종이, 시트지, 코팅지, 복사지 등 지류정리 및 관리	
	개인	• 주간보고서, 일일보고서 작성 • 차량 및 행사지원	

① 비품 및 시설의 전반적 관리는 기타업무에 해당한다.

② 업무분장에 관한 사안은 과장의 주요업무 중 하나이다.

③ 팀 연간 계획의 설정은 과장에게 위임 가능하다.

④ 사원들은 일일보고서 및 주간보고서를 작성해야 한다.

 ① 비품 및 시설의 전반적인 관리는 주요업무에 해당한다.
② 업무분장에 관한 사안은 팀장의 권한이다.
③ 팀 연간 계획의 설정이 위임가능하다는 내용은 제시되어 있지 않다.

10 다음은 사내홍보물에 사용하기 위한 인터뷰 내용이다. ㉠~㉣에 대한 설명으로 적절하지 않은 것을 고르면?

> 지성준 : 안녕하세요. 저번에 인사드렸던 홍보팀 대리 지성준입니다. 바쁘신 데도 이렇게 인터뷰에 응해주셔서 감사합니다. ㉠이번 호 사내 홍보물 기사에 참고하려고 하는데 혹시 녹음을 해도 괜찮을까요?
>
> 김혜진 : 네, 그렇게 하세요.
>
> 지성준 : 그럼 ㉡우선 사랑의 도시락 배달이란 무엇이고 어떤 목적을 갖고 있는지 간단히 말씀해주시겠어요?
>
> 김혜진 : 사랑의 도시락 배달은 끼니를 챙겨 드시기 어려운 독거노인분들을 찾아가 사랑의 도시락을 전달하는 일이에요. 이 활동은 공단 이미지를 홍보하는데 기여할 뿐만 아니라 개인적으로는 마음 따뜻해지는 보람을 느끼게 된답니다.
>
> 지성준 : 그렇군요. ㉢한번 봉사를 할 때에는 하루에 몇 십 가구를 방문하신다고 들었는데요, 어떻게 그렇게 많은 가구들을 다 방문할 수가 있나요?
>
> 김혜진 : 아, 비결이 있다면 역할을 분담한다는 거예요.
>
> 지성준 : 어떻게 역할을 나누나요?
>
> 김혜진 : 도시락을 포장하는 일, 배달하는 일, 말동무 해드리는 일 등을 팀별로 분산해서 맡으니 효율적으로 운영할 수 있어요.
>
> 지성준 : ㉣(고개를 끄덕이며) 그런 방법이 있었군요. 마지막으로 이런 봉사활동에 관심 있는 사원들에게 한 마디 해주세요.
>
> 김혜진 : 주중 내내 일을 하고 주말에 또 봉사활동을 가려고 하면 몸은 굉장히 피곤합니다. 하지만 거기에서 오는 보람은 잠깐의 휴식과 비교할 수 없으니 꼭 한번 참석해보시라고 말씀드리고 싶네요.
>
> 지성준 : 네, 그렇군요. 오늘 귀중한 시간을 내어 주셔서 감사합니다.

① ㉠ : 기록을 위한 보조기구를 사용하기 위해서 사전에 허락을 구하고 있다.
② ㉡ : 면담의 목적을 분명히 밝히면서 동의를 구하고 있다.
③ ㉢ : 미리 알고 있던 정보를 바탕으로 질문을 하고 있다.
④ ㉣ : 적절한 비언어적 표현을 사용하며 상대방의 말에 반응하고 있다.

 지성준은 사랑의 도시락 배달에 대한 정보를 얻기 위해 김혜진과 면담을 하고 있다. 그러므로 ㉡은 면담의 목적에 대한 동의를 구하는 질문이 아닌 알고 싶은 정보를 얻기 위한 질문에 해당한다고 할 수 있다.

Answer ↪ 9.④ 10.②

11 다음 빈칸 안에 들어갈 서류의 종류로 가장 적절한 것은?

> 직업생활 중에 회사차원이나 대외적으로 추진하는 일은 정보를 제공해야 성사가 되는 경우가 많다. 자신과 부서에 대한 정보뿐만 아니라 행사를 개최하거나 제품을 개발했을 때에는 반드시 정보를 제공해야 한다. 일반적으로 회사 자체에 대한 인력보유 홍보나 기업정보를 제공하는 경우가 있는데 이때에는 _____ 등의 문서가 필요하다.

① 보도자료
② 기안서
③ 공문서
④ 비즈니스 레터

 보도자료 … 정부 기관이나 기업체, 각종 단체 등이 언론을 상대로 자신들의 정보가 기사로 보도되도록 하기 위해 보내는 자료이다.

12 다음 말하기의 문제점을 해결하기 위한 의사소통 전략으로 적절한 것은?

> • (부장님이 팀장님께) "어이, 김팀장 이번에 성과 오르면 내가 술 사줄게."
> • (팀장님이 거래처 과장에게) "그럼 그렇게 일정을 맞혀보도록 하죠."
> • (뉴스에서 아나운서가) "이번 부동산 정책은 이전과 비교해서 많이 틀려졌습니다."

① 청자의 배경지식을 고려해서 표현을 달리한다.
② 문화적 차이에서 비롯되는 갈등에 효과적으로 대처한다.
③ 상대방의 공감을 이끌어 낼 수 있는 전략을 효과적으로 활용한다.
④ 상황이나 어법에 맞는 적절한 언어표현을 사용한다.

 제시된 글들은 모두 상황이나 어법에 맞지 않는 표현을 사용한 것이다. 상황에 따라 존대어, 겸양어를 적절히 사용하고 의미가 분명하게 드러나도록 어법에 맞는 적절한 언어표현이 필요하다.

13 다음은 상사와 부하 직원 간의 대화이다. 다음 대화 후 김 대리가 가장 먼저 처리해야 하는 것으로 적절한 것은?

> 이 팀장 : 내일 있을 임원회의 준비를 우리 팀에서 맡아 진행하기로 했습니다. 박 대리는 내일 지방 공장에 다녀와야 할 일이 있으니 김 대리가 꼼꼼하게 체크 좀 해줘요.
> 김 대리 : 네 팀장님. 구체적으로 무엇을 준비하면 될까요?
> 이 팀장 : 일단 이번 회의에서 박 본부장님께서 발표하실 자료를 준비해야하니 비서실에 바로 연락해서 회의 자료 받고 참여하는 임원님들 수에 맞춰서 복사해두도록 하세요. 그리고 회의 때 마실 음료수도 준비해두고. 아, 당일 날 회의실에 프로젝터와 마이크설비가 제대로 작동하는지도 확인해보는 게 좋겠군. 난 오늘 좀 일찍 퇴근해야 하니 오늘 업무보고는 내일 오후에 듣도록 하겠습니다.

① 업무보고서를 쓴다.
② 회의실을 점검한다.
③ 비서실에 연락을 취한다.
④ 서류를 복사한다.

 가장 먼저 해야 할 일은 비서실에 연락하여 회의 자료를 받는 일이다.

14 다음은 어느 은행의 이율에 관한 자료이다. 다음 자료를 보고 을(乙)이 이해한 내용으로 틀린 것은?

적금 종류	기본이율(%) (2016년 1월 1일 기준)	우대이율 (기본이율에 추가)
A은행 희망적금	1년 미만 만기 : 2.6	최고 5.0%p 우대 조건 • 기초생활수급자 : 2%p • 소년소녀가장 : 2%p • 근로소득 연 1,500만원 이하 근로자 : 2%p • 한부모가족 : 1%p • 근로장려금수급자 : 1%p
	1년 이상 2년 미만 만기 : 2.9	
	2년 이상 3년 미만 만기 : 3.1	
D은행 복리적금	1년 이상 2년 미만 만기 : 2.9	최고 0.6%p 우대 조건 • 첫 거래고객 : 0.3%p • 인터넷뱅킹 가입고객 : 0.2%p • 체크카드 신규발급고객 : 0.1%p • 예금, 펀드 중 1종 이상 가입고객 : 0.1%p
	2년 이상 3년 미만 만기 : 3.1	
	3년 이상 4년 미만 만기 : 3.3	
C은행 직장인 적금	2년 미만 만기 : 3.6	0.3%p 우대조건 회사에 입사한지 6개월 미만인 신입사원
	2년 이상 3년 미만 만기 : 3.9	

※ 우대조건을 충족하는 경우 반드시 우대이율을 적용받는다. 또한 복수의 우대조건을 충족하는 경우 우대이율을 중복해서 적용받는다.

① 3년 이상 4년 미만 만기로 B은행 복리적금을 드는 경우 인터넷뱅킹으로 가입하면 이율이 3.5%가 되네.

② 회사에 입사한지 6개월 미만인 신입사원은 다른 우대조건이 없는 경우에는 C은행 직장인 적금을 드는 것이 유리하겠어.

③ 다른 우대조건 없이 2년 이상 3년 미만 만기 적금을 드는 경우 B은행 복리적금을 드는 것이 가장 적절한 방법인거 같아.

④ A은행 희망적금은 근로소득 연 1,500만원 이하 근로자이면서 한부모가족이면 3%p가 기본이율에 추가가 되는구나.

> (Tip) 다른 우대조건 없이 2년 이상 3년 미만 만기 적금을 드는 경우 C은행 직장인 적금의 이율이 가장 높다.

15 다음은 H전자기기매장의 판매원과 고객 간의 대화이다. 빈칸에 들어갈 말로 가장 적절한 것은?

> 고객 : 이번에 H전자에서 새로 나온 노트북을 좀 보고 싶어서 왔는데요.
> 판매원 : A기종과 B기종이 있는데, 어떤 모델을 찾으시나요?
> 고객 : 국내 최경량으로 나온 거라고 하던데, 모델명은 잘 모르겠고요.
> 판매원 : 아, B기종을 찾으시는군요. 죄송하지만 지금 그 모델은 _____(가)_____.
> 고객 : 그렇습니까? 그럼 A기종과 B기종의 차이를 좀 설명해주시겠어요?
> 판매원 : A기종은 B기종보다 조금 무겁긴 하지만 디자인 업무를 하는 사람들을 위한 여
>   러 가지 기능이 더 _____(나)_____.
> 고객 : 흠, 그럼 B기종은 언제쯤 매장에서 볼 수 있을까요?
> 판매원 : 어제 요청을 해두었으니 3일정도 후에 매장에 들어올 겁니다. 연락처를 남겨주
>   시면 제품이 들어오는 대로 _____(다)_____.

	㉮	㉯	㉰
①	품절되었습니다	탑재되셨습니다	연락주시겠습니다
②	품절되었습니다	탑재되었습니다	연락드리겠습니다
③	품절되셨습니다	탑재되셨습니다	연락드리겠습니다
④	품절되셨습니다	탑재되었습니다	연락주시겠습니다

 ㉮㉯ 판매모델(물건)은 존대의 대상이 아니다.
㉰ '주시다'와 '드리다'는 모두 존대의 표현이지만 문제의 상황에서 고객을 높이기 위해서는
'드리다'를 사용해야 한다.

16 다음 글의 밑줄 친 부분을 고쳐 쓰기 위한 방안으로 적절하지 않은 것은?

> 세계기상기구(WMO)에서 발표한 자료에 따르면 지난 100년간 지구 온도가 뚜렷하게 상승하고 있다고 한다. ㉠그러나 지구가 점점 더워지고 있다는 말이다. 산업 혁명 이후 석탄과 석유 등의 화석연료를 지속적으로 사용한 결과로 다량의 온실 가스가 대기로 배출되었기 때문에 지구 온난화 현상이 심화된 것이다. ㉡비록 작은 것일지라도 실천할 수 있는 방법들을 찾아보아야 한다. 자전거를 타거나 걸어다니는 것을 실천해야겠다. ㉢나는 이번 여름에는 꼭 수영을 배울 것이다. 또, 과대 포장된 물건의 구입을 ㉣지향해야겠다.

① ㉠은 부적절하므로 '다시 말하면'으로 바꾼다.
② ㉡은 '일지라도'와 호응하지 않으므로 '만약'으로 바꾼다.
③ ㉢은 글의 동일성을 깨뜨리므로 삭제한다.
④ ㉣은 의미상 어울리지 않으므로 '지양'으로 바꾼다.

> (Tip) ② '만약'은 '혹시 있을지도 모르는 뜻밖의 경우'를 뜻하므로 '~라면'과 호응한다.

17 다음은 A회사 내 장애인봉사회의 월례회 안내문 초안이다. 작성한 내용을 고쳐 쓰기 위한 방안으로 적절하지 않은 것은?

> ### 제10회 월례회 안내
> 회원님들의 무궁한 발전을 기원합니다.
> A회사 내 발전과 친목을 도모하기 위한 장애인봉사회가 그동안 여러 회원님들의 관심과 성원으로 나날이 발전하고 있습니다. 회원님들과 함께 월례회를 갖고자 합니다. 바쁘시더라도 부디 참석하시어 미비한 점이 있다면 보완해 나갈 수 있도록 좋은 의견 부탁드리겠습니다.
>
> – 아래 –
>
> 1. 일시 : 2015년 00월 00일 00시
> 2. 장소 : 별관 10F 제2회의실
>
> 장애인봉사회 회장 ○○○

① 회의의 주요 안건에 대해 제시한다.
② 담당자의 연락처를 추가한다.
③ 안내문 마지막에 '감사합니다'를 추가한다.
④ '회장 ○○○'을 작성자의 이름으로 대체한다.

18 다음 대화의 빈칸에 들어갈 말로 적절하지 않은 것은?

> A : May I speak to Prof. Smith please?
> B : Sorry, _____. May I take a message?
> A : Yes, please tell him that Tom Andrews called and will drop by his office at two.
> B : I'll make sure he gets the message.

① he's not at his desk.

② he's on leave for the rest of the week.

③ he's on the other line.

④ he just stepped out.

 ② 그는 한 주간 휴가를 떠났습니다.

「A : Smith 교수님 좀 바꿔주시겠어요?
B : 죄송하지만, 지금 자리에 안 계십니다. 전하실 말씀 있으면 전해드릴까요?
A : 네, Tom Andrew가 전화했으며, 오늘 2시에 연구실에 잠깐 들른다고 전해 주시겠어요?
B : 말씀을 꼭 전해 드리겠습니다.」

Answer → 16.② 17.④ 18.②

19 다음 대화의 빈칸에 들어갈 말로 가장 적절한 것은?

> A : Hello. This is the long distance operator.
> B : Hello, operator. I'd like to make a person to person call to Mr. James at the Royal hotel in Seoul.
> A : Do you know the number of the hotel?
> B : No, I don't. _____
> A : Just a moment, please. The number is 123-4567.

① Would you find out for me?

② Would you hold the line, please?

③ May I take a message?

④ Do you know?

 ② 잠시만 기다려주시겠어요?

③ 용건을 전해드릴까요?

④ 그래?

「A : 안녕하세요. 장거리 전화 교환원입니다.
B : 안녕하세요. 저는 서울 로얄 호텔에 있는 James씨와 통화를 하고 싶은데요.
A : 호텔 전화번호 알고 계신가요?
B : 아니요. 좀 알아봐 주시겠어요?
A : 잠시만요. 번호는 123-4567입니다.」

20 다음은 스티븐씨의 한국방문일정이다. 옳지 않은 것은?

> Tues. march. 24, 2016
> 10:30 Arrive Seoul (KE 086)
> 12:00 ~ 14:00 Luncheon with Directors at Seoul Branch
> 14:30 ~ 16:00 Meeting with Suppliers
> 16:30 ~ 19:00 Tour of Insa-dong
> 19:00 Depart for Dinner
>
> Wed. march. 25, 2016
> 8:30 Depart for New York (OZ 222)
> 11:00 Arrive New York

① 총 2대의 비행기를 이용할 것이다.
② 오후에 인사동을 관광할 것이다.
③ 서울에 도착 후 이사와 오찬을 먹을 것이다.
④ 두 번에 걸친 회의가 있다.

 ④ 회의는 24일에 한 번 있다.
　　④ KE 086, OZ 222를 탔다는 내용을 보아 두 편의 항공기를 이용했음을 알 수 있다.
　　② 4시 30분부터 7시까지 인사동 관광이 예정되어 있다.
　　③ 12시부터 2시까지 이사와 Seoul Branch에서 오찬약속이 있다.

21 〈보기 1〉을 보고 '전력 수급 위기 극복'을 주제로 보고서를 쓰기 위해 〈보기 2〉와 같이 개요를 작성하였다. 개요를 수정한 내용으로 적절하지 않은 것은?

〈보기 1〉

　　대한민국은 전기 부족 국가로 블랙아웃(Black Out)이 상존한다. 2000년대 들어 두 차례 에너지 세제 개편을 실시한 후 난방유 가격이 오르면서 저렴한 전기로 난방을 하는 가구가 늘어 2010년대 들어서는 겨울철 전기 수요가 여름철을 넘어섰으며 실제 2011년 9월 한국전력은 전기 부족으로 서울 일부 지역을 포함한 지방 중소도시에 순환 정전을 실시했다.

〈보기 2〉

Ⅰ. 블랙아웃 사태 ··· ㉠
Ⅱ. 전력 수급 위기의 원인
　1. 공급측면
　　가. 전력의 비효율적 관리
　　나. 한국전력의 혁신도시 이전 ································ ㉡
　2. 수요측면
　　가. 블랙아웃의 위험성 인식부족
　　나. 전력의 효율적 관리구축 ······························· ㉢
Ⅲ. 전력 수급 위기의 극복방안
　1. 공급측면
　　가. 전력 과소비문화 확대
　　나. 발전 시설의 정비 및 확충
　2. 수요측면
　　가. 에너지 사용량 강제 감축 할당량 부과
　　나. 송전선로 지중화 사업에 대해 홍보 활동 강화 ··············· ··· ㉣
Ⅳ. 전력 수급 안정화를 위한 각계각층의 노력 촉구

---

① ㉠은 〈보기 1〉을 근거로 '블랙아웃의 급증'으로 구체화한다.

② ㉡은 주제와 관련 없는 내용이므로 삭제한다.

③ ㉢은 상위 항목과의 관계를 고려하여 'Ⅲ-1-가'와 위치를 바꾼다.

④ ㉣은 글의 일관성을 고려하여 '혁신도시 이전에 따른 홍보 강화'로 내용을 수정한다.

　　(Tip) ㉣은 블랙아웃의 해결책이 제시되어야 하므로 '절전에 대한 국민 홍보 강화'로 내용을 수정한다.

22 다음 중 올바른 태도로 의사소통을 하고 있지 않은 사람은?

① 종민 : 상대방이 이해하기 쉽게 표현한다.
② 찬연 : 상대방이 어떻게 받아들일 것인가를 고려한다.
③ 백희 : 정보의 전달에만 치중한다.
④ 세운 : 의사소통의 목적을 알고 의견을 나눈다.

 ③ 의사소통은 기계적인 정보 전달 이상의 것이다. 따라서 정보의 전달에만 치중하기 보다는 서로 다른 이해와 의미를 가지고 있는 사람들이 공유할 수 있는 의미와 이해를 만들기 위해 상호 노력하는 과정으로 이해해야 한다.

23 다음 중 의사소통을 저해하는 요인이 아닌 것은?

① 자신의 관점에서만 말하고 듣는 행위
② 정확히 이해했는지를 확인하지 않고 넘겨버리는 행위
③ 말하지 않아도 알고 있을 것이라고 생각하는 경향
④ 선입견과 고정관념을 버리는 자세

 의사소통을 저해하는 요인
㉠ 의사소통을 위한 표현력 및 이해력 부족
㉡ 평가적이며 판단적인 태도
㉢ 잠재적인 의도
㉣ 과거의 경험 또는 선입견 및 고정관념

24 다음 중 문서를 이해하는데 있어서 필요한 능력으로 가장 먼 것은?

① 문서를 읽고 이해할 수 있는 능력

② 상황에 적합한 문서를 시각적이고 효과적으로 작성하기 위한 능력

③ 각종 문서에 수록된 정보를 확인하여 자신에게 필요한 정보를 구별하고 비교할 수 있는 능력

④ 문서에 나타난 타인의 의견을 요약·정리할 수 있는 능력

 ② 상황에 적합한 문서를 시각적이고 효과적으로 작성하기 위한 능력은 문서작성에 필요한 능력이다.

25 다음 중 문서작성의 원칙으로 옳은 것을 모두 고른 것은?

> ㉠ 상대방의 이해를 돕기 위해 풍부한 미사여구를 사용한다.
> ㉡ 문서의미 전달에 반드시 필요하지 않은 경우 한자의 사용을 자제한다.
> ㉢ 부정문이나 의문문을 적절하게 사용한다.
> ㉣ 간단한 표제를 붙인다.
> ㉤ 주요한 내용을 먼저 쓴다.

① ㉠㉡㉢
② ㉡㉢㉣
③ ㉡㉣㉤
④ ㉢㉣㉤

 ㉠ 문장은 짧고 간결하게 작성하도록 한다.
㉢ 부정문이나 의문문은 되도록 피하고 긍정문으로 작성한다.

26 경청에 대한 설명으로 바르지 않은 것은?

① 상대방의 말을 가로채지 않고, 혼자서 대화를 독점하지 않도록 주의한다.

② 의견이 다르더라도 바로 반박하기 보다는 일단 수용한다.

③ 논쟁에서는 자신의 주장을 먼저 말한다.

④ 시선을 맞추고, 오감을 동원해 적극적으로 경청한다.

> (Tip) ③ 논쟁에서는 상대방의 주장을 먼저 듣고, 말하는 순서를 지킨다.

27 다음 중 국가와 대표적인 비언어적 의사표현법이 바르게 연결되지 않은 것은?

① 러시아 – 스스로에게 화가 났을 때 손을 펴서 자신의 이마를 친다.

② 미국 – 농담이라는 의도를 전하고자 할 때 윙크를 한다.

③ 중국 – 'No'의 의미로 머리를 뒤로 젖히고 눈썹을 치켜 올린다.

④ 일본 – 팔짱을 끼고 서 있으면 깊이 생각하고 있다는 뜻이다.

> (Tip) ③ 'No'의 의미로 머리를 뒤로 젖히고 눈썹을 치켜 올리는 것은 아랍권 국가들에서 사용된다.

Answer 24.② 25.③ 26.③ 27.③

┃28~30┃ 다음은 회의 내용의 일부이다. 물음에 답하시오. 【28~30】

> 김 팀장 : 네, 그렇군요. 수돗물 정책에 대한 이 과장님의 의견은 잘 들었습니다. 그런데 이 과장님 의견에 대해 박 부장님께서 반대 의견이 있다고 하셨는데, 박 부장님 어떤 내용이신가요?
>
> 박 부장 : 네, 사실 굉장히 답답합니다. 공단 폐수 방류 사건 이후에 17년간 네 번에 걸친 종합 대책이 마련됐고, 상당히 많은 예산이 투입된 것으로 알고 있습니다. 그런데도 상수도 사업을 민영화하겠다는 것은 결국 수돗물 정책이 실패했다는 걸 스스로 인정하는 게 아닌가 싶습니다. 그리고 민영화만 되면 모든 문제가 해결되는 것처럼 말씀하시는데요, 현실을 너무 안이하게 보고 계신다는 생각이 듭니다.
>
> 김 팀장 : 말씀 중에 죄송합니다만, 제 생각에도 수돗물 사업이 민영화되면 좀 더 효율적이고 전문적으로 운영될 것 같은데요.
>
> 박 부장 : 그렇지 않습니다. 전 우리 정부가 수돗물 사업과 관련하여 충분히 전문성을 갖추고 있다고 봅니다. 현장에서 근무하시는 분들의 기술 수준도 세계적이고요. 그리고 효율성 문제는요, 저희가 알아본 바에 의하면 시설 가동률이 50% 정도에 그치고 있고, 누수율도 15%나 된다는데, 이런 것들은 시설 보수나 철저한 관리를 통해 충분히 해결할 수 있다고 봅니다. 게다가 현재 상태로 민영화가 된다면 또 다른 문제가 생길 수 있습니다. 무엇보다 수돗물 가격의 인상을 피할 수 없다고 보는데요. 물 산업 강국이라는 프랑스도 민영화 이후에 물 값이 150%나 인상되었습니다. 우리에게도 같은 일이 일어나지 않으리라는 보장이 있습니까?
>
> 김 팀장 : 이 과장님, 박 부장님의 의견에 대해 어떻게 생각하십니까?
>
> 이 과장 : 민영화할 경우 아무래도 어느 정도 가격 인상 요인이 있겠습니다만 정부와 잘 협조하면 인상 폭을 최소화할 수 있으리라고 봅니다. 무엇보다도 수돗물 사업을 민간 기업이 운영하게 된다면 수질도 개선될 것이고, 여러 가지 면에서 더욱 질 좋은 서비스를 받을 수 있을 겁니다.

28 김 팀장과 박 부장의 발언으로 볼 때, 이 과장이 이전에 말했을 내용으로 가장 적절한 것은?

① 민영화를 통해 수돗물의 가격을 안정시킬 수 있다.

② 효율성을 높이기 위해 수돗물 사업을 민영화해야 한다.

③ 수돗물 사업의 전문성을 위해 기술 교육을 강화할 필요가 있다.

④ 종합적인 대책 마련을 통해 효율적인 수돗물 공급을 달성해야 한다.

 박 부장이 두 번째 발언에 '그리고 효율성 문제는요, 저희가 알아본 바에 의하면 시설 가동률이 50% 정도에 그치고 있고, 누수율도 15%나 된다는데, 이런 것들은 시설 보수나 철저한 관리를 통해 충분히 해결할 수 있다고 봅니다.'를 통해 앞에서 이 과장이 효율성 문제를 들어 수돗물 사업 민영화를 주장했다는 것을 유추할 수 있다.

29 박 부장의 의사소통능력에 대한 평가로 적절한 것은?

① 전문가의 말을 인용하여 자신의 견해를 뒷받침한다.
② 사회적 통념을 근거로 자기 의견의 타당성을 주장한다.
③ 구체적인 정보를 활용하여 상대방의 주장을 비판하고 있다.
④ 이해가 되지 않는 부분에 대해 근거 자료를 요구하고 있다.

 ③ 박 부장은 구체적인 사례와 수치 등을 들어 이 과장의 의견을 비판하고 있다.

30 주어진 회의에 대한 분석으로 적절하지 않은 것은?

① 김 팀장은 박 부장과 이 과장 사이에서 중립적인 자세를 취하고 있다.
② 박 부장은 이 과장의 의견에 반대하고 있다.
③ 이 과장은 수돗물 사업을 민영화하면 가격 인상이 될 수도 있다고 보고 있다.
④ 이 과장은 수돗물 사업 민영화로 받을 수 있는 질 좋은 서비스에 대해 구체적으로 제시하고 있지 않다.

 ① "제 생각에도 수돗물 사업이 민영화되면 좀 더 효율적이고 전문적으로 운영될 것 같은데요."라고 한 김 팀장의 두 번째 발언으로 볼 때 김 팀장은 이 과장의 의견에 동의하고 있다.

Answer → 28.② 29.③ 30.①

02 수리능력

1 직장생활과 수리능력

(1) 기초직업능력으로서의 수리능력

① 개념 … 직장생활에서 요구되는 사칙연산과 기초적인 통계를 이해하고 도표의 의미를 파악하거나 도표를 이용해서 결과를 효과적으로 제시하는 능력을 말한다.

② 수리능력은 크게 기초연산능력, 기초통계능력, 도표분석능력, 도표작성능력으로 구성된다.
    ㉠ 기초연산능력 : 직장생활에서 필요한 기초적인 사칙연산과 계산방법을 이해하고 활용할 수 있는 능력
    ㉡ 기초통계능력 : 평균, 합계, 빈도 등 직장생활에서 자주 사용되는 기초적인 통계기법을 활용하여 자료의 특성과 경향성을 파악하는 능력
    ㉢ 도표분석능력 : 그래프, 그림 등 도표의 의미를 파악하고 필요한 정보를 해석하는 능력
    ㉣ 도표작성능력 : 도표를 이용하여 결과를 효과적으로 제시하는 능력

(2) 업무수행에서 수리능력이 활용되는 경우

① 업무상 계산을 수행하고 결과를 정리하는 경우

② 업무비용을 측정하는 경우

③ 고객과 소비자의 정보를 조사하고 결과를 종합하는 경우

④ 조직의 예산안을 작성하는 경우

⑤ 업무수행 경비를 제시해야 하는 경우

⑥ 다른 상품과 가격비교를 하는 경우

⑦ 연간 상품 판매실적을 제시하는 경우

⑧ 업무비용을 다른 조직과 비교해야 하는 경우

⑨ 상품판매를 위한 지역조사를 실시해야 하는 경우

⑩ 업무수행과정에서 도표로 주어진 자료를 해석하는 경우

⑪ 도표로 제시된 업무비용을 측정하는 경우

예제 1

다음 자료를 보고 주어진 상황에 대한 물음에 답하시오.

〈근로소득에 대한 간이 세액표〉

월 급여액(천 원) [비과세 및 학자금 제외]		공제대상 가족 수				
이상	미만	1	2	3	4	5
2,500	2,520	38,960	29,280	16,940	13,570	10,190
2,520	2,540	40,670	29,960	17,360	13,990	10,610
2,540	2,560	42,380	30,640	17,790	14,410	11,040
2,560	2,580	44,090	31,330	18,210	14,840	11,460
2,580	2,600	45,800	32,680	18,640	15,260	11,890
2,600	2,620	47,520	34,390	19,240	15,680	12,310
2,620	2,640	49,230	36,100	19,900	16,110	12,730
2,640	2,660	50,940	37,810	20,560	16,530	13,160
2,660	2,680	52,650	39,530	21,220	16,960	13,580
2,680	2,700	54,360	41,240	21,880	17,380	14,010
2,700	2,720	56,070	42,950	22,540	17,800	14,430
2,720	2,740	57,780	44,660	23,200	18,230	14,850
2,740	2,760	59,500	46,370	23,860	18,650	15,280

※ 갑근세는 제시되어 있는 간이 세액표에 따름
※ 주민세＝갑근세의 10%
※ 국민연금＝급여액의 4.50%
※ 고용보험＝국민연금의 10%
※ 건강보험＝급여액의 2.90%
※ 교육지원금＝분기별 100,000원(매 분기별 첫 달에 지급)

박○○ 사원의 5월 급여내역이 다음과 같고 전월과 동일하게 근무하였으나 특별수당은 없고 차량지원금으로 100,000원을 받게 된다면, 6월에 받게 되는 급여는 얼마인가? (단, 원 단위 절삭)

(주) 서원플랜테크 5월 급여내역			
성명	박○○	지급일	5월 12일
기본급여	2,240,000	갑근세	39,530
직무수당	400,000	주민세	3,950
명절 상여금		고용보험	11,970
특별수당	20,000	국민연금	119,700
차량지원금		건강보험	77,140
교육지원		기타	
급여계	2,660,000	공제합계	252,290
		지급총액	2,407,710

① 2,443,910
② 2,453,910
③ 2,463,910
④ 2,473,910

[출제의도]
업무상 계산을 수행하거나 결과를 정리하고 업무비용을 측정하는 능력을 평가하기 위한 문제로서, 주어진 자료에서 문제를 해결하는 데에 필요한 부분을 빠르고 정확하게 찾아내는 것이 중요하다.

[해설]

기본급여	2,240,000	갑근세	46,370
직무수당	400,000	주민세	4,630
명절 상여금		고용보험	12,330
특별수당		국민연금	123,300
차량지원금	100,000	건강보험	79,460
교육지원		기타	
급여계	2,740,000	공제합계	266,090
		지급총액	2,473,910

답 ④

(3) 수리능력의 중요성

① 수학적 사고를 통한 문제해결

② 직업세계의 변화에의 적응

③ 실용적 가치의 구현

(4) 단위환산표

구분	단위환산
길이	$1cm = 10mm$, $1m = 100cm$, $1km = 1,000m$
넓이	$1cm^2 = 100mm^2$, $1m^2 = 10,000cm^2$, $1km^2 = 1,000,000m^2$
부피	$1cm^3 = 1,000mm^3$, $1m^3 = 1,000,000cm^3$, $1km^3 = 1,000,000,000m^3$
들이	$1m\ell = 1cm^3$, $1d\ell = 100cm^3$, $1L = 1,000cm^3 = 10d\ell$
무게	$1kg = 1,000g$, $1t = 1,000kg = 1,000,000g$
시간	1분 $= 60$초, 1시간 $= 60$분 $= 3,600$초
할푼리	1푼 $= 0.1$할, 1리 $= 0.01$할, 1모 $= 0.001$할

| 예제 2

둘레의 길이가 4.4km인 정사각형 모양의 공원이 있다. 이 공원의 넓이는 몇 a인가?

① 12,100a

② 1,210a

③ 121a

④ 12.1a

[출제의도]
길이, 넓이, 부피, 들이, 무게, 시간, 속도 등 단위에 대한 기본적인 환산 능력을 평가하는 문제로서, 소수점 계산이 필요하며, 자릿수를 읽고 구분할 줄 알아야 한다.

[해설]
공원의 한 변의 길이는
$4.4 \div 4 = 1.1(km)$이고
$1km^2 = 10,000a$이므로
공원의 넓이는
$1.1km \times 1.1km = 1.21km^2$
$= 12,100a$

답 ①

2 수리능력을 구성하는 하위능력

(1) 기초연산능력

① **사칙연산** … 수에 관한 덧셈, 뺄셈, 곱셈, 나눗셈의 네 종류의 계산법으로 업무를 원활하게 수행하기 위해서는 기본적인 사칙연산뿐만 아니라 다단계의 복잡한 사칙연산까지도 수행할 수 있어야 한다.

② **검산** … 연산의 결과를 확인하는 과정으로 대표적인 검산방법으로 역연산과 구거법이 있다.
  ○ **역연산** : 덧셈은 뺄셈으로, 뺄셈은 덧셈으로, 곱셈은 나눗셈으로, 나눗셈은 곱셈으로 확인하는 방법이다.
  ○ **구거법** : 원래의 수와 각 자리 수의 합이 9로 나눈 나머지가 같다는 원리를 이용한 것으로 9를 버리고 남은 수로 계산하는 것이다.

예제 3

다음 식을 바르게 계산한 것은?

$$1 + \frac{2}{3} + \frac{1}{2} - \frac{3}{4}$$

① $\frac{13}{12}$ ② $\frac{15}{12}$

③ $\frac{17}{12}$ ④ $\frac{19}{12}$

[출제의도]
직장생활에서 필요한 기초적인 사칙연산과 계산방법을 이해하고 활용할 수 있는 능력을 평가하는 문제로서, 분수의 계산과 통분에 대한 기본적인 이해가 필요하다.
[해설]
$$\frac{12}{12} + \frac{8}{12} + \frac{6}{12} - \frac{9}{12} = \frac{17}{12}$$

답 ③

---

(2) 기초통계능력

① **업무수행과 통계**
  ○ **통계의 의미** : 통계란 집단현상에 대한 구체적인 양적 기술을 반영하는 숫자이다.
  ○ **업무수행에 통계를 활용함으로써 얻을 수 있는 이점**
    • 많은 수량적 자료를 처리가능하고 쉽게 이해할 수 있는 형태로 축소
    • 표본을 통해 연구대상 집단의 특성을 유추
    • 의사결정의 보조수단
    • 관찰 가능한 자료를 통해 논리적으로 결론을 추출·검증

ⓒ 기본적인 통계치
- 빈도와 빈도분포 : 빈도란 어떤 사건이 일어나거나 증상이 나타나는 정도를 의미하며, 빈도분포란 빈도를 표나 그래프로 종합적으로 표시하는 것이다.
- 평균 : 모든 사례의 수치를 합한 후 총 사례 수로 나눈 값이다.
- 백분율 : 전체의 수량을 100으로 하여 생각하는 수량이 그중 몇이 되는가를 퍼센트로 나타낸 것이다.

② 통계기법
ⓐ 범위와 평균
- 범위 : 분포의 흩어진 정도를 가장 간단히 알아보는 방법으로 최곳값에서 최젓값을 뺀 값을 의미한다.
- 평균 : 집단의 특성을 요약하기 위해 가장 자주 활용하는 값으로 모든 사례의 수치를 합한 후 총 사례 수로 나눈 값이다.
- 관찰값이 1, 3, 5, 7, 9일 경우 범위는 $9 - 1 = 8$이 되고, 평균은 $\dfrac{1+3+5+7+9}{5} = 5$가 된다.

ⓑ 분산과 표준편차
- 분산 : 관찰값의 흩어진 정도로, 각 관찰값과 평균값의 차의 제곱의 평균이다.
- 표준편차 : 평균으로부터 얼마나 떨어져 있는가를 나타내는 개념으로 분산값의 제곱근 값이다.
- 관찰값이 1, 2, 3이고 평균이 2인 집단의 분산은 $\dfrac{(1-2)^2 + (2-2)^2 + (3-2)^2}{3} = \dfrac{2}{3}$ 이고 표준편차는 분산값의 제곱근 값인 $\sqrt{\dfrac{2}{3}}$ 이다.

③ 통계자료의 해석
ⓐ 다섯숫자요약
- 최솟값 : 원자료 중 값의 크기가 가장 작은 값
- 최댓값 : 원자료 중 값의 크기가 가장 큰 값
- 중앙값 : 최솟값부터 최댓값까지 크기에 의하여 배열했을 때 중앙에 위치하는 사례의 값
- 하위 25%값 · 상위 25%값 : 원자료를 크기 순으로 배열하여 4등분한 값
ⓑ 평균값과 중앙값 : 평균값과 중앙값은 그 개념이 다르기 때문에 명확하게 제시해야 한다.

예제 4

인터넷 쇼핑몰에서 회원가입을 하고 디지털캠코더를 구매하려고 한다. 다음은 구입하고자 하는 모델에 대하여 인터넷 쇼핑몰 세 곳의 가격과 조건을 제시한 표이다. 표에 있는 모든 혜택을 적용하였을 때 디지털캠코더의 배송비를 포함한 실제 구매가격을 바르게 비교한 것은?

구분	A 쇼핑몰	B 쇼핑몰	C 쇼핑몰
정상가격	129,000원	131,000원	130,000원
회원혜택	7,000원 할인	3,500원 할인	7% 할인
할인쿠폰	5% 쿠폰	3% 쿠폰	5,000원
중복할인여부	불가	가능	불가
배송비	2,000원	무료	2,500원

① A<B<C
② B<C<A
③ C<A<B
④ C<B<A

[출제의도]
직장생활에서 자주 사용되는 기초적인 통계기법을 활용하여 자료의 특성과 경향성을 파악하는 능력이 요구되는 문제이다.
[해설]
㉠ A 쇼핑몰
• 회원혜택을 선택한 경우 :
$129,000 - 7,000 + 2,000 = 124,000$(원)
• 5% 할인쿠폰을 선택한 경우 :
$129,000 \times 0.95 + 2,000 = 124,550$
㉡ B 쇼핑몰 :
$131,000 \times 0.97 - 3,500 = 123,570$
㉢ C 쇼핑몰
• 회원혜택을 선택한 경우 :
$130,000 \times 0.93 + 2,500 = 123,400$
• 5,000원 할인쿠폰을 선택한 경우 : $130,000 - 5,000 + 2,500 = 127,500$
∴ C<B<A

답 ④

(3) 도표분석능력

① 도표의 종류

　㉠ **목적별** : 관리(계획 및 통제), 해설(분석), 보고

　㉡ **용도별** : 경과 그래프, 내역 그래프, 비교 그래프, 분포 그래프, 상관 그래프, 계산 그래프

　㉢ **형상별** : 선 그래프, 막대 그래프, 원 그래프, 점 그래프, 층별 그래프, 레이더 차트

② 도표의 활용

　ㄱ 선 그래프

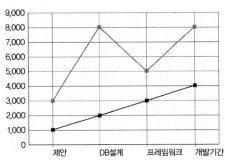

- 주로 시간의 경과에 따라 수량에 의한 변화 상황(시계열 변화)을 절선의 기울기로 나타내는 그래프이다.
- 경과, 비교, 분포를 비롯하여 상관관계 등을 나타낼 때 쓰인다.

　ㄴ 막대 그래프

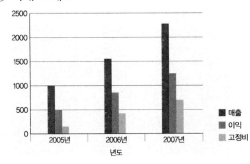

- 비교하고자 하는 수량을 막대 길이로 표시하고 그 길이를 통해 수량 간의 대소관계를 나타내는 그래프이다.
- 내역, 비교, 경과, 도수 등을 표시하는 용도로 쓰인다.

　ㄷ 원 그래프

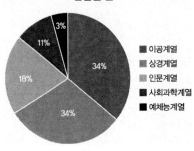

- 내역이나 내용의 구성비를 원을 분할하여 나타낸 그래프이다.
- 전체에 대해 부분이 차지하는 비율을 표시하는 용도로 쓰인다.

ⓛ 점 그래프

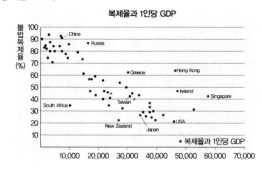

복제율과 1인당 GDP

- 종축과 횡축에 2요소를 두고 보고자 하는 것이 어떤 위치에 있는가를 나타내는 그래프이다.
- 지역분포를 비롯하여 도시, 지방, 기업, 상품 등의 평가나 위치·성격을 표시하는데 쓰인다.

ⓜ 층별 그래프

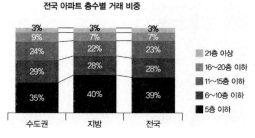

전국 아파트 층수별 거래 비중

- 선 그래프의 변형으로 연속내역 봉 그래프라고 할 수 있다. 선과 선 사이의 크기로 데이터 변화를 나타낸다.
- 합계와 부분의 크기를 백분율로 나타내고 시간적 변화를 보고자 할 때나 합계와 각 부분의 크기를 실수로 나타내고 시간적 변화를 보고자 할 때 쓰인다.

ⓗ 레이더 차트(거미줄 그래프)

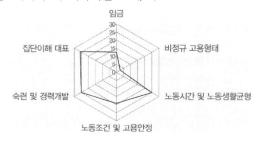

- 원 그래프의 일종으로 비교하는 수량을 직경, 또는 반경으로 나누어 원의 중심에서의 거리에 따라 각 수량의 관계를 나타내는 그래프이다.
- 비교하거나 경과를 나타내는 용도로 쓰인다.

③ 도표 해석상의 유의사항

　㉠ 요구되는 지식의 수준을 넓힌다.

　㉡ 도표에 제시된 자료의 의미를 정확히 숙지한다.

　㉢ 도표로부터 알 수 있는 것과 없는 것을 구별한다.

　㉣ 총량의 증가와 비율의 증가를 구분한다.

　㉤ 백분위수와 사분위수를 정확히 이해하고 있어야 한다.

예제 5

다음 표는 2009 ~ 2010년 지역별 직장인들의 자기개발에 관해 조사한 내용을 정리한 것이다. 이에 대한 분석으로 옳은 것은?

(단위 : %)

연도 \ 구분 \ 지역	2009				2010			
	자기개발 하고 있음	자기개발 비용 부담 주체			자기개발 하고 있음	자기개발 비용 부담 주체		
		직장 100%	본인 100%	직장50% + 본인50%		직장 100%	본인 100%	직장50% + 본인50%
충청도	36.8	8.5	88.5	3.1	45.9	9.0	65.5	24.5
제주도	57.4	8.3	89.1	2.9	68.5	7.9	68.3	23.8
경기도	58.2	12	86.3	2.6	71.0	7.5	74.0	18.5
서울시	60.6	13.4	84.2	2.4	72.7	11.0	73.7	15.3
경상도	40.5	10.7	86.1	3.2	51.0	13.6	74.9	11.6

① 2009년과 2010년 모두 자기개발 비용을 본인이 100% 부담하는 사람의 수는 응답자의 절반 이상이다.

② 자기개발을 하고 있다고 응답한 사람의 수는 2009년과 2010년 모두 서울시가 가장 많다.

③ 자기개발 비용을 직장과 본인이 각각 절반씩 부담하는 사람의 비율은 2009년과 2010년 모두 서울시가 가장 높다.

④ 2009년과 2010년 모두 자기개발을 하고 있다고 응답한 비율이 가장 높은 지역에서 자기개발비용을 직장이 100% 부담한다고 응답한 사람의 비율이 가장 높다.

[출제의도]
그래프, 그림, 도표 등 주어진 자료를 이해하고 의미를 파악하여 필요한 정보를 해석하는 능력을 평가하는 문제이다.
[해설]
② 지역별 인원수가 제시되어 있지 않으므로, 각 지역별 응답자 수는 알 수 없다.
③ 2009년에는 경상도에서, 2010년에는 충청도에서 가장 높은 비율을 보인다.
④ 2009년과 2010년 모두 '자기개발을 하고 있다'고 응답한 비율이 가장 높은 지역은 서울시이며, 2010년의 경우 자기개발비용을 직장이 100% 부담한다고 응답한 사람의 비율이 가장 높은 지역은 경상도이다.

답 ①

(4) 도표작성능력

① 도표작성 절차

　㉠ 어떠한 도표로 작성할 것인지를 결정

　㉡ 가로축과 세로축에 나타낼 것을 결정

　㉢ 한 눈금의 크기를 결정

　㉣ 자료의 내용을 가로축과 세로축이 만나는 곳에 표현

　㉤ 표현한 점들을 선분으로 연결

　㉥ 도표의 제목을 표기

② 도표작성 시 유의사항

　㉠ 선 그래프 작성 시 유의점

　　• 세로축에 수량, 가로축에 명칭구분을 제시한다.

　　• 선의 높이에 따라 수치를 파악하는 경우가 많으므로 세로축의 눈금을 가로축보다 크게 하는 것이 효과적이다.

　　• 선이 두 종류 이상일 경우 반드시 그 명칭을 기입한다.

　㉡ 막대 그래프 작성 시 유의점

　　• 막대 수가 많을 경우에는 눈금선을 기입하는 것이 알아보기 쉽다.

　　• 막대의 폭은 모두 같게 하여야 한다.

　㉢ 원 그래프 작성 시 유의점

　　• 정각 12시의 선을 기점으로 오른쪽으로 그리는 것이 보통이다.

　　• 분할선은 구성비율이 큰 순서로 그린다.

　㉣ 층별 그래프 작성 시 유의점

　　• 눈금은 선 그래프나 막대 그래프보다 적게 하고 눈금선은 넣지 않는다.

　　• 층별로 색이나 모양이 완전히 다른 것이어야 한다.

　　• 같은 항목은 옆에 있는 층과 선으로 연결하여 보기 쉽도록 한다.

출제예상문제

※ 다음 숫자들의 배열 규칙을 찾아 괄호 안에 들어갈 알맞은 숫자를 고르시오. 【1~5】

1

$$\frac{1}{10} \quad \frac{4}{20} \quad \frac{7}{30} \quad \frac{(\ )}{40} \quad \frac{13}{50} \quad \frac{16}{60}$$

① 8   ② 9
③ 10   ④ 11

 분자의 경우는 3씩 증가하고 분모의 경우는 10씩 증가하고 있다.

2

2   4   7   12   19   30   43   (   )

① 45   ② 50
③ 55   ④ 60

 각 수의 차를 나열해보면 2, 3, 5, 7, 11, 13으로 소수(1과 자기 자신으로만 나누어떨어지는 1보다 큰 정수)이다. 13 다음의 소수는 17이므로 빈칸에 들어갈 수는 43+17=60이다.

3

| 1 2 −1 8 ( ) 62 |

① −20   ② 20

③ −19   ④ 33

(Tip) 처음의 숫자에 3^0, -3^1, 3^2, -3^3, 3^4이 더해지고 있다.

4

| 1 1 3 5 9 15 ( ) |

① 21   ② 23

③ 25   ④ 27

(Tip) 앞의 두 수를 더한 수에 1을 더하면 그 다음 수가 된다.

5

| 1 3 5 15 17 51 ( ) |

① 50   ② 53

③ 55   ④ 58

(Tip) 처음의 숫자에서 ×3, +2가 반복되고 있다.

Answer→ 1.③ 2.④ 3.③ 4.③ 5.②

6

4	8	14
3	7	11
7	?	25

① 15

② 16

③ 17

④ 18

 각 열의 3행 숫자들은 1행의 숫자와 2행의 숫자를 더한 값이다. 따라서 8+7=15이다.

7

90	45	15	3	3
2	3	?		1

① 6

② 5

③ 4

④ 3

 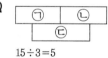

ㄱ÷ㄴ=ㄷ

15÷3=5

8

4	9
16	25

$\Rightarrow$

8	27
64	?

① 50

② 75

③ 100

④ 125

2^2	3^2
4^2	5^2

$\Rightarrow$

2^3	3^3
4^3	5^3

9 10%의 소금물과 20%의 소금물, 100g의 물을 섞어 10%의 소금물 500g이 되었다. 섞기 전의 10%의 소금물은 몇 g이었는가?

① 150g

② 200g

③ 250g

④ 300g

 10%의 소금물을 xg, 20%의 소금물을 $(400-x)$g이라 할 때, 섞은 소금물의 농도를 구하는 식은 다음과 같다.

$$\frac{0.1x + 0.2(400 - x)}{500} \times 100 = 10\%$$

$$0.1x + 80 - 0.2x = 50$$

$$0.1x = 30$$

$$\therefore x = 300g$$

10 시속 4km로 걷는 미진이와 시속 6km로 걷는 석훈이는 600m 트랙의 같은 출발선에서 동시에 출발했다. 두 사람이 다시 만나는데 까지 석훈이는 트랙을 총 몇 바퀴 돌았는가?

① 2바퀴
② 2.5바퀴
③ 3바퀴
④ 3.5바퀴

 같은 방향으로 출발한 두 사람이 만나는 때는 석훈이가 미진이보다 한 바퀴를 더 돌았을 때이므로 두 사람이 움직인 거리의 차가 600m인 때이다.

x시간이 지난 후에 두 사람이 만났을 때, $6x - 4x = 0.6$이므로 $x = 0.3$시간$= 18$분이다.

18분 동안 석훈은 $6km/h \times 0.3h = 1.8km$를 이동했으므로 $\dfrac{1800m}{600m/바퀴} = 3$바퀴 돌았다.

11 작년까지 A시의 지역 축제에서 A시민에게는 50% 할인된 가격으로 입장료를 판매하였는데 올해부터는 작년 가격에서 각각 5,000원씩 추가 할인하여 판매하기로 했다. 올해 일반 성인 입장료와 A시민 성인입장료의 비가 5 : 2일 때, 올해 일반 성인입장료는 얼마인가?

① 30,000원
② 25,000원
③ 20,000원
④ 15,000원

 작년 일반 성인입장료를 x원이라 할 때, A시민 성인입장료는 $0.5x$원이다.

각각 5,000원씩 할인하면 $(x - 5,000) : (0.5x - 5,000) = 5 : 2$이므로 외항과 내항을 곱하여 계산한다.

$5(0.5x - 5,000) = 2(x - 5,000)$

$2.5x - 25,000 = 2x - 10,000$

$0.5x = 15,000$

$x = 30,000(원)$

∴ 올해 일반 성인입장료는 5,000원 할인된 25,000원이다.

12 창고에 가득 찬 짐을 기계의 도움 없이 하루 만에 바로 옆 창고로 옮기기 위해서는 남자 8명 또는 여자 11명이 필요하다. 오늘 하루에 짐을 다 옮겨야 하는데 남자 인부를 6명밖에 구하지 못했다면 여자 인부가 최소 몇 명이 필요한가?

① 3명   ② 4명

③ 5명   ④ 6명

 남자 1명이 하루에 옮길 수 있는 양은 $\frac{1}{8}$, 여자 1명이 하루에 옮길 수 있는 양은 $\frac{1}{11}$이다.

남자 6명과 여자 x명이 하루 만에 창고의 모든 짐을 옮기려면 $6 \times \frac{1}{8} + x \times \frac{1}{11} = 1$이어야 하므로 $x = 2.75$, 즉 3명의 여자 인부가 필요하다.

13 H문구점에서 전 품목 10% 할인행사 중이다. 지민이는 15,000원을 가지고 있고 H문구점에서 정가 1,500원의 볼펜과 2,000원의 샤프를 사려고 한다. 볼펜과 샤프를 합쳐서 총 10개를 사야하고, 볼펜과 샤프 모두 1개 이상 구매해야 할 때, 살 수 있는 샤프의 최대 개수는?

① 2개   ② 3개

③ 4개   ④ 5개

 볼펜의 할인가는 1,350원, 샤프의 할인가는 1,800원이다. 샤프를 x개, 볼펜을 $(10-x)$개 샀다고 할 때 $1,350(10-x) + 1,800x \leq 15,000$이므로 $x \leq 3.33\cdots$, 즉 샤프는 최대 3개 살 수 있다.

Answer↱   10.③   11.②   12.①   13.②

14 6개의 흰 공과 4개의 검은 공이 들어 있는 주머니에서 임의로 공을 꺼내는 시행을 반복할 때, 처음 두 번 꺼낸 공이 모두 흰 공일 확률은? (단, 꺼낸 공은 다시 넣지 않는다)

① $\dfrac{1}{2}$

② $\dfrac{1}{3}$

③ $\dfrac{5}{6}$

④ $\dfrac{3}{10}$

 처음에 흰 공을 꺼낼 확률 : $\dfrac{6}{10}$

두 번째에 흰 공을 꺼낼 확률 : $\dfrac{5}{9}$

동시에 일어나야 하므로 $\dfrac{6}{10} \times \dfrac{5}{9} = \dfrac{1}{3}$

15 정가 5,000원의 시계를 할인하여 3,500원으로 판다면 할인율은 얼마인가?

① 1할

② 2할

③ 3할

④ 5할

 할인액은 $5,000 - 3,500 = 1,500$(원)

할인율은 $\dfrac{1,500}{5,000} = 0.3$

∴ 3할이다.

16 두 수의 차가 15인 두 자연수를 곱한 값은 합한 값의 10배일 때, 두 자연수 중 큰 값을 갖는 자연수는 얼마인가?

① 15   ② 20

③ 25   ④ 30

 두 수의 차가 15이므로 a, $a+15$라 할 때, $a(a+15)=10(a+a+15)$의 식이 성립한다.

$a^2-5a-150=0$

$(a+10)(a-15)=0$

$a=-10 \ or \ 15$, a는 자연수이므로 $a=15$

$\therefore \ a+15=30$

간단한 계산식의 경우 식을 만들어 푸는 것보다 보기를 대입하여 푸는 것이 더 빠른 경우가 있다. 이러한 문제를 직관적으로 판단하여 빠르게 푸는 요령이 필요하다.

17 가희와 미희는 가위바위보를 해서 계단을 오르내리는 게임을 하였다. 같은 칸에서 시작하여 이기면 3칸 올라가고, 지면 2칸 내려가기로 했을 때 총 열 번의 가위바위보가 끝난 시점에 가희가 미희보다 20칸 위에 있다면 가희는 미희보다 몇 번 더 이겼는가? (단, 두 사람은 한 번도 비기지 않았다.)

① 4회   ② 5회

③ 6회   ④ 7회

 가희가 이긴 횟수를 a, 미희가 이긴 횟수를 b라 할 때,

$a+b=10 \cdots \ \bigcirc$ 이고,

가희의 움직임은 $(3a-2b)$, 미희의 움직임은 $(3b-2a)$이므로

$(3a-2b)-(3b-2a)=20$

$a-b=4 \cdots \bigcirc$의 식이 성립한다.

$\bigcirc+\bigcirc$하면 $a=7$, $b=3$이므로 가희는 미희보다 4회 더 많이 이겼다.

Answer 14.②   15.③   16.④   17.①

18 ○○기업 공채에 응시한 남녀의 비는 5:4이고, 합격자 남녀의 비는 4:3, 불합격자 남녀의 비가 6:5이다. 총 합격자의 수가 140명일 때 ○○기업 공채에 응시한 인원수는 몇 명인가?

① 320명

② 340명

③ 360명

④ 380명

 합격자가 140명이고 남녀비가 4:3이므로 합격한 남자의 수는 80명, 여자의 수는 60명이다.
남자 응시인원을 $5a$, 여자 응시인원을 $4a$라 하고, 남자 불합격인원을 $6b$, 여자 불합격인원을 $5b$라 할 때 만들어지는 식은 다음과 같다.
$\begin{cases} 5a - 6b = 80 \\ 4a - 5b = 60 \end{cases}$ 두 식을 연립하여 풀면 $a = 40$, $b = 20$이므로 총 응시인원은 $9a = 360$(명)이다.

19 J기업의 신입사원을 뽑기 위한 적성검사는 총 20문제로 구성되어있고, 정답점수는 5점, 오답 감점점수는 2점이며, 70점 이상의 점수를 받아야 한다. 취업준비생 A씨는 20문제 중 2문제를 풀지 못했다. A씨는 최소 몇 문제를 맞아야 하는가? (단, 빈칸으로 놔둔 문제는 0점 처리된다)

① 14개

② 15개

③ 16개

④ 17개

 A씨가 푼 문제 중 정답을 a개, 오답을 $(18-a)$개라 할 때, A씨의 점수는
$5a - 2(18-a) \geq 70$이어야 하므로
$7a \geq 106$
$a \geq 15.14 \cdots$

20 민경이는 $10 \times 10\text{m}^2$의 동아리방에 빈틈없이 매트를 깔려고 한다. 다음 중 가장 저렴하게 구매할 수 있는 매트는?

> ㉠ A 놀이매트($1 \times 1\text{m}^2$) : 1세트(20개) 10만 원
>
>   ※ 5세트 구매 시 1세트 무료 증정
>
> ㉡ B 어린이매트($1 \times 1\text{m}^2$) : 1세트(25개) 15만 원
>
> ㉢ C 보호매트($1 \times 2\text{m}^2$) : 1세트(10개) 7만 원
>
> ㉣ D 환경매트($1 \times 2\text{m}^2$) : 1세트(10개) 10만 원
>
>   ※ 2세트 구매 시 단품 5개 증정

① ㉠
② ㉡
③ ㉢
④ ㉣

㉠ 100개(5세트)가 필요하다. 10만 원×5세트=50만 원
㉡ 100개(4세트)가 필요하다. 15만 원×4세트=60만 원
㉢ 50개(5세트)가 필요하다. 7만 원×5세트=35만 원
㉣ 50개(5세트)가 필요하지만 40개(4세트)를 사면 단품 10개를 증정 받을 수 있다.
  10만 원×4세트=40만 원
∴ C 보호매트가 가장 저렴하다.

21 다음은 전기요금 계산법과 주거용 오피스텔에 사는 B씨가 매월 20일에 정기적으로 전기검침을 하여 작성한 표이다. B씨가 5월에 납입할 전기요금은 얼마인가?

▶ 주택용 전력(저압)
주거용 고객(아파트 고객 포함), 계약전력 3kW 이하의 고객
독신자 합숙소(기숙사 포함) 또는 집단거주용 사회복지시설로서 고객이 주택용 전력의 적용을 희망하는 경우 적용
주거용 오피스텔(주택은 아니지만 실제 주거용도로 이용되는 오피스텔) 고객

기본요금(kWh, 원/호)		전력량 요금(원/kWh)	
100 이하 사용	400	처음 100kWh까지	60
100 초과~200 이하 사용	900	다음 100kWh까지	120
200 초과~300 이하 사용	1,500	다음 100kWh까지	200
300 초과~400 이하 사용	3,600	다음 100kWh까지	300
400 초과~500 이하 사용	7,000	다음 100kWh까지	450
500 초과 사용	12,000	500kWh 초과	700

▶ 전기요금 청구액 계산방법
① 기본요금(원 단위 미만 절사)
② 사용량요금(원 단위 미만 절사)
③ 전기요금계＝①＋②－복지할인
④ 부가가치세(원 단위 미만 4사5입)＝③×10%
⑤ 전력산업기반기금(10원 미만 절사)＝③×3.7%
⑥ 청구요금 합계(10원 미만 절사)＝③＋④＋⑤

▶ B씨의 전기 검침표

월	누적 사용전력량(kW)
2월	3,053
3월	3,504
4월	4,004

※ 매월 20일에 계량기를 확인하여 작성
※ 당월 사용량에 대한 청구 금액은 다음 달에 납입

① 119,340원
② 127,620원
③ 131,830원
④ 136,440원

B씨의 3월 21일부터 4월 20일까지 사용한 전력량은 500kW이다.

① 기본요금 : 7,000원

② 사용요금 : 113,000원

    1단계 : 100kWh×60원=6,000원

    2단계 : 100kWh×120원=12,000원

    3단계 : 100kWh×200원=20,000원

    4단계 : 100kWh×300원=30,000원

    5단계 : 100kWh×450원=45,000원

③ 전기요금계 : 7,000+113,000=120,000원

④ 부가가치세 : 120,000×0.1=12,000원

⑤ 전력산업기반기금 : 120,000×0.037=4,440원

⑥ 청구요금 합계=120,000+12,000+4,440=136,440원

Answer 21.④

22 다음은 1봉(1회 제공량)의 포장단위가 20g인 K사 아몬드초콜릿의 영양성분표이다. 이에 대한 설명으로 옳지 않은 것은?

	100g 당 함량	% 영양소 기준치
열량	605kcal	
탄수화물	30g	10%
당류	20g	
단백질	20g	35%
지방	45g	90%
포화지방	7.5g	50%
트랜스지방	0g	
콜레스테롤	25mg 미만	5%
나트륨	25mg	0%

※ 1) % 영양소 기준치 : 1일 영양소 기준치에 대한 비율
　2) 열량 : 탄수화물(1g 당 4kcal 제공), 단백질(1g 당 4kcal 제공), 지방(1g 당 9kcal 제공)

① K사 아몬드초콜릿 1회 제공량의 탄수화물 함량은 6g이다.

② K사 아몬드초콜릿이 제공하는 열량 중 60% 이상이 지방으로부터 얻어진다.

③ K사 아몬드초콜릿으로 지방의 1일 영양소 기준치를 100% 이상 섭취하려면 6봉 이상 섭취해야 한다.

④ K사 아몬드초콜릿 2봉을 섭취하면 1일 영양소 기준치 이상의 포화지방을 섭취하게 된다.

 ① 1회 제공량(1봉)은 20g이므로 탄수화물의 함량은 30/5＝6g이다.

② K사 아몬드초콜릿 100g에서 지방이 제공하는 열량은 45g×9kcal/g＝405kcal이다. 총 605kcal 중 지방이 제공하는 열량의 비율은 $\frac{405}{605}×100 ≒ 66.9\%$이다.

③ 1봉당 지방의 '% 영양소 기준치'는 18%이므로 100% 이상 섭취하려면 6봉 이상 섭취해야 한다.

④ 주어진 표는 100g(5봉)에 대한 정보이므로 10봉을 섭취해야 1일 영양소 기준치 이상의 포화지방을 섭취하게 된다.

23 다이어트 중인 수진이는 품목별 가격과 칼로리, 오늘의 행사 제품 여부에 따라 물건을 구입하려고 한다. 예산이 10,000원이라고 할 때, 칼로리의 합이 가장 높은 조합은?

〈품목별 가격과 칼로리〉

품목	피자	돈가스	도넛	콜라	아이스크림
가격(원/개)	2,500	4,000	1,000	500	2,000
칼로리(kcal/개)	600	650	250	150	350

〈오늘의 행사〉

행사 1 : 피자 두 개 한 묶음을 사면 콜라 한 캔이 덤으로!
행사 2 : 돈가스 두 개 한 묶음을 사면 돈가스 하나가 덤으로!
행사 3 : 아이스크림 두 개 한 묶음을 사면 아이스크림 하나가 덤으로!
단, 행사는 품목당 한 묶음까지만 적용됩니다.

① 피자 2개, 아이스크림 2개, 도넛 1개
② 돈가스 2개, 피자 1개, 콜라 1개
③ 아이스크림 2개, 도넛 6개
④ 돈가스 2개, 도넛 2개

 ① 피자 2개, 아이스크림 2개, 도넛 1개를 살 경우, 행사 적용에 의해 피자 2개, 아이스크림 3개, 도넛 1개, 콜라 1개를 사는 효과가 있다. 따라서 총 칼로리는 (600 × 2) + (350 × 3) + 250 + 150 = 2,650kcal이다.
② 돈가스 2개(8,000원), 피자 1개(2,500원), 콜라 1개(500원)의 조합은 예산 10,000원을 초과한다.
③ 아이스크림 2개, 도넛 6개를 살 경우, 행사 적용에 의해 아이스크림 3개, 도넛 6개를 구입하는 효과가 있다. 따라서 총 칼로리는 (350 × 3) + (250 × 6) = 2,550kcal이다.
④ 돈가스 2개, 도넛 2개를 살 경우, 행사 적용에 의해 돈가스 3개, 도넛 2개를 구입하는 효과가 있다. 따라서 총 칼로리는 (650 × 3) + (250 × 2) = 2,450kcal이다.

Answer → 22.④ 23.①

24 민국이는 91과 18을 자신만의 방식으로 더해서 100으로 읽었다. 같은 방법으로 91과 27을 더한 값은 얼마인가?

① 64

② 88

③ 91

④ 124

 민국이는 두 수의 일의 자리수와 십의 자리수를 바꾸어 계산했다.
91+18을 민국이의 방식으로 계산하면
19+81=100이 된다.
따라서 91+27은 19+72, 즉 91이 된다.

25 다음 계산의 결과는?

$$0.3 + \frac{2}{5}$$

① $\frac{4}{5}$

② $\frac{7}{5}$

③ $\frac{7}{10}$

④ $\frac{11}{10}$

 $0.3 + \frac{2}{5} = \frac{3+4}{10} = \frac{7}{10}$

26 다음에 주어진 소수와 같은 값을 가진 분수는?

> 0.075

① $\dfrac{750}{1000}$　　　　　　　　② $\dfrac{75}{1000}$

③ $\dfrac{750}{100}$　　　　　　　　④ $\dfrac{75}{100}$

 $0.075 = \dfrac{75}{1000}$ 이다.

27 다음 계산의 결과로 옳은 것은?

> 1.75kg − 925g

① 810g　　　　　　　　② 815g
③ 820g　　　　　　　　④ 825g

 1kg은 1,000g이므로 1.75kg은 1,750g이다.
따라서 1.75kg − 925g = 1,750g − 925g = 825g이다.

Answer → 24.③ 25.③ 26.② 27.④

28 다음은 어느 카페의 메뉴판이다. 오늘의 커피와 단호박 샌드위치를 먹으려할 때, 세트로 구매하는 것은 단품으로 시키는 것보다 얼마가 더 저렴한가?

〈메뉴〉

음료		샌드위치	
오늘의 커피	3,000	하우스 샌드위치	5,000
아메리카노	3,500	단호박 샌드위치	5,500
카페라떼	4,000	치즈듬뿍 샌드위치	5,500
생과일주스	4,000	베이컨토마토 샌드위치	6,000

수프	
콘수프	4,500
팀사누프	5,000
브로콜리수프	5,000

세트 7,000
오늘의 커피 + 하우스 샌드위치 or 콘수프 중 택1
※ 커피종류는 변경할 수 없음
※ 샌드위치 또는 수프 변경 시 가격의 차액만큼 추가

① 500원
② 1,000원
③ 1,500원
④ 2,000원

 단품으로 구매 시 : 오늘의 커피(3,000)+단호박 샌드위치(5,500)=8,500원
세트로 구매 시 : 7,000+샌드위치 차액(500)=7,500원
∴ 세트로 구매하는 것이 단품으로 구매하는 것보다 1,000원 더 저렴하다.

29 다음은 A 자동차 회사의 광고모델 후보 4명에 대한 자료이다. 〈조건〉을 적용하여 광고모델을 선정할 때, 총 광고 효과가 가장 큰 모델은?

〈표〉 광고모델별 1년 계약금 및 광고 1회당 광고효과

(단위 : 만 원)

광고모델	1년 계약금	1회당 광고효과	
		수익 증대 효과	브랜드 가치 증대 효과
A	1,000	100	100
B	600	60	100
C	700	60	110
D	1,200	110	110

〈조건〉

㉠ 광고효과는 수익 증대 효과와 브랜드 가치 증대 효과로만 구성된다.
- 총 광고효과 = 1회당 광고효과 × 1년 광고횟수
- 1회당 광고효과 = 1회당 수익 증대 효과 + 1회당 브랜드 가치 증대 효과

㉡ 1회당 광고비는 20만 원으로 고정되어 있다.

- 1년 광고횟수 = $\dfrac{1년 광고비}{1회당 광고비}$

㉢ 1년 광고비는 3,000만 원(고정값)에서 1년 계약금을 뺀 금액이다.

- 1년 광고비 = 3,000만 원 − 1년 계약금

※ 광고는 tv를 통해서만 1년 내에 모두 방송됨

① A
② B
③ C
④ D

 총 광고효과 = 1회당 광고효과 × 1년 광고횟수

$= (1회당 수익 증대 효과 + 1회당 브랜드 가치 증대 효과) \times \dfrac{3,000만 원 - 1년 계약금}{1회당 광고비}$

A : $(100+100) \times \dfrac{3,000-1,000}{20} = 20,000$만 원

B : $(60+100) \times \dfrac{3,000-600}{20} = 19,200$만 원

C : $(60+110) \times \dfrac{3,000-700}{20} = 19,550$만 원

D : $(110+110) \times \dfrac{3,000-1,200}{20} = 19,800$만 원

Answer → 28.② 29.①

30 다음은 연령별 저축률에 대한 자료이다. 이에 대한 설명으로 가장 바른 것은?

연도	2010		2012		2014		2016	
구분	저축 중인 인원	저축률	저축 중인 인원	저축률	저축 중인 인원	저축률	저축 중인 인원	저축률
30대 이하	60명	73%	68명	68%	117명	81%	99명	70%
40대	270명	60%	277명	61%	180명	70%	210명	65%
50대	440명	59%	540명	55%	380명	59%	380명	54%
60대	470명	48%	540명	54%	540명	41%	540명	40%
70대 이상	580명	28%	560명	37%	770명	25%	755명	22%

① 70대 이상이 저축률은 꾸준히 감소되고 있다.
② 30대 이하와 40대의 연령별 저축률은 동일한 증감추이를 보이고 있다.
③ 30대 이하와 50대의 연령별 저축률은 반대의 증감추이를 보이고 있다.
④ 60대와 70대 이상의 저축률은 모두 동일한 증감추이를 보이고 있다.

① 2010년과 2012년 사이에는 증가하였다.
② 30대 이하는 감소→증가→감소를 나타내고, 40대는 증가→증가→감소를 나타내므로 두 연령층의 증감추이는 동일하지 않다.
③ 30대 이하와 50대의 연령별 저축률은 감소→증가→감소의 동일한 변화를 보이고 있다.
④ 60대와 70대 이상의 저축률은 모두 증가→감소→감소의 동일한 변화를 보이고 있다.

31 자료에 대한 옳은 분석을 모두 고른 것은?

구분	물 자원량 (십 억m³)	1인당 물 자원량(m³)	취수량 (십 억m³)	1인당 취수량(m³)	용도별 취수 비중(%)		
					생활	공업	농업
인도	1,911	1,614	646	554	8	5	87
중국	2,830	2,117	630	472	7	26	67
미국	3,069	9,943	479	1,553	13	46	41
브라질	8,243	43,304	59	312	20	18	62
오스트레일리아	492	23,593	24	1,146	15	10	75

㉠ 중국은 미국보다 1인당 취수량이 많다.
㉡ 미국은 인도보다 1인당 농업용수의 취수량이 많다.
㉢ 오스트레일리아는 브라질보다 물 자원량에서 차지하는 취수량의 비중이 높다.
㉣ 물 자원량이 많은 국가일수록 1인당 물 자원량이 많다.

① ㉠㉡
② ㉠㉢
③ ㉡㉢
④ ㉡㉣

㉠ 중국은 미국보다 1인당 취수량이 적다.
㉡ 미국은 인도보다 농업용도 취수 비중이 낮지만 1인당 취수량이 매우 많기 때문에 1인당 농업용수의 취수량이 많다.
㉢ 오스트레일리아는 브라질보다 물 자원량에서 차지하는 취수량의 비중이 높다.

브라질 : $\frac{59}{8,243} = 0.00715$

오스트레일리아 : $\frac{24}{492} = 0.04878$

㉣ 물 자원량이 많은 국가라고 해서 1인당 물 자원량이 많지는 않다.

▌32~33 ▐ 다음은 2011~2014년 창업지원금 신청자를 대상으로 직업을 조사한 자료이다. 자료를 보고 물음에 답하시오.

(단위 : 명)

직업 ＼ 연도	2011	2012	2013	2014
교수	54	34	152	183
연구원	49	73	90	118
대학생	23	17	59	74
대학원생	12	31	74	93
회사원	357	297	481	567
기타	295	350	310	425
계	790	802	1,166	1,460

32 전체 창업지원금 신청자 대비 회사원 비율이 가장 높은 해는 몇 년인가?

① 2011년   ② 2012년

③ 2013년   ④ 2014년

$$\frac{회사원 \ 수}{전체 \ 창업지원금 \ 신청자} \times 100$$

$2011 : \dfrac{357}{790} \times 100 = 45.19\%$ $2012 : \dfrac{297}{802} \times 100 = 37.03\%$

$2013 : \dfrac{481}{1,166} \times 100 = 41.25\%$ $2013 : \dfrac{567}{1,460} \times 100 = 38.84\%$

33 2011년 대비 2014년의 신청자 수의 증가율이 가장 큰 직업은 무엇인가?

① 교수

② 연구원

③ 대학생

④ 대학원생

 $$\frac{2014년\ 신청자\ 수 - 2011년\ 신청자\ 수}{2011년\ 신청자\ 수} \times 100$$

교수 : $\dfrac{183-54}{54} \times 100 = 238.9\%$

연구원 : $\dfrac{118-49}{49} \times 100 = 140.8\%$

대학생 : $\dfrac{74-23}{23} \times 100 = 221.7\%$

대학원생 : $\dfrac{93-12}{12} \times 100 = 675\%$

회사원 : $\dfrac{567-357}{357} \times 100 = 58.8\%$

Answer ➔ 32.① 33.④

| 34~35 | 다음 〈표〉는 시도별 외국인 국내 토지 소유현황에 관한 자료이다. 다음 자료를 보고 물음에 답하시오.

시도명	면적(천m^2)	비율(%)
서울	2,729	1.2
부산	5,738	2.6
대구	1,792	0.8
인천	4,842	2.2
광주	3,425	1.5
대전	837	0.4
울산	5,681	2.5
세종	867	0.4
경기	37,615	(㉠)
강원	18,993	8.5
충북	12,439	5.5
충남	22,313	9.9
전북	7,462	3.3
전남	37,992	16.9
경북	35,081	15.6
경남	17,058	(㉡)
제주	9,851	4.4
계	224,715	100.0

34 이 자료에 대한 설명으로 옳지 않은 것은?

① 울산의 외국인 소유면적은 대구보다 3배 이상이다.

② 외국인 국내 토지 소유면적이 가장 큰 지역은 전남이다.

③ 부산의 외국인 국내 토지 소유면적은 대구와 광주의 면적을 합친 것보다 작다.

④ ㉠에 알맞은 수치는 16.7이다.

 ③ 1,792+3,425=5,217<5,738

35 위의 표에서 ㉡에 알맞은 수치는? (단, 소수점 둘째자리에서 반올림한다.)

① 7.6

② 8.0

③ 8.4

④ 8.8

 (17,058/224,715)×100=7.59

03 문제해결능력

1 문제와 문제해결

(1) 문제의 정의와 분류

① 정의 … 문제란 업무를 수행함에 있어서 답을 요구하는 질문이나 의논하여 해결해야 되는 사항이다.

② 문제의 분류

구분	창의적 문제	분석적 문제
문제제시 방법	현재 문제가 없더라도 보다 나은 방법을 찾기 위한 문제 탐구→문제 자체가 명확하지 않음	현재의 문제점이나 미래의 문제로 예견될 것에 대한 문제 탐구→문제 자체가 명확함
해결방법	창의력에 의한 많은 아이디어의 작성을 통해 해결	분석, 논리, 귀납과 같은 논리적 방법을 통해 해결
해답 수	해답의 수가 많으며, 많은 답 가운데 보다 나은 것을 선택	답의 수가 적으며 한정되어 있음
주요특징	주관적, 직관적, 감각적, 정성적, 개별적, 특수성	객관적, 논리적, 정량적, 이성적, 일반적, 공통성

(2) 업무수행과정에서 발생하는 문제 유형

① 발생형 문제(보이는 문제) … 현재 직면하여 해결하기 위해 고민하는 문제이다. 원인이 내재되어 있기 때문에 원인지향적인 문제라고도 한다.
   ㉠ 일탈문제 : 어떤 기준을 일탈함으로써 생기는 문제
   ㉡ 미달문제 : 어떤 기준에 미달하여 생기는 문제

② 탐색형 문제(찾는 문제) … 현재의 상황을 개선하거나 효율을 높이기 위한 문제이다. 방치할 경우 큰 손실이 따르거나 해결할 수 없는 문제로 나타나게 된다.
   ㉠ 잠재문제 : 문제가 잠재되어 있어 인식하지 못하다가 확대되어 해결이 어려운 문제
   ㉡ 예측문제 : 현재로는 문제가 없으나 현 상태의 진행 상황을 예측하여 찾아야 앞으로 일어날 수 있는 문제가 보이는 문제
   ㉢ 발견문제 : 현재로서는 담당 업무에 문제가 없으나 선진기업의 업무 방법 등 보다 좋은 제도나 기법을 발견하여 개선시킬 수 있는 문제

③ 설정형 문제(미래 문제) … 장래의 경영전략을 생각하는 것으로 앞으로 어떻게 할 것인가 하는 문제이다. 문제해결에 창조적인 노력이 요구되어 창조적 문제라고도 한다.

예제 1

D회사 신입사원으로 입사한 귀하는 신입사원 교육에서 업무수행과정에서 발생하는 문제 유형 중 설정형 문제를 하나씩 찾아오라는 지시를 받았다. 이에 대해 귀하는 교육받은 내용을 다시 복습하려고 한다. 설정형 문제에 해당하는 것은?

① 현재 직면하여 해결하기 위해 고민하는 문제
② 현재의 상황을 개선하거나 효율을 높이기 위한 문제
③ 앞으로 어떻게 할 것인가 하는 문제
④ 원인이 내재되어 있는 원인지향적인 문제

[출제의도]
업무수행 중 문제가 발생하였을 때 문제 유형을 구분하는 능력을 측정하는 문항이다.
[해설]
업무수행과정에서 발생하는 문제 유형으로는 발생형 문제, 탐색형 문제, 설정형 문제가 있으며 ①④는 발생형 문제이며 ②는 탐색형 문제, ③이 설정형 문제이다.

답 ③

---

(3) 문제해결

① 정의 … 목표와 현상을 분석하고 이 결과를 토대로 과제를 도출하여 최적의 해결책을 찾아 실행·평가해 가는 활동이다.

② 문제해결에 필요한 기본적 사고
   ㉠ 전략적 사고 : 문제와 해결방안이 상위 시스템과 어떻게 연결되어 있는지를 생각한다.
   ㉡ 분석적 사고 : 전체를 각각의 요소로 나누어 그 의미를 도출하고 우선순위를 부여하여 구체적인 문제해결방법을 실행한다.
   ㉢ 발상의 전환 : 인식의 틀을 전환하여 새로운 관점으로 바라보는 사고를 지향한다.
   ㉣ 내·외부자원의 활용 : 기술, 재료, 사람 등 필요한 자원을 효과적으로 활용한다.

③ 문제해결의 장애요소
   ㉠ 문제를 철저하게 분석하지 않는 경우
   ㉡ 고정관념에 얽매이는 경우
   ㉢ 쉽게 떠오르는 단순한 정보에 의지하는 경우
   ㉣ 너무 많은 자료를 수집하려고 노력하는 경우

④ 문제해결방법
  ㉠ 소프트 어프로치 : 문제해결을 위해서 직접적인 표현보다는 무언가를 시사하거나 암시를 통하여 의사를 전달하여 문제해결을 도모하고자 한다.
  ㉡ 하드 어프로치 : 상이한 문화적 토양을 가지고 있는 구성원을 가정하고, 서로의 생각을 직설적으로 주장하고 논쟁이나 협상을 통해 서로의 의견을 조정해 가는 방법이다.
  ㉢ 퍼실리테이션(facilitation) : 촉진을 의미하며 어떤 그룹이나 집단이 의사결정을 잘 하도록 도와주는 일을 의미한다.

2 문제해결능력을 구성하는 하위능력

(1) 사고력

① 창의적 사고 … 개인이 가지고 있는 경험과 지식을 통해 새로운 가치 있는 아이디어를 산출하는 사고능력이다.
  ㉠ 창의적 사고의 특징
    • 정보와 정보의 조합
    • 사회나 개인에게 새로운 가치 창출
    • 창조적인 가능성

예제 2

M사 홍보팀에서 근무하고 있는 귀하는 입사 5년차로 창의적인 기획안을 제출하기로 유명하다. S부장은 이번 신입사원 교육 때 귀하에게 창의적인 사고란 무엇인지 교육을 맡아달라고 부탁하였다. 창의적인 사고에 대한 귀하의 설명으로 옳지 않은 것은?

① 창의적인 사고는 새롭고 유용한 아이디어를 생산해 내는 정신적인 과정이다.
② 창의적인 사고는 특별한 사람들만이 할 수 있는 대단한 능력이다.
③ 창의적인 사고는 기존의 정보들을 특정한 요구조건에 맞거나 유용하도록 새롭게 조합시킨 것이다.
④ 창의적인 사고는 통상적인 것이 아니라 기발하거나, 신기하며 독창적인 것이다.

[출제의도]
창의적 사고에 대한 개념을 정확히 파악하고 있는지를 묻는 문항이다.
[해설]
흔히 사람들은 창의적인 사고에 대해 특별한 사람들만이 할 수 있는 대단한 능력이라고 생각하지만 그리 대단한 능력이 아니며 이미 알고 있는 경험과 지식을 해체하여 다시 새로운 정보로 결합하여 가치 있는 아이디어를 산출하는 사고라고 할 수 있다.

 ②

ⓛ 발산적 사고 : 창의적 사고를 위해 필요한 것으로 자유연상법, 강제연상법, 비교발상법 등을 통해 개발할 수 있다.

구분	내용
자유연상법	생각나는 대로 자유롭게 발상 ex) 브레인스토밍
강제연상법	각종 힌트에 강제적으로 연결 지어 발상 ex) 체크리스트
비교발상법	주제의 본질과 닮은 것을 힌트로 발상 ex) NM법, Synectics

Point 》 브레인스토밍

　ⓙ 진행방법
　　• 주제를 구체적이고 명확하게 정한다.
　　• 구성원의 얼굴을 볼 수 있는 좌석 배치와 큰 용지를 준비한다.
　　• 구성원들의 다양한 의견을 도출할 수 있는 사람을 리더로 선출한다.
　　• 구성원은 다양한 분야의 사람들로 5~8명 정도로 구성한다.
　　• 발언은 누구나 자유롭게 할 수 있도록 하며, 모든 발언 내용을 기록한다.
　　• 아이디어에 대한 평가는 비판해서는 안 된다.
　ⓛ 4대 원칙
　　• 비판엄금(Support) : 평가 단계 이전에 결코 비판이나 판단을 해서는 안 되며 평가는 나중까지 유보한다.
　　• 자유분방(Silly) : 무엇이든 자유롭게 말하고 이런 바보 같은 소리를 해서는 안 된다는 등의 생각은 하지 않아야 한다.
　　• 질보다 양(Speed) : 질에는 관계없이 가능한 많은 아이디어들을 생성해내도록 격려한다.
　　• 결합과 개선(Synergy) : 다른 사람의 아이디어에 자극되어 보다 좋은 생각이 떠오르고, 서로 조합하면 재미있는 아이디어가 될 것 같은 생각이 들면 즉시 조합시킨다.

② 논리적 사고 … 사고의 전개에 있어 전후의 관계가 일치하고 있는가를 살피고 아이디어를 평가하는 사고능력이다.

　ⓙ 논리적 사고를 위한 5가지 요소 : 생각하는 습관, 상대 논리의 구조화, 구체적인 생각, 타인에 대한 이해, 설득

　ⓛ 논리적 사고 개발 방법

　• 피라미드 구조 : 하위의 사실이나 현상부터 사고하여 상위의 주장을 만들어가는 방법
　• so what기법 : '그래서 무엇이지?'하고 자문자답하여 주어진 정보로부터 가치 있는 정보를 이끌어 내는 사고 기법

③ 비판적 사고 … 어떤 주제나 주장에 대해서 적극적으로 분석하고 종합하며 평가하는 능동적인 사고이다.

　ⓙ 비판적 사고 개발 태도 : 비판적 사고를 개발하기 위해서는 지적 호기심, 객관성, 개방성, 융통성, 지적 회의성, 지적 정직성, 체계성, 지속성, 결단성, 다른 관점에 대한 존중과 같은 태도가 요구된다.

ⓛ 비판적 사고를 위한 태도
- 문제의식 : 비판적인 사고를 위해서 가장 먼저 필요한 것은 바로 문제의식이다. 자신이 지니고 있는 문제와 목적을 확실하고 정확하게 파악하는 것이 비판적인 사고의 시작이다.
- 고정관념 타파 : 지각의 폭을 넓히는 일은 정보에 대한 개방성을 가지고 편견을 갖지 않는 것으로 고정관념을 타파하는 일이 중요하다.

(2) 문제처리능력과 문제해결절차

① 문제처리능력 ··· 목표와 현상을 분석하고 이를 토대로 문제를 도출하여 최적의 해결책을 찾아 실행 · 평가하는 능력이다.

② 문제해결절차 ··· 문제 인식 → 문제 도출 → 원인 분석 → 해결안 개발 → 실행 및 평가
ⓛ 문제 인식 : 문제해결과정 중 'waht'을 결정하는 단계로 환경 분석 → 주요 과제 도출 → 과제 선정의 절차를 통해 수행된다.
- 3C 분석 : 환경 분석 방법의 하나로 사업환경을 구성하고 있는 요소인 자사(Company), 경쟁사(Competitor), 고객(Customer)을 분석하는 것이다.

▌예제 3

L사에서 주력 상품으로 밀고 있는 TV의 판매 이익이 감소하고 있는 상황에서 귀하는 B부장으로부터 3C분석을 통해 해결방안을 강구해 오라는 지시를 받았다. 다음 중 3C에 해당하지 않는 것은?

① Customer   ② Company
③ Competitor   ④ Content

[출제의도]
3C의 개념과 구성요소를 정확히 숙지하고 있는지를 측정하는 문항이다.
[해설]
3C 분석에서 사업 환경을 구성하고 있는 요소인 자사(Company), 경쟁사(Competitor), 고객을 3C(Customer)라고 한다. 3C 분석에서 고객 분석에서는 '고객은 자사의 상품 · 서비스에 만족하고 있는지를, 자사 분석에서는 '자사가 세운 달성목표와 현상 간에 차이가 없는지를 경쟁사 분석에서는 '경쟁기업의 우수한 점과 자사의 현상과 차이가 없는지'에 대한 질문을 통해서 환경을 분석하게 된다.

답 ④

- SWOT 분석 : 기업내부의 강점과 약점, 외부환경의 기회와 위협요인을 분석·평가하여 문제해결 방안을 개발하는 방법이다.

		내부환경요인	
		강점(Strengths)	약점(Weaknesses)
외부환경요인	기회 (Opportunities)	SO 내부강점과 외부기회 요인을 극대화	WO 외부기회를 이용하여 내부약점을 강점으로 전환
	위협 (Threat)	ST 외부위협을 최소화하기 위해 내부강점을 극대화	WT 내부약점과 외부위협을 최소화

ⓛ 문제 도출 : 선정된 문제를 분석하여 해결해야 할 것이 무엇인지를 명확히 하는 단계로, 문제 구조 파악→핵심 문제 선정 단계를 거쳐 수행된다.
- Logic Tree : 문제의 원인을 파고들거나 해결책을 구체화할 때 제한된 시간 안에서 넓이와 깊이를 추구하는데 도움이 되는 기술로 주요 과제를 나무모양으로 분해·정리하는 기술이다.

ⓒ 원인 분석 : 문제 도출 후 파악된 핵심 문제에 대한 분석을 통해 근본 원인을 찾는 단계로 Issue 분석→Data 분석→원인 파악의 절차로 진행된다.

ⓔ 해결안 개발 : 원인이 밝혀지면 이를 효과적으로 해결할 수 있는 다양한 해결안을 개발하고 최선의 해결안을 선택하는 것이 필요하다.

ⓜ 실행 및 평가 : 해결안 개발을 통해 만들어진 실행계획을 실제 상황에 적용하는 활동으로 실행계획 수립→실행→Follow-up의 절차로 진행된다.

예제 4

C사는 최근 국내 매출이 지속적으로 하락하고 있어 사내 분위기가 심상치 않다. 이에 대해 Y부장은 이 문제를 극복하고자 문제처리 팀을 구성하여 해결방안을 모색하도록 지시하였다. 문제처리 팀의 문제해결 절차를 올바른 순서로 나열한 것은?

① 문제 인식→원인 분석→해결안 개발→문제 도출→실행 및 평가
② 문제 도출→문제 인식→해결안 개발→원인 분석→실행 및 평가
③ 문제 인식→원인 분석→문제 도출→해결안 개발→실행 및 평가
④ 문제 인식→문제 도출→원인 분석→해결안 개발→실행 및 평가

[출제의도]
실제 업무 상황에서 문제가 일어났을 때 해결 절차를 알고 있는지를 측정하는 문항이다.
[해설]
일반적인 문제해결절차는 '문제 인식→문제 도출→원인 분석→해결안 개발→실행 및 평가로 이루어진다.

답 ④

출제예상문제

1 아웃도어 브랜드 J사는 새로 개발한 원단 A, B와 코팅제가 바람막이 점퍼의 성능에 미치는 영향에 관해 실험하였다. 원단의 소재, 소재의 짜임, 원단의 두께, 코팅의 유무 등 4개의 변인으로 실험하여 이에 대한 결과가 다음과 같을 때, 결과에 대한 추리로 옳은 것은?

변인				성능
원단의 소재	코팅의 유무	원단의 두께	소재의 짜임	
A	유	두껍다	촘촘하다	×
A	유	두껍다	성글다	○
A	유	얇다	촘촘하다	×
A	유	얇다	성글다	○
A	무	두껍다	촘촘하다	×
A	무	두껍다	성글다	×
A	무	얇다	촘촘하다	×
A	무	얇다	성글다	×
B	유	두껍다	촘촘하다	×
B	유	두껍다	성글다	○
B	유	얇다	촘촘하다	×
B	유	얇다	성글다	○
B	무	두껍다	촘촘하다	×
B	무	두껍다	성글다	×
B	무	얇다	촘촘하다	×
B	무	얇다	성글다	×

※ ○: 성능 좋음, × : 성능 나쁨

① 원단의 소재와 원단의 두께가 함께 성능에 영향을 준다.
② 코팅의 유무와 원단의 두께가 함께 성능에 영향을 준다.
③ 원단의 소재와 소재의 짜임이 함께 성능에 영향을 준다.
④ 코팅의 유무와 소재의 짜임이 함께 성능에 영향을 준다.

코팅이 되어있고 소재의 짜임이 성근 제품의 성능이 좋은 것으로 나타났으므로 코팅의 유무와 소재의 짜임이 함께 성능에 영향을 준다.

2 창의적 문제와 분석적 문제에 대한 비교이다. 옳지 않은 것은?

	구분	창의적 문제	분석적 문제
①	문제제시 방법	문제 자체가 명확하지 않음	문제 자체가 명확함
②	해결 방법	많은 아이디어의 작성을 통해 해결	논리적 방법을 통해 해결
③	해답 수	해답의 수가 적음	해답의 수가 많음
④	주요 특징	주관적, 직관적, 개별적, 특수성	객관적, 논리적, 일반적, 공통성

 ③ 창의적 문제는 해답의 수가 많으며 그 중 보다 나은 것을 선택한다. 반면 분석적 문제는 답의 수가 적으며 한정되어 있다.

3 다음 중 창의적인 사고에 대한 설명으로 옳은 것은?

① 창의적인 사고는 유용하거나 적절하지 않아도 된다.
② 창의적인 사고는 발산적 사고로서 아이디어가 독특한 것을 의미한다.
③ 창의적인 사고는 기존의 아이디어들을 객관적으로 정리하는 과정이다.
④ 창의적인 사고는 선천적인 것으로 교육을 통해 개발하기 힘들다.

 ① 창의적인 사고는 유용하고 적절하며, 가치가 있어야 한다.
③ 창의적인 사고는 기존의 정보들을 특정한 요구조건에 맞거나 유용하도록 새롭게 조합시킨 것이다.
④ 창의적인 사고는 창의력 교육훈련을 통해서 개발할 수 있다.

Answer 1.④ 2.③ 3.②

4 다음 글과 상황을 근거로 판단할 때, A국 각 지역에 설치될 것으로 예상되는 풍력발전기 모델명을 바르게 짝지은 것은?

> 풍력발전기는 회전축의 방향에 따라 수평축 풍력발전기와 수직축 풍력발전기로 구분된다. 수평축 풍력발전기는 구조가 간단하고 설치가 용이하며 에너지 변환효율이 우수하다. 하지만 바람의 방향에 영향을 많이 받기 때문에 바람의 방향이 일정한 지역에만 설치가 가능하다. 수직축 풍력발전기는 바람의 방향에 영향을 받지 않아 바람의 방향이 일정하지 않은 지역에도 설치가 가능하며, 이로 인해 사막이나 평원에도 설치가 가능하다. 하지만 부품이 비싸고 수평축 풍력발전기에 비해 에너지 변환효율이 떨어진다는 단점이 있다. B사는 현재 4가지 모델의 풍력발전기를 생산하고 있다. 각 풍력발전기는 정격 풍속이 최대 발전량에 도달하며, 가동이 시작되면 최소 발전량 이상의 전기를 생산한다. 각 발전기의 특성은 아래와 같다.
>
> | 모델명 | U-50 | U-57 | U-88 | U-93 |
> |---|---|---|---|---|
> | 시간당 최대 발전량(kW) | 100 | 100 | 750 | 2,000 |
> | 시간당 최소 발전량(kW) | 20 | 20 | 150 | 400 |
> | 발전기 높이(m) | 50 | 68 | 80 | 84.7 |
> | 회전축 방향 | 수직 | 수평 | 수직 | 수평 |

> **〈상황〉**
>
> A국은 B사의 풍력발전기를 X, Y, Z지역에 각 1기씩 설치할 계획이다. X지역은 산악지대로 바람의 방향이 일정하며, 최소 150kW 이상의 시간당 발전량이 필요하다. Y지역은 평원지대로 바람의 방향이 일정하지 않으며, 철새보호를 위해 발전기 높이는 70m 이하가 되어야 한다. Z지역은 사막지대로 바람의 방향이 일정하지 않으며, 주민 편의를 위해 정격 풍속에서 600kW 이상의 시간당 발전량이 필요하다. 복수의 모델이 각 지역의 조건을 충족할 경우, 에너지 변환효율을 높이기 위해 수평축 모델을 설치하기로 한다.

	X지역	Y지역	Z지역			X지역	Y지역	Z지역
①	U-88	U-50	U-88		②	U-88	U-57	U-93
③	U-93	U-50	U-88		④	U-93	U-50	U-93

 ㉠ X지역 : 바람의 방향이 일정하므로 수직·수평축 모두 사용할 수 있고, 최소 150kW 이상의 시간당 발전량이 필요하므로 U-88과 U-93 중 하나를 설치해야 한다. 에너지 변환효율을 높이기 위해 수평축 모델인 U-93을 설치한다.

㉡ Y지역 : 수직축 모델만 사용 가능하며, 높이가 70m 이하인 U-50만 설치 가능하다.

㉢ Z지역 : 수직축 모델만 사용 가능하며, 정격 풍속이 600kW 이상의 시간당 발전량을 갖는 U-88만 설치 가능하다.

5 다음은 발산적(창의적) 사고를 개발하기 위한 방법이다. 이에 해당하는 것은?

> 이 방법은 어떤 생각에서 다른 생각을 계속해서 떠올리는 작업을 통해 어떤 주제에서 생각나는 것을 계속해서 열거해 나가는 방법이다.

① 브레인스토밍　　　　　　　　② 체크리스트
③ NM법　　　　　　　　　　　　④ Synectics

 자유연상법 … 어떤 생각에서 다른 생각을 계속해서 떠올리는 작업을 통해 어떤 주제에서 생각나는 것을 계속해서 열거해 나가는 방법으로 구체적 기법에는 브레인스토밍이 있다.

6 다음에 설명하고 있는 창의적 사고 개발 방법은?

> 주제와 본질적으로 닮은 것을 힌트로 하여 새로운 아이디어를 얻는 방법이다.

① 자유 연상법　　　　　　　　　② 강제 연상법
③ 비교 발상법　　　　　　　　　④ 대조 발상법

 창의적 사고 개발 방법
ㄱ 자유 연상법 : 생각나는 대로 자유롭게 발상
ㄴ 강제 연상법 : 각종 힌트에 강제적으로 연결 지어 발상
ㄷ 비교 발상법 : 주제의 본질과 닮은 것을 힌트로 발상

Answer ↪ 4.③ 5.① 6.③

7 비판적 사고를 개발하기 위한 태도 중 모든 신념을 의심스러운 것으로 개방하고 적절한 결론이 제시되지 않는 한 결론이 참이라고 받아들이지 않는 태도는?

① 지적 호기심   ② 지적 회의성

③ 지적 정직성   ④ 결단성

 ① **지적 호기심** : 여러 가지 다양한 문제에 대한 해답을 탐색하고 사건의 원인과 설명을 구하기 위하여 6하 원칙에 관한 질문을 제기한다.

③ **지적 정직성** : 어떤 진술이 우리가 바라는 신념과 대치되는 것이라도 그 증거가 충분히 타당하다면 그것을 진실로 받아들인다.

④ **결단성** : 증거가 타당할 경우 결론을 맺는 것뿐 아니라 모든 정보가 획득될 때까지 불필요한 논증·속단을 피하고 모든 결정을 유보하는 것을 포함한다.

8 문제처리과정을 순서대로 바르게 나열한 것은?

① 문제 인식→문제 도출→원인 분석→실행 및 평가→해결안 개발

② 문제 인식→문제 도출→원인 분석→해결안 개발→실행 및 평가

③ 문제 인식→원인 분석→문제 도출→실행 및 평가→해결안 개발

④ 문제 인식→원인 분석→문제 도출→해결안 개발→실행 및 평가

문제처리과정
문제 인식→문제 도출→원인 분석→해결안 개발→실행 및 평가

9~13 다음의 조건이 모두 참일 때, 반드시 참인 것을 고르시오.

9

> • 민수는 병식이보다 나이가 많다.
> • 나이가 많은 사람이 용돈을 더 많이 받는다.
> • 기완이는 병식이보다 더 많은 용돈을 받는다.

① 민수의 나이가 가장 많다.

② 기완이의 나이가 가장 많다.

③ 민수는 기완이보다 나이가 많다.

④ 병식이가 가장 어리다.

 세 사람의 나이는 '민수 > 병식, 기완 > 병식'이고, 기완이와 민수 중 나이가 누가 더 많은지는 알 수 없다. 주어진 정보로 알 수 있는 사실은 병식이가 가장 어리다는 것이다.

10

> • 책 읽는 것을 좋아하는 사람은 집중력이 높다.
> • 성적이 좋지 않은 사람은 집중력이 높지 않다.
> • 미경이는 1학년 5반이다.
> • 1학년 5반의 어떤 학생은 책 읽는 것을 좋아한다.

① 미경이는 책 읽는 것을 좋아한다.

② 미경이는 집중력이 높지 않다.

③ 1학년 5반의 어떤 학생은 집중력이 높다.

④ 1학년 5반의 모든 학생은 성적이 좋다.

 1학년 5반의 어떤 학생은 책 읽는 것을 좋아하고, 책 읽는 것을 좋아하는 사람은 집중력이 높으므로 1학년 5반의 어떤 학생은 집중력이 높다는 결론은 반드시 참이 된다.

Answer⟶ 7.② 8.② 9.④ 10.③

11

> - 어떤 육식동물은 춤을 잘 춘다.
> - 모든 호랑이는 노래를 잘한다.
> - 모든 늑대는 춤을 잘 춘다.
> - 호랑이와 늑대는 육식동물이다.

① 어떤 육식동물은 노래를 잘한다.

② 어떤 늑대는 노래를 잘한다.

③ 모든 호랑이는 춤도 잘 추고, 노래도 잘한다.

④ 모든 육식동물은 춤을 잘 춘다.

 ① 모든 호랑이는 어떤 육식동물에 포함되므로 '모든 호랑이는 노래를 잘한다.'라는 전제를
통해 참이 되는 것을 알 수 있다

12

> - 모든 호랑이는 뱀을 먹지 않는다.
> - 어떤 뱀은 개구리를 먹는다.
> - 어떤 여우는 뱀을 먹는다.
> - 뱀을 먹는 동물은 개구리를 먹는다.

① 호랑이는 개구리를 먹지 않는다.

② 어떤 여우도 개구리를 먹지 않는다.

③ 모든 호랑이는 여우를 먹는다.

④ 어떤 여우는 개구리를 먹는다.

 어떤 여우는 뱀을 먹는다. → 뱀을 먹는 동물은 개구리를 먹는다.
∴ 어떤 여우는 개구리를 먹는다.

13

> - 동호회 정모에 찬수가 참석하면 민희도 반드시 참석한다.
> - 지민이와 태수 중 적어도 한 명은 반드시 참석한다.
> - 저번 주 동호회 정모에서 지민이는 민희를 만났다.
> - 이번 주 동호회 정모에 지민이와 민희 둘 다 나오지 않았다.

① 찬수는 이번 주 동호회 모임에 나왔다.

② 태수는 이번 주 동호회 모임에 나왔다.

③ 찬수는 저번 주 동호회 모임에 나왔다.

④ 태수는 저번 주 동호회 모임에 나왔다.

 찬수, 민희, 지민, 태수의 동호회 참석은 다음 표와 같다.

	저번 주	이번 주
찬수	?	불참
민희	참석	불참
지민	참석	불참
태수	?	참석

① 찬수는 이번 주 동호회 모임에 나오지 않았다.

③④ 찬수와 태수의 저번 주 동호회 모임 참여 여부는 알 수 없다.

14 H기업의 감사실은 올해 인사부, 총무부, 비서실, 영업부와 홍보부에 대한 감사를 진행하려고 한다. 감사 순서에 대한 조건이 다음과 같을 때, 감사 순서로 옳은 것은?

> • 총무부에 대한 감사는 비서실에 대한 감사보다 먼저 시작되어야 한다.
> • 홍보부에 대한 감사는 인사부나 비서실에 대한 감사보다 늦게 시작될 수는 있으나, 총무부에 대한 감사보다 나중에 시작될 수 없다.
> • 영업부에 대한 감사는 아무리 늦어도 인사부 또는 비서실 중 적어도 어느 한 부서에 대한 감사보다는 먼저 시작되어야 한다.

① 총무부 – 영업부 – 비서실 – 홍보부 – 인사부
② 인사부 – 영업부 – 홍보부 – 총무부 – 비서실
③ 비서실 – 홍보부 – 총무부 – 영업부 – 인사부
④ 홍보부 – 총무부 – 비서실 – 인사부 – 영업부

 ① 홍보부에 대한 감사가 총무부보다 먼저 시작되어야 한다.
③ 총무부에 대한 감사가 비서실보다 먼저 시작되어야 한다.
④ 영업부에 대한 감사가 인사부 또는 비서실 중 적어도 어느 한 부서보다 먼저 시작되어야 한다.

15 A, B, C, D 네 명의 용의자가 살인사건 현장에서 신문을 받고 있다. 용의자들의 진술이 다음과 같고 네 사람 가운데 한명만 진실을 말하고 있다면 다음 중 살인자는 누구인가?

> • A : B가 살인을 저질렀습니다.
> • B : D가 살인을 저질렀어요.
> • C : 난 살인을 저지르지 않았어요.
> • D : B가 거짓말을 하고 있어요.

① A
② B
③ C
④ D

 • A가 살인자일 경우→C, D 두 명이 진실이므로 모순
• B가 살인자일 경우→A, C, D 모두 진실이므로 모순
• D가 살인자일 경우→B, C 두 명이 진실이므로 모순
• C가 살인자일 경우→D만 진실이고 나머지는 다 거짓이 됨
∴ C가 살인자이다.

16 민경이는 다음 주 중에 열릴 세미나의 요일을 잊어버려 팀원들에게 물어봤더니 한 사람을 제외한 모든 사람들이 거짓말로 대답해 주었다. 세미나가 열리는 요일은 무슨 요일인가?

> 미진 : 세미나는 월요일 또는 수요일에 열릴 거야.
> 가영 : 세미나는 수요일이야.
> 민호 : 저번 달에 열린 세미나도 금요일이었잖아. 이번 세미나도 금요일이야.
> 태민 : 나도 잘 모르겠는걸. 하지만 목, 금은 아니었어.
> 수진 : 세미나 다음 날은 토요일이라 쉴 수 있잖아요.

① 월요일   ② 화요일

③ 수요일   ④ 목요일

 ㉠ 미진의 말이 참이면 태민의 말도 참이므로 미진의 말은 거짓이다.
   →세미나는 월요일, 수요일 둘 다 아니다.
㉡ 가영의 말이 참이면 미진과 태민의 말도 참이므로 가영의 말은 거짓이다.
㉢ 민호의 말이 참이면 수진의 말도 참이고, 수진의 말이 참이면 민호의 말도 참이다. 따라서 민호와 수진의 말은 거짓이다.
   →세미나는 금요일이 아니다.
∴ 진실을 말하고 있는 사람은 태민이고, 세미나가 열리는 요일은 화요일이다.

17 서원상회는 많은 사과 산지들 중 산지 A, B, C, D, E를 예비 후보로 선정했다. 다음의 내용이 모두 참일 때, 반드시 선택되는 산지의 수는? (단, 이 외의 다른 산지가 선택될 가능성은 없다.)

> ㉠ 산지 A가 선택되면 산지 C도 선택된다.
> ㉡ 산지 A가 선택되지 않으면 B와 E도 선택되지 않는다.
> ㉢ 산지 C가 선택되면 D가 선택되거나, A가 선택되지 않는다.
> ㉣ 산지 B가 선택되지 않으면 A는 선택되고, C는 선택되지 않는다.

① 1개　　　　　　　　　　　　② 2개
③ 3개　　　　　　　　　　　　④ 4개

- 산지 A가 선택되지 않으면 ㉡과 ㉣이 모순된다.
- 산지 A가 선택되면 ㉠과 ㉢에 의해 C와 D가 선택된다.
- 산지 B가 선택되지 않으면 ㉣에서 모순이 생기므로 산지 B가 선택된다.
- 산지 E가 선택되는지에 대한 여부는 주어진 정보로 알 수 없다.
∴ 반드시 선택되는 산지는 A, B, C, D 총 4개이다.

18 다음 상황에서 진실을 얘기하고 있는 사람이 한 명 뿐일 때 총을 쏜 범인과 진실을 이야기한 사람으로 바르게 짝지어진 것은?

> 　어느 아파트 옥상에서 한 남자가 총에 맞아 죽은 채 발견됐다. 그의 죽음을 조사하기 위해 형사는 피해자의 사망시각에 아파트 엘리베이터의 CCTV에 찍혔던 용의자 A, B, C, D 네 남자를 연행하여 심문하였는데 이들은 다음과 같이 진술하였다.
> A : B가 총을 쐈습니다. 내가 봤어요.
> B : C와 D는 거짓말쟁이입니다. 그들의 말은 믿을 수 없어요!
> C : A가 한 짓이 틀림없어요. A와 그 남자는 사이가 아주 안 좋았단 말입니다.
> D : 내가 한 짓이 아니에요. 나는 그를 죽일 이유가 없습니다.

① 범인 : A, 진실 : C　　　　　② 범인 : B, 진실 : A
③ 범인 : C, 진실 : D　　　　　④ 범인 : D, 진실 : B

B의 진술이 거짓이라면 C와 D는 거짓말쟁이가 아니므로 진실을 말한 사람이 두 사람이 되므로 진실을 얘기하고 있는 사람이 한 명 뿐이라는 단서와 모순이 생기므로 B의 진술이 진실이다. B의 진술이 진실이고 모두의 진술이 거짓이므로 A의 거짓진술에 의해 B는 범인이 아니며, C의 거짓진술에 의해 A도 범인이 아니다. D의 거짓진술에 의해 범인은 D가 된다.

19 다음 조건에 따를 때, 거짓말을 하는 나쁜 사람을 모두 고르면?

> • 5명은 착한 사람이 아니면 나쁜 사람이며 중간적인 성향은 없다.
> • 5명 중 3명은 항상 진실만을 말하는 착한 사람이고, 2명은 항상 거짓말만 하는 나쁜 사람이다.
> • 5명의 진술은 다음과 같다.
> – 주영 : 나는 착한 사람이다.
> – 영철 : 주영이가 착한 사람이면, 창진이도 착한 사람이다.
> – 혜미 : 창진이가 나쁜 사람이면, 주영이도 나쁜 사람이다.
> – 창진 : 민준이가 착한 사람이면, 주영이도 착한 사람이다.
> – 민준 : 주영이는 나쁜 사람이다.

① 주영, 창진   ② 영철, 민준

③ 주영, 민준   ④ 창진, 혜미

 주영이와 민준이의 진술이 모순이므로 둘 중에 하나는 거짓말을 하고 있다.

ⓒ 주영이가 참말을 하고 민준이가 거짓말을 하는 경우 : 창진이의 진술은 민준이와 주영이가 동시에 착한 사람이 될 수 없으므로 거짓이다. 따라서 창진이가 나쁜 사람이면 주영이도 나쁜 사람이라는 혜미의 진술 또한 거짓이다. 따라서 2명이 거짓을 말한다는 조건에 모순된다.

ⓒ 주영이가 거짓말 하고 민준이가 참말을 하는 경우 : 창진이의 진술은 민준이와 주영이가 동시에 착한 사람이 될 수 없으므로 거짓이다. 따라서 창진이가 나쁜 사람이면 주영이도 나쁜 사람이라는 혜미의 진술은 참이 되고 영철의 진술 또한 참이 된다. 따라서 거짓말을 하는 나쁜 사람은 주영이와 창진이다.

Answer↱ 17.④ 18.④ 19.①

20 다음은 특보의 종류 및 기준에 관한 자료이다. ㉠과 ㉡의 상황에 어울리는 특보를 올바르게 짝지은 것은?

〈특보의 종류 및 기준〉

종류	주의보	경보
강풍	육상에서 풍속 14m/s 이상 또는 순간풍속 20m/s 이상이 예상될 때. 다만, 산지는 풍속 17m/s 이상 또는 순간풍속 25m/s 이상이 예상될 때	육상에서 풍속 21m/s 이상 또는 순간풍속 26m/s 이상이 예상될 때. 다만, 산지는 풍속 24m/s 이상 또는 순간풍속 30m/s 이상이 예상될 때
호우	6시간 강우량이 70mm 이상 예상되거나 12시간 강우량이 110mm 이상 예상될 때	6시간 강우량이 110mm 이상 예상되거나 12시간 강우량이 180mm 이상 예상될 때
태풍	태풍으로 인하여 강풍, 풍랑, 호우 현상 등이 주의보 기준에 도달할 것으로 예상될 때	태풍으로 인하여 풍속이 17m/s 이상 또는 강우량이 100mm 이상 예상될 때. 다만, 예상되는 바람과 비의 정도에 따라 아래와 같이 세분한다.

		3급	2급	1급
	바람 (m/s)	17~24	25~32	33이상
	비(mm)	100~249	250~399	400이상

종류	주의보	경보
폭염	6월~9월에 일최고기온이 33℃ 이상이고, 일최고열지수가 32℃ 이상인 상태가 2일 이상 지속될 것으로 예상될 때	6월~9월에 일최고기온이 35℃ 이상이고, 일최고열지수가 41℃ 이상인 상태가 2일 이상 지속될 것으로 예상될 때

㉠ 태풍이 남해안에 상륙하여 울산지역에 270mm의 비와 함께 풍속 26m/s의 바람이 예상된다.
㉡ 지리산에 오후 3시에서 오후 9시 사이에 약 130mm의 강우와 함께 순간풍속 28m/s가 예상된다.

	㉠	㉡
①	태풍경보 1급	호우주의보
②	태풍경보 2급	호우경보+강풍주의보
③	태풍주의보	강풍주의보
④	태풍경보 2급	호우경보+강풍경보

⊙ 태풍경보 표를 보면 알 수 있다. 비가 270mm이고 풍속 26m/s에 해당하는 경우는 태풍 경보 2급이다.
ⓒ 6시간 강우량이 130mm 이상 예상되므로 호우경보에 해당하며 산지의 경우 순간풍속 28m/s 이상이 예상되므로 강풍주의보에 해당한다.

21 Z회사에 근무하는 7명의 직원이 교육을 받으려고 한다. 교육실에서 직원들이 앉을 좌석의 조건이 다음과 같을 때 직원 중 빈 자리 바로 옆 자리에 배정받을 수 있는 사람은?

〈교육실 좌석〉

첫 줄	A	B	C
중간 줄	D	E	F
마지막 줄	G	H	I

〈조건〉
• 직원은 강훈, 연정, 동현, 승만, 문성, 봉선, 승일 7명이다.
• 서로 같은 줄에 있는 좌석들끼리만 바로 옆 자리일 수 있다.
• 봉선의 자리는 마지막 줄에 있다.
• 동현이의 자리는 승만이의 바로 옆 자리이며, 또한 빈 자리 바로 옆이다.
• 승만이의 자리는 강훈이의 바로 뒷 자리이다.
• 문성이와 승일이는 같은 줄의 좌석을 배정 받았다.
• 문성이나 승일이는 누구도 강훈이의 바로 옆 자리에 배정받지 않았다.

① 승만   ② 문성
③ 연정   ④ 봉선

 주어진 조건을 정리해 보면 마지막 줄에는 봉선, 문성, 승일이가 앉게 되며 중간 줄에는 동현이와 승만이가 앉게 된다. 그러나 동현이가 승만이 바로 옆 자리이며, 또한 빈자리가 바로 옆이라고 했으므로 승만이는 빈자리 옆에 앉지 못한다. 첫 줄에는 강훈이와 연정이가 앉게 되고 빈자리가 하나 있다. 따라서 연정이는 빈 자리 옆에 배정 받을 수 있다.

22 갑과 을, 병 세 사람은 면세점에서 A, B, C 브랜드 중 하나의 가방을 각각 구입하려고 한다. 소비자들이 가방을 구매하는데 고려하는 것은 브랜드명성, 디자인, 소재, 경제성의 네 가지 속성이다. 각 속성에 대한 평가는 0부터 10까지의 점수로 주어지며, 점수가 높을수록 소비자를 더 만족시킨다고 한다. 각 브랜드의 제품에 대한 평가와 갑, 을, 병 각자의 제품을 고르는 기준이 다음과 같을 때, 소비자들이 구매할 제품으로 바르게 짝지어진 것은?

◉ 브랜드별 소비자 제품평가

	A 브랜드	B 브랜드	C 브랜드
브랜드명성	10	7	7
경제성	4	8	5
디자인	8	6	7
소재	0	6	3

※ 각 평가에 부여하는 가중치 : 브랜드명성(0.4), 경제성(0.3), 디자인(0.2), 소재(0.1)

◉ 소비자별 구매기준
갑 : 가중치가 높은 순으로 가장 좋게 평가된 제품을 선택한다.
을 : 모든 속성을 가중치에 따라 평가(점수×가중치)하여 종합적으로 가장 좋은 대안을 선택한다.
병 : 모든 속성이 4점 이상인 제품을 선택한다. 2가지 이상이라면 디자인 점수가 높은 제품을 선택한다.

	갑	을	병
①	A	A	A
②	A	A	B
③	B	A	B
④	B	C	B

 갑 : 가중치가 가장 높은 브랜드명성이 가장 좋게 평가된 A 브랜드 제품을 선택한다.
을 : 각 제품의 속성을 가중치에 따라 평가하면 다음과 같다.
　　A : $10(0.4)+4(0.3)+8(0.2)+9(0.1)=4+1.2+1.6+0.9=7.7$
　　B : $7(0.4)+8(0.3)+6(0.2)+6(0.1)=2.8+2.4+1.2+0.6=7$
　　C : $7(0.4)+5(0.3)+7(0.2)+3(0.1)=2.8+1.5+1.4+0.3=6$
　　∴ A 브랜드 제품을 선택한다.
병 : 모든 속성이 4점 이상인 A, B 브랜드 중 디자인 점수가 더 높은 A 브랜드 제품을 선택한다.

23 O회사에 근무하고 있는 채과장은 거래 업체를 선정하고자 한다. 업체별 현황과 평가기준이 다음과 같을 때, 선정되는 업체는?

〈업체별 현황〉

국가명	시장매력도	정보화수준	접근가능성
	시장규모(억 원)	정보화순위	수출액(백만 원)
A업체	550	106	9,103
B업체	333	62	2,459
C업체	315	91	2,597
D업체	1,706	95	2,777

〈평가기준〉

- 업체별 종합점수는 시장매력도(30점 만점), 정보화수준(30점 만점), 접근가능성(40점 만점)의 합계(100점 만점)로 구하며, 종합점수가 가장 높은 업체가 선정된다.
- 시장매력도 점수는 시장매력도가 가장 높은 업체에 30점, 가장 낮은 업체에 0점, 그 밖의 모든 업체에 15점을 부여한다. 시장규모가 클수록 시장매력도가 높다.
- 정보화수준 점수는 정보화순위가 가장 높은 업체에 30점, 가장 낮은 업체에 0점, 그 밖의 모든 업체에 15점을 부여한다.
- 접근가능성 점수는 접근가능성이 가장 높은 업체에 40점, 가장 낮은 업체에 0점, 그 밖의 모든 국가에 20점을 부여한다. 수출액이 클수록 접근가능성이 높다.

① A
② B
③ C
④ D

 업체별 평가기준에 따른 점수는 다음과 같으며, D업체가 65점으로 선정된다.

	시장매력도	정보화수준	접근가능성	합계
A	15	0	40	55
B	15	30	0	45
C	0	15	20	35
D	30	15	20	65

Answer 22.① 23.④

24 다음은 공공기관을 구분하는 기준이다. 다음 규정에 따라 각 기관을 구분한 결과가 옳지 않은 것은?

〈공공기관의 구분〉

제00조 제1항

공공기관을 공기업·준정부기관과 기타공공기관으로 구분하여 지정한다. 직원 정원이 50인 이상인 공공기관은 공기업 또는 준정부기관으로, 그 외에는 기타공공기관으로 지정한다.

제00조 제2항

제1항의 규정에 따라 공기업과 준정부기관을 지정하는 경우 자체수입액이 총수입액의 2분의 1 이상인 기관은 공기업으로, 그 외에는 준정부기관으로 지정한다.

제00조 제3항

제1항 및 제2항의 규정에 따른 공기업을 다음의 구분에 따라 세분하여 지정한다.
- 시장형 공기업 : 자산규모가 2조 원 이상이고, 총 수입액 중 자체수입액이 100분의 85 이상인 공기업
- 준시장형 공기업 : 시장형 공기업이 아닌 공기업

〈공공기관의 현황〉

공공기관	직원 정원	자산규모	자체수입비율
A	70명	4조 원	90%
B	45명	2조 원	50%
C	65명	1조 원	55%
D	60명	1.5조 원	45%

※ 자체수입비율 : 총 수입액 대비 자체수입액 비율

① A - 시장형 공기업
② B - 기타공공기관
③ C - 준정부기관
④ D - 준정부기관

 ③ C는 정원이 50명이 넘으므로 기타공공기관이 아니며, 자체수입비율이 55%이므로 자체수입액이 총수입액의 2분의 1 이상이기 때문에 공기업이다. 시장형 공기업 조건에 해당하지 않으므로 C는 준시장형 공기업이다.

25 다음은 1998년 4월 1일에 이후에 건축허가를 받은 공공건물 및 공중이용시설 중 장애인전용 주차구역을 의무적으로 설치해야 하는 시설에 관한 정보이다. 주어진 보기 중 장애인전용주차구역을 설치하지 않고 건축허가를 받을 수 있는 시설은?

> • 1종 근린생활시설 : 바닥면적이 300㎡ 이상, 1,000㎡ 미만인 소매점, 바닥면적이 1,000㎡ 미만인 주민센터·우체국·공공도서관 등 공공시설
> • 2종 근린생활시설 : 바닥면적이 300㎡ 이상인 일반 음식점
> • 교육 및 연구시설 : 바닥면적이 1,000㎡ 이상인 도서관, 바닥면적이 500㎡ 이상인 교육원·학원 등
> • 업무시설 : 공공시설 중 1종 근린생활시설에 해당하지 않는 국가 및 지방자치단체의 청사, 바닥면적이 500㎡ 이상인 금융업소·사무소·오피스텔 등
> • 예외1 : 총 주차면수가 10대 미만인 경우는 장애인전용주차구역 설치규정을 적용하지 아니한다.
> • 예외2 : 국가 및 지방자치단체의 청사는 1998년 4월 1일 전에 허가를 받은 경우에도 장애인전용주차구역설치규정을 적용한다.

① 2000년에 건축허가 시 바닥면적 400㎡에 주차면수가 8대였는데 2005년 300㎡를 증축하면서 7대의 주차면수를 더 확보한 A시의 공공도서관

② 2002년에 건축허가 시 바닥면적이 400㎡에 주차면수가 10대인 은행에서 2010년에 용도를 변경한 B시의 음식점

③ 1999년 건축허가 시 바닥면적이 200㎡로 5대의 주차구역이 설치되었는데 2005년 바닥면적을 150㎡를 증축한 C시의 식당

④ 1989년 건축허가를 받은 바닥면적 1,500㎡에 10대의 주차가 가능한 D시의 시청사

 ③ 바닥면적이 350㎡로 300㎡ 이상의 음식점이지만 주차면수가 5대로 10대 미만이므로 장애인전용주차구역을 설치하지 않아도 '예외1'에 의해 건축허가를 받을 수 있다.

① 총 바닥면적 700㎡에 주차면수가 15대인 공공도서관이므로 1종 근린생활시설에 해당되어 장애인전용주차구역을 설치해야 한다.

② 은행인 경우는 바닥면적 500㎡ 미만으로 장애인전용주차구역을 설치하지 않아도 되지만 음식점으로 용도변경으로 하였으므로 2종 근린생활시설로 장애인전용주차구역을 설치해야 한다.

④ 1998년 이전에 허가를 받은 경우에도 국가 및 지방자치단체의 청사는 위의 설치규정이 적용되어 장애인전용주차구역을 설치해야 한다.

Answer 24.③ 25.③

26 S기관은 업무처리시 오류 발생을 줄이기 위해 2015년부터 오류 점수를 계산하여 인사고과에 반영한다고 한다. 이를 위해 매월 직원별로 오류 건수를 조사하여 오류 점수를 다음과 같이 계산한다고 할 때, 가장 높은 오류 점수를 받은 사람은 누구인가?

〈오류 점수 계산 방식〉
- 일반 오류는 1건당 10점, 중대 오류는 1건당 20점씩 오류 점수를 부과하여 이를 합산한다.
- 전월 우수사원으로 선정된 경우, 합산한 오류 점수에서 80점을 차감하여 월별 최종 오류 점수를 계산한다.

〈S기관 벌점 산정 기초자료〉

직원	오류 건수(건)		전월 우수사원 선정 여부
	일반 오류	중대 오류	
A	5	20	미선정
B	10	20	미선정
C	15	15	선정
D	20	10	미선정

① A
② B
③ C
④ D

 ① A : 450점
② B : 500점
③ C : 370점
④ D : 400점

27 다음 조건에 따라 가영, 세경, 봉숙, 혜진, 분이 5명의 자리를 배정하려고 할 때 1번에 앉는 사람은 누구인가?

> - 친한 사람끼리는 바로 옆자리에 배정해야 하고, 친하지 않은 사람끼리는 바로 옆자리에 배정해서는 안 된다.
> - 봉숙이와 세경이는 서로 친하지 않다.
> - 가영이와 세경이는 서로 친하다.
> - 가영이와 봉숙이는 서로 친하다.
> - 분이와 봉숙이는 서로 친하지 않다.
> - 혜진이는 분이와 친하며, 5번 자리에 앉아야 한다.
>
> | 1 | 2 | 3 | 4 | 5 |
> |---|---|---|---|---|
> | ( ) | ( ) | ( ) | ( ) | 혜진 |

① 가영   ② 세경

③ 봉숙   ④ 분이

 조건에 따라 배정한 결과는 다음과 같으며 1번 자리에는 봉숙이가 앉게 된다.

1	2	3	4	5
봉숙	가영	세경	분이	혜진

Answer → 26.② 27.③

04 정보능력

1 정보화사회와 정보능력

(1) 정보와 정보화사회

① 자료 · 정보 · 지식

구분	특징
자료 (Data)	객관적 실제의 반영이며, 그것을 전달할 수 있도록 기호화한 것
정보 (Information)	자료를 특정한 목적과 문제해결에 도움이 되도록 가공한 것
지식 (Knowledge)	정보를 집적하고 체계화하여 장래의 일반적인 사항에 대비해 보편성을 갖도록 한 것

② **정보화사회** … 필요로 하는 정보가 사회의 중심이 되는 사회

(2) 업무수행과 정보능력

① 컴퓨터의 활용 분야

    ㉠ 기업 경영 분야에서의 활용 : 판매, 회계, 재무, 인사 및 조직관리, 금융 업무 등

    ㉡ 행정 분야에서의 활용 : 민원처리, 각종 행정 통계 등

    ㉢ 산업 분야에서의 활용 : 공장 자동화, 산업용 로봇, 판매시점관리시스템(POS) 등

    ㉣ 기타 분야에서의 활용 : 교육, 연구소, 출판, 가정, 도서관, 예술 분야 등

② 정보처리과정

    ㉠ 정보 활용 절차 : 기획→수집→관리→활용

    ㉡ 5W2H : 정보 활용의 전략적 기획

      • WHAT(무엇을?) : 정보의 입수대상을 명확히 한다.

      • WHERE(어디에서?) : 정보의 소스(정보원)를 파악한다.

      • WHEN(언제까지) : 정보의 요구(수집)시점을 고려한다.

      • WHY(왜?) : 정보의 필요목적을 염두에 둔다.

      • WHO(누가?) : 정보활동의 주체를 확정한다.

      • HOW(어떻게) : 정보의 수집방법을 검토한다.

      • HOW MUCH(얼마나?) : 정보수집의 비용성(효용성)을 중시한다.

5W2H는 정보를 전략적으로 수집·활용할 때 주로 사용하는 방법이다. 5W2H에 대한 설명으로 옳지 않은 것은?

① WHAT : 정보의 수집방법을 검토한다.
② WHERE : 정보의 소스(정보원)를 파악한다.
③ WHEN : 정보의 요구(수집)시점을 고려한다.
④ HOW : 정보의 수집방법을 검토한다.

(3) 사이버공간에서 지켜야 할 예절

① 인터넷의 역기능
  ㉠ 불건전 정보의 유통
  ㉡ 개인 정보 유출
  ㉢ 사이버 성폭력
  ㉣ 사이버 언어폭력
  ㉤ 언어 훼손
  ㉥ 인터넷 중독
  ㉦ 불건전한 교제
  ㉧ 저작권 침해

② 네티켓(netiquette) … 네트워크(network) + 에티켓(etiquette)

(4) 정보의 유출에 따른 피해사례

① 개인정보의 종류

    ⊙ 일반 정보 : 이름, 주민등록번호, 운전면허정보, 주소, 전화번호, 생년월일, 출생지, 본적지, 성별, 국적 등

    ⓒ 가족 정보 : 가족의 이름, 직업, 생년월일, 주민등록번호, 출생지 등

    ⓒ 교육 및 훈련 정보 : 최종학력, 성적, 기술자격증/전문면허증, 이수훈련 프로그램, 서클활동, 상벌사항, 성격/행태보고 등

    ⓔ 병역 정보 : 군번 및 계급, 제대유형, 주특기, 근무부대 등

    ⓜ 부동산 및 동산 정보 : 소유주택 및 토지, 자동차, 저축현황, 현금카드, 주식 및 채권, 수집품, 고가의 예술품 등

    ⓑ 소득 정보 : 연봉, 소득의 원천, 소득세 지불 현황 등

    ⓢ 기타 수익 정보 : 보험가입현황, 수익자, 회사의 판공비 등

    ⓞ 신용 정보 : 대부상황, 저당, 신용카드, 담보설정 여부 등

    ⓩ 고용 정보 : 고용주, 회사주소, 상관의 이름, 직무수행 평가 기록, 훈련기록, 상벌기록 등

    ⓧ 법적 정보 : 전과기록, 구속기록, 이혼기록 등

    ⓚ 의료 정보 : 가족병력기록, 과거 의료기록, 신체장애, 혈액형 등

    ⓣ 조직 정보 : 노조가입, 정당가입, 클럽회원, 종교단체 활동 등

    ⓟ 습관 및 취미 정보 : 흡연/음주량, 여가활동, 도박성향, 비디오 대여기록 등

② 개인정보 유출방지 방법

    ⊙ 회원 가입 시 이용 약관을 읽는다.

    ⓒ 이용 목적에 부합하는 정보를 요구하는지 확인한다.

    ⓒ 비밀번호는 정기적으로 교체한다.

    ⓔ 정체불명의 사이트는 멀리한다.

    ⓜ 가입 해지 시 정보 파기 여부를 확인한다.

    ⓑ 남들이 쉽게 유추할 수 있는 비밀번호는 자제한다.

2 **정보능력을 구성하는 하위능력**

(1) 컴퓨터활용능력

① 인터넷 서비스 활용
- ㉠ 전자우편(E-mail) 서비스 : 정보 통신망을 이용하여 다른 사용자들과 편지나 여러 정보를 주고받는 통신 방법
- ㉡ 인터넷 디스크/웹 하드 : 웹 서버에 대용량의 저장 기능을 갖추고 사용자가 개인용 컴퓨터의 하드디스크와 같은 기능을 인터넷을 통하여 이용할 수 있게 하는 서비스
- ㉢ 메신저 : 인터넷에서 실시간으로 메시지와 데이터를 주고받을 수 있는 소프트웨어
- ㉣ 전자상거래 : 인터넷을 통해 상품을 사고팔거나 재화나 용역을 거래하는 사이버 비즈니스

② 정보검색 … 여러 곳에 분산되어 있는 수많은 정보 중에서 특정 목적에 적합한 정보만을 신속하고 정확하게 찾아내어 수집, 분류, 축적하는 과정
- ㉠ 검색엔진의 유형
  - 키워드 검색 방식 : 찾고자 하는 정보와 관련된 핵심적인 언어인 키워드를 직접 입력하여 이를 검색 엔진에 보내어 검색 엔진이 키워드와 관련된 정보를 찾는 방식
  - 주제별 검색 방식 : 인터넷상에 존재하는 웹 문서들을 주제별, 계층별로 정리하여 데이터베이스를 구축한 후 이용하는 방식
  - 통합형 검색방식 : 사용자가 입력하는 검색어들이 연계된 다른 검색 엔진에게 보내고 이를 통하여 얻어진 검색 결과를 사용자에게 보여주는 방식
- ㉡ 정보 검색 연산자

기호	연산자	검색조건
*, &	AND	두 단어가 모두 포함된 문서를 검색
|	OR	두 단어가 모두 포함되거나 두 단어 중에서 하나만 포함된 문서를 검색
-, !	NOT	'-' 기호나 '!' 기호 다음에 오는 단어는 포함하지 않는 문서를 검색
~, near	인접검색	앞/뒤의 단어가 가깝게 있는 문서를 검색

③ 소프트웨어의 활용
- ㉠ 워드프로세서
  - 특징 : 문서의 내용을 화면으로 확인하면서 쉽게 수정 가능, 문서 작성 후 인쇄 및 저장 가능, 글이나 그림의 입력 및 편집 가능
  - 기능 : 입력기능, 표시기능, 저장기능, 편집기능, 인쇄기능 등

ⓛ 스프레드시트
- 특징 : 쉽게 계산 수행, 계산 결과를 차트로 표시, 문서를 작성하고 편집 가능
- 기능 : 계산, 수식, 차트, 저장, 편집, 인쇄기능 등

■ 예제 2

귀하는 커피 전문점을 운영하고 있다. 아래와 같이 엑셀 워크시트로 4개 지점의 원두 구매 수량과 단가를 이용하여 금액을 산출하고 있다. 귀하가 다음 중 D3셀에서 사용하고 있는 함수식으로 옳은 것은? (단, 금액 = 수량 × 단가)

	A	B	C	D	E
1	지점	원두	수량(100g)	금액	
2	A	케냐	15	150000	
3	B	콜롬비아	25	175000	
4	C	케냐	30	300000	
5	D	브라질	35	210000	
6					
7		원두	100g당 단가		
8		케냐	10,000		
9		콜롬비아	7,000		
10		브라질	6,000		
11					

① =C3*VLOOKUP(B3, $B$8:$C$10, 1, 1)

② =B3*HLOOKUP(C3, $B$8:$C$10, 2, 0)

③ =C3*VLOOKUP(B3, $B$8:$C$10, 2, 0)

④ =C3*HLOOKUP($B$8:$C$10, 2, B3)

[출제의도]
본 문항은 엑셀 워크시트 함수의 활용도를 확인하는 문제이다.
[해설]
"VLOOKUP(B3,$B$8:$C$10, 2, 0)"의 함수를 해설해보면 B3의 값(콜롬비아)을 B8:C10에서 찾은 후 그 영역의 2번째 열(C열, 100g당 단가)에 있는 값을 나타내는 함수이다. 금액은 "수량 × 단가"으로 나타내므로 D3셀에 사용되는 함수식은 "=C3*VLOOKUP(B3, $B$8:$C$10, 2, 0)"이다.
※ HLOOKUP과 VLOOKUP
   ㉠ HLOOKUP : 배열의 첫 행에서 값을 검색하여, 지정한 행의 같은 열에서 데이터를 추출
   ㉡ VLOOKUP : 배열의 첫 열에서 값을 검색하여, 지정한 열의 같은 행에서 데이터를 추출

답 ③

ⓒ 프레젠테이션
- 특징 : 각종 정보를 사용자 또는 대상자에게 쉽게 전달
- 기능 : 저장, 편집, 인쇄, 슬라이드 쇼 기능 등
ⓔ 유틸리티 프로그램 : 파일 압축 유틸리티, 바이러스 백신 프로그램

④ 데이터베이스의 필요성
   ㉠ 데이터의 중복을 줄인다.
   ㉡ 데이터의 무결성을 높인다.
   ㉢ 검색을 쉽게 해준다.
   ㉣ 데이터의 안정성을 높인다.
   ㉤ 개발기간을 단축한다.

(2) 정보처리능력

① **정보원** … 1차 자료는 원래의 연구성과가 기록된 자료이며, 2차 자료는 1차 자료를 효과적으로 찾아보기 위한 자료 또는 1차 자료에 포함되어 있는 정보를 압축·정리한 형태로 제공하는 자료이다.

  ㉠ 1차 자료 : 단행본, 학술지와 논문, 학술회의자료, 연구보고서, 학위논문, 특허정보, 표준 및 규격자료, 레터, 출판 전 배포자료, 신문, 잡지, 웹 정보자원 등

  ㉡ 2차 자료 : 사전, 백과사전, 편람, 연감, 서지데이터베이스 등

② **정보분석 및 가공**

  ㉠ 정보분석의 절차 : 분석과제의 발생 → 과제(요구)의 분석 → 조사항목의 선정 → 관련정보의 수집(기존자료 조사/신규자료 조사) → 수집정보의 분류 → 항목별 분석 → 종합·결론 → 활용·정리

  ㉡ 가공 : 서열화 및 구조화

③ **정보관리**

  ㉠ 목록을 이용한 정보관리

  ㉡ 색인을 이용한 정보관리

  ㉢ 분류를 이용한 정보관리

예제 3

인사팀에서 근무하는 J씨는 회사가 성장함에 따라 직원 수가 급증하기 시작하면서 직원들의 정보관리 방법을 모색하던 중 다음과 같은 A사의 직원 정보관리 방법을 보게 되었다. J씨는 A사가 하고 있는 이 방법을 회사에도 도입하고자 한다. 이 방법은 무엇인가?

> A사의 인사부서에 근무하는 H씨는 직원들의 개인정보를 관리하는 업무를 담당하고 있다. A사에서 근무하는 직원은 수천 명에 달하기 때문에 H씨는 주요 키워드나 주제어를 가지고 직원들의 정보를 구분하여 관리하여, 찾을 때도 쉽고 내용을 수정할 때도 이전보다 훨씬 간편할 수 있도록 했다.

① 목록을 활용한 정보관리
② 색인을 활용한 정보관리
③ 분류를 활용한 정보관리
④ 1:1 매칭을 활용한 정보관리

[출제의도]
본 문항은 정보관리 방법의 개념을 이해하고 있는가를 묻는 문제이다.
[해설]
주어진 자료의 A사에서 사용하는 정보관리는 주요 키워드나 주제어를 가지고 정보를 관리하는 방식인 색인을 활용한 정보관리이다. 디지털 파일에 색인을 저장할 경우 추가, 삭제, 변경 등이 쉽다는 점에서 정보관리에 효율적이다.

답 ②

04 출제예상문제

1 다음 중 '클라우드 컴퓨팅'에 대한 적절한 설명이 아닌 것은 어느 것인가?

① 사용자들이 복잡한 정보를 보관하기 위해 별도의 데이터 센터를 구축할 필요가 없다.

② 정보의 보관보다 정보의 처리 속도와 정확성이 관건인 네트워크 서비스이다.

③ 장소와 시간에 관계없이 다양한 단말기를 통해 정보에 접근할 수 있다.

④ 주소록, 동영상, 유원, 오피스 문서, 게임, 메일 등 다양한 콘텐츠를 대상으로 한다.

 클라우드 컴퓨팅이란 인터넷을 통해 제공되는 서버를 활용해 정보를 보관하고 있다가 필요할 때 꺼내 쓰는 기술을 말한다. 따라서 클라우드 컴퓨팅의 핵심은 데이터의 저장·처리·네트워킹 및 다양한 어플리케이션 사용 등 IT 관련 서비스를 인터넷과 같은 네트워크를 기반으로 제공하는 데 있어, 정보의 보관 분야에 있어 획기적인 컴퓨팅 기술이라고 할 수 있다.

2 다음 내용에 해당하는 인터넷 검색 방식을 일컫는 말은 어느 것인가?

> 이 검색 방식은 검색엔진에서 문장 형태의 질의어를 형태소 분석을 거쳐 언제(when), 어디서(where), 누가(who), 무엇을(what), 왜(why), 어떻게(how), 얼마나(how much)에 해당하는 5W 2H를 읽어내고 분석하여 각 질문에 답이 들어있는 사이트를 연결해 주는 검색엔진이다.

① 자연어 검색 방식   ② 주제별 검색 방식

③ 통합형 검색 방식   ④ 키워드 검색 방식

 자연어 검색이란 컴퓨터를 전혀 모르는 사람이라도 대화하듯이, 일반적인 문장의 형태로 검색어를 입력하는 방식을 말한다. 일반적인 키워드 검색과 달리 자연어 검색은 사용자가 질문하는 문장을 분석하여 질문의 의미 파악을 통해 정보를 찾기 때문에 훨씬 더 간편하고 정확도 높은 답을 찾을 수 있다. 말하자면 단순한 키워드 검색의 경우 중복 검색이 되거나 필요 없는 정보가 더 많아서 해당하는 정보를 찾기 위해 여러 차례 검색해야 하는 불편을 감수해야 하지만 자연어 검색은 질문의 의미에 적합한 답만을 찾아주기 때문에 더 효율적이다.

② **주제별 검색 방식** : 인터넷상에 존재하는 웹 문서들을 주제별, 계층별로 정리하여 데이터 베이스를 구축한 후 이용하는 방식이다. 사용자는 단지 자신이 원하는 정보를 찾을 때까지 상위의 주제부터 하위의 주제까지 분류되어 있는 내용을 선택하여 검색하면 원하는 정보를 발견하게 된다.

③ **통합형 검색 방식** : 통합형 검색 방식의 검색은 키워드 검색 방식과 매우 유사하다. 그러나 통합형 검색 방식은 키워드 검색 방식처럼 검색 엔진 자신만의 데이터베이스를 구축하여 관리하는 방식이 아니라, 사용자가 입력하는 검색어들이 연계된 다른 검색 엔진에 보내고, 이를 통하여 얻은 검색 결과를 사용자에게 보여주는 방식이다.

④ **키워드 검색 방식** : 키워드 검색 방식은 찾고자 하는 정보와 관련된 핵심적인 언어인 키워드를 직접 입력하여 이를 검색 엔진에 보내어 검색 엔진이 키워드와 관련된 정보를 찾는 방식이다. 사용자 입장에서는 키워드만을 입력하여 정보 검색을 간단히 할 수 있는 장점이 있는 반면에, 키워드가 불명확하게 입력된 경우에는 검색 결과가 너무 많아 효율적인 검색이 어렵다는 단점이 있다.

3 많은 전문가들은 미래의 사회는 정보기술(IT), 생명공학(BT), 나노기술(NT), 환경기술(ET), 문화산업(CT), 우주항공기술(ST) 등을 이용한 정보화 산업이 주도해 나갈 것이라고 예언한다. 다음 중, 이와 같은 미래 정보화 사회의 6T 주도 환경의 모습을 설명한 것으로 적절하지 않은 것은 어느 것인가?

① 부가가치 창출 요인이 토지, 자본, 노동에서 지식 및 정보 생산 요소로 전환된다.

② 모든 국가의 시장이 국경 없는 하나의 세계 시장으로 통합되는 세계화가 진전된다.

③ 무한한 정보를 중심으로 하는 열린사회로 정보제공자와 정보소비자의 구분이 명확해진다.

④ 새로운 지식과 기술을 개발·활용·공유·저장할 수 있는 지식근로자를 요구한다.

 미래사회는 지식정보의 창출 및 유통 능력이 국가경쟁력의 원천이 되는 정보사회로 발전할 것이다. 정보사회는 무한한 정보를 중심으로 하는 열린사회로 정보제공자와 정보소비자의 구분이 모호해지며 네트워크를 통한 범세계적인 시장 형성과 경제활동이 이루어진다. 정보통신은 이러한 미래 정보사회의 기반으로서 지식정보의 창출과 원활한 유통에 중요한 역할을 한다. 정보통신 기반을 활용함에 따라 정보사회의 활동 주체들은 모든 사회 경제활동을 시간·장소·대상에 구애받지 않고 수행할 수 있게 될 것이다.

Answer ↪ 1.② 2.① 3.③

4 다양한 정보 중 어떤 것들은 입수한 그 자리에서 판단해 처리하고 미련 없이 버리는 것이 바람직한 '동적정보' 형태인 것들이 있다. 다음 중 이러한 동적정보에 속하지 않는 것은 어느 것인가?

① 각국의 해외여행 시 지참해야 할 물품을 기록해 둔 목록표

② 비행 전, 목적지의 기상 상태를 확인하기 위해 알아 본 인터넷 정보

③ 신문에서 확인한 해외 특정 국가의 질병 감염 가능성이 담긴 여행 자제 권고 소식

④ 각국의 환율과 그에 따른 원화가치 환산 그래프 자료

 각국의 해외여행 시 지참해야 할 물품이 기록된 자료는 향후에도 유용하게 쓸 수 있는 정보이므로 바로 버려도 되는 동적정보로 볼 수 없다. 나머지 선택지에 제시된 정보들은 모두 일회성이거나 단기에 그 효용이 끝나게 되므로 동적정보이다.
신문이나 텔레비전의 뉴스는 상황변화에 따라 수시로 변하기 때문에 동적정보이다. 반면에 잡지나 책에 들어있는 정보는 정적정보이다. CD-ROM이나 비디오테이프 등에 수록되어 있는 영상정보도 일정한 형태로 보존되어 언제든지 동일한 상태로 재생할 수 있기 때문에 성적정보로 간주할 수 있다.

5 국내에서 사용하는 인터넷 도메인(Domain)은 현재 2단계 도메인으로 구성되어 있다. 다음 중 도메인 종류와 해당 기관의 성격이 올바르게 연결되지 않은 것은 어느 것인가?

① re.kr – 연구기관 　　　　② pe.kr – 개인

③ kg.kr – 유치원 　　　　　④ ed.kr – 대학

 대학은 Academy의 약어를 활용한 'ac.kr'을 도메인으로 사용한다. 주어진 도메인 외에도 다음과 같은 것들을 참고할 수 있다.
• co.kr – 기업/상업기관(Commercial)
• ne.kr – 네트워크(Network)
• or.kr – 비영리기관(Organization)
• go.kr – 정부기관(Government)
• hs.kr – 고등학교(High school)
• ms.kr – 중학교(Middle school)
• es.kr – 초등학교(Elementary school)

6 다음 ㉠~㉢의 설명에 맞는 용어가 순서대로 올바르게 짝지어진 것은 어느 것인가?

> ㉠ 유통분야에서 일반적으로 물품관리를 위해 사용된 바코드를 대체할 차세대 인식기술로 꼽히며, 판독 및 해독 기능을 하는 판독기(reader)와 정보를 제공하는 태그(tag)로 구성된다.
> ㉡ 컴퓨터 관련 기술이 생활 구석구석에 스며들어 있음을 뜻하는 '퍼베이시브 컴퓨팅(pervasive computing)'과 같은 개념이다.
> ㉢ 메신저 애플리케이션의 통화 기능 또는 별도의 데이터 통화 애플리케이션을 설치하면 통신사의 이동통신망이 아니더라도 와이파이(Wi-Fi)를 통해 단말기로 데이터 음성통화를 할 수 있으며, 이동통신망의 음성을 쓰지 않기 때문에 국외 통화 시 비용을 절감할 수 있다는 장점이 있다.

① RFID, 유비쿼터스, VoIP

② POS, 유비쿼터스, RFID

③ RFID, POS, 핫스팟

④ POS, VoIP, 핫스팟

- RFID : IC칩과 무선을 통해 식품·동물·사물 등 다양한 개체의 정보를 관리할 수 있는 인식 기술을 지칭한다. '전자태그' 혹은 '스마트 태그', '전자 라벨', '무선식별' 등으로 불린다. 이를 기업의 제품에 활용할 경우 생산에서 판매에 이르는 전 과정의 정보를 초소형 칩(IC칩)에 내장시켜 이를 무선주파수로 추적할 수 있다.
- 유비쿼터스 : 유비쿼터스는 '언제 어디에나 존재한다.'는 뜻의 라틴어로, 사용자가 컴퓨터나 네트워크를 의식하지 않고 장소에 상관없이 자유롭게 네트워크에 접속할 수 있는 환경을 말한다.
- VoIP : VoIP(Voice over Internet Protocol)는 IP 주소를 사용하는 네트워크를 통해 음성을 디지털 패킷(데이터 전송의 최소 단위)으로 변환하고 전송하는 기술이다. 다른 말로 인터넷전화라고 부르며, 'IP 텔레포니' 혹은 '인터넷 텔레포니'라고도 한다.

Answer→ 4.① 5.④ 6.①

7 다음 보기 중, 정보통신기술 관련 용어를 올바르게 설명하지 못한 것은 어느 것인가?

① 지그비(Zigbee) : 각종 센서에서 수집한 정보를 무선으로 수집할 수 있도록 구성한 사물 통신망

② RFID : 전파를 이용해 정보를 인식하는 기술로 출입 관리, 주차 관리 등에 주로 사용된다.

③ 텔레매틱스 : 자동차와 무선 통신을 결합한 새로운 개념의 차량 무선 인터넷 서비스

④ 와이브로 : 무선과 광대역 인터넷을 통합한 의미로, 휴대용 단말기를 이용하여 정지 및 이동 중에 인터넷에 접속이 가능하도록 하는 서비스

> **Tip** 지그비(Zigbee)는 저전력, 저비용, 저속도와 2.4GHz를 기반으로 하는 홈 자동화 및 데이터 전송을 위한 무선 네트워크 규격으로 30cm 이내에서 데이터 전송이 가능하다. 제시된 내용의 사물 통신망은 유비쿼터스 센서 네트워크를 의미한다.

8 다음 중 '자료', '정보', '지식'의 관계에 대한 설명으로 올바르지 않은 것은 어느 것인가?

① 객관적 실제의 반영이며, 그것을 전달할 수 있도록 기호화한 것을 자료라고 한다.

② 특정 상황에서 그 가치가 평가된 데이터를 정보와 지식이라고 말한다.

③ 데이터를 집적하고 체계화하여 장래의 일반적인 사항에 대비해 보편성을 갖도록 한 것을 지식이라고 한다.

④ 업무 활동을 통해 알게 된 세부 데이터를 컴퓨터로 일목요연하게 정리해 내었다면 그것은 지식이라고 불린다.

> **Tip** '지식'이란 '어떤 특정의 목적을 달성하기 위해 과학적 또는 이론적으로 추상화되거나 정립되어 있는 일반화된 정보'를 뜻하는 것으로, 어떤 대상에 대하여 원리적·통일적으로 조직되어 객관적 타당성을 요구할 수 있는 판단의 체계를 제시한다. 선택지 ⑤에서 언급된 내용은 가치가 포함되어 있지 않은 단순한 데이터베이스라고 볼 수 있다.

9 다음 중 필요한 정보를 효과적으로 수집하기 위하여 가져야 하는 정보 인식 태도에 대한 설명으로 적절하지 않은 것은 어느 것인가?

① 중요한 정보를 수집하기 위해서는 우선적으로 신뢰관계가 전제가 되어야 한다.

② 정보는 빨리 취득하는 것보다 항상 정보의 질과 내용을 우선시하여야 한다.

③ 단순한 인포메이션을 수집할 것이 아니라 직접적으로 도움을 줄 수 있는 인텔리전스를 수집할 필요가 있다.

④ 수집된 정보를 효과적으로 분류하여 관리할 수 있는 저장 툴을 만들어두어야 한다.

 변화가 심한 시대에는 정보를 빨리 잡는다는 것이 상당히 중요한 포인트가 된다. 때로는 질이나 내용보다는 정보를 남보다 빠르게 잡는 것만으로도 앞설 수 있다. 더군다나 격동의 시대에는 빠른 정보수집이 결정적인 효과를 가져 올 가능성이 클 것이다.

10 다음 중 '유틸리티 프로그램'으로 볼 수 없는 것은 어느 것인가?

① 고객 관리 프로그램

② 바이러스 백신 프로그램

③ 이미지 뷰어 프로그램

④ 동영상 재생 프로그램

 사용자가 컴퓨터를 좀 더 쉽게 사용할 수 있도록 도와주는 소프트웨어(프로그램)를 '유틸리티 프로그램'이라고 하고 통상 '유틸리티'라고 한다. 유틸리티 프로그램은 본격적인 응용 소프트웨어라고 하기에는 크기가 작고 기능이 단순하다는 특징을 가지고 있으며, 사용자가 컴퓨터를 사용하면서 처리하게 되는 여러 가지 작업을 의미한다. 고객 관리 프로그램, 자원 관리 프로그램 등은 대표적인 응용 소프트웨어에 속한다.

Answer 7.① 8.④ 9.② 10.①

11 소프트웨어는 사용권(저작권)에 따라 분류될 수 있다. 다음 중 이에 따라 분류된 소프트웨어의 특징에 대한 설명으로 올바르지 않은 것은 어느 것인가?

① Shareware – 배너 광고를 보는 대가로 무료로 사용하는 소프트웨어

② Freeware – 무료 사용 및 배포, 기간 및 기능에 제한이 없는 누구나 사용할 수 있는 소프트웨어

③ 베타(Beta) 버전 – 정식 버전이 출시되기 전에 프로그램에 대한 일반인의 평가를 받기 위해 제작된 소프트웨어

④ 상용 소프트웨어 – 사용 기간의 제한 없이 무료 사용과 배포가 가능한 프로그램

> (Tip) 상용 소프트웨어는 정해진 금액을 지불하고 정식으로 사용하는 프로그램이다. 한편, 사용 기간의 제한 없이 무료 사용과 배포가 가능한 프로그램은 공개 소프트웨어라고 한다.

12 다음 중 네트워크 관련 장비의 이름과 해당 설명이 올바르게 연결되지 않은 것은 어느 것인가?

① 게이트웨이(Gateway)란 주로 LAN에서 다른 네트워크에 데이터를 보내거나 다른 네트워크로부터 데이터를 받아들이는 데 사용되는 장치를 말한다.

② 허브(Hub)는 네트워크를 구성할 때 각 회선을 통합적으로 관리하여 한꺼번에 여러 대의 컴퓨터를 연결하는 장치를 말한다.

③ 리피터(Repeater)는 네트워크 계층의 연동 장치로, 최적 경로 설정에 이용되는 장치이다.

④ 스위칭 허브(Switching Hub)는 근거리통신망 구축 시 단말기의 집선 장치로 이용하는 스위칭 기능을 가진 통신 장비로, 통신 효율을 향상시킨 허브로 볼 수 있다.

> (Tip) 리피터(Repeater)는 장거리 전송을 위하여 전송 신호를 재생시키거나 출력 전압을 높여주는 장치를 말하며 디지털 데이터의 감쇠 현상을 방지하기 위해 사용된다.
> 네트워크 계층의 연동 장치로서 최적 경로 설정에 이용되는 장치는 라우터(Router)이다.

13 다음 중 컴퓨터에서 사용되는 자료의 물리적 단위가 큰 것부터 순서대로 올바르게 나열된 것은 어느 것인가?

① Word – Byte – Nibble – Bit

② Byte – Word – Nibble – Bit

③ Word – Byte – Bit – Nibble

④ Word – Nibble – Byte – Bit

 데이터의 구성단위는 큰 단위부터 'Database → File → Record → Field → Word → Byte(8Bit) → Nibble(4Bit) → Bit'의 순이다. Bit는 자료를 나타내는 최소의 단위이며, Byte는 문자 표현의 최소 단위로 '1Byte = 8Bit'이다.

14 다음은 '데이터 통합'을 실행하기 위한 방법을 설명하고 있다. 〈보기〉에 설명된 실행 방법 중 올바른 설명을 모두 고른 것은 어느 것인가?

〈보기〉

㉠ 원본 데이터가 변경되면 자동으로 통합 기능을 이용해 구한 계산 결과가 변경되게 할지 여부를 선택할 수 있다.

㉡ 여러 시트에 입력되어 있는 데이터들을 하나로 통합할 수 있으나 다른 통합 문서에 입력되어 있는 데이터를 통합할 수는 없다.

㉢ 통합 기능에서는 표준편차와 분산 함수도 사용할 수 있다.

㉣ 다른 원본 영역의 레이블과 일치하지 않는 레이블이 있는 경우에도 통합 기능을 수행할 수 있다.

① ㉡, ㉢   ② ㉠, ㉢

③ ㉠, ㉡, ㉣   ④ ㉠, ㉢, ㉣

 ㉠ [O] 대화 상자에서 '원본 데이터 연결'을 선택하면 제시된 바와 같은 기능을 실행할 수 있다.

㉡ [×] 통합 문서 내의 다른 워크시트뿐 아니라 다른 통합 문서에 있는 워크시트도 통합할 수 있다.

㉢ [O] 통합 기능에서 사용할 수 있는 함수로는 합계, 개수, 평균, 최대/최솟값, 곱, 숫자 개수, 표준편차, 분산 등이 있다.

㉣ [O]제시된 바와 같은 경우, 별도의 행이나 열이 만들어지게 되므로 통합 기능을 수행할 수 있다.

Answer 11.④ 12.③ 13.① 14.④

15 다음 중 아래와 같은 자료를 '기록(초)' 필드를 이용하여 최길동의 순위를 계산하고자 할 때 C3에 들어갈 함수식으로 올바른 것은 어느 것인가?

	A	B	C
1	이름	기록(초)	순위
2	김길동	53	3
3	최길동	59	4
4	박길동	51	1
5	이길동	52	2
6			

① = RANK(B3,$B$2:$B$5,1)   ② = RANK(B3,$B$2:$B$5,0)

③ = RANK(B3,$B$2:B5,1)   ④ = RANK(B3,B2:$B$5,0)

 RANK 함수는 지정 범위에서 인수의 순위를 구할 때 사용하는 함수이다. 결정 방법은 수식의 맨 뒤에 0을 입력하거나 생략할 경우 내림차순, 0 이외의 값은 오름차순으로 표시하게 되며 결과값에 해당하는 필드의 범위를 지정할 때에는 절대 주소로 지정한다.

16 워크시트에서 다음 〈보기〉의 표를 참고로 55,000원에 해당하는 할인율을 'C6'셀에 구하고자 할 때의 적절한 수식은 어느 것인가?

	A	B	C	D	E	F
1		〈보기〉				
2		금액	30,000	50,000	80,000	150,000
3		할인율	3%	7%	10%	15%
4						
5		금액	55,000			
6		할인율	7%			
7						

① = VLOOKUP(C5,C2:F2,C3:F3)

② = LOOKUP(C5,C2:F2,C3:F3)

③ = HLOOKUP(C5,C2:F2,C3:F3)

④ = LOOKUP(C6,C2:F2,C3:F3)

 LOOKUP 함수에 대한 설명이다. LOOKUP 함수는 찾을 값을 범위의 첫 행 또는 첫 열에서 찾은 후 범위의 마지막 행 또는 열의 같은 위치에 있는 값을 구하는 것으로, 수식은 '= LOOKUP(찾을 값, 범위, 결과 범위)'가 된다.

17 길동이는 이번 달 사용한 카드 사용금액을 시기별, 항목별로 다음과 같이 정리하였다. 항목별 단가를 확인한 후 D2 셀에 함수식을 넣어 D5까지 드래그를 하여 결과값을 알아보고자 한다. 길동이가 D2 셀에 입력해야 할 함수식으로 적절한 것은 어느 것인가?

	A	B	C	D	E
1	시기	항목	횟수	사용금액(원)	
2	1주	식비	10		
3	2주	의류 구입	3		
4	3주	교통비	12		
5	4주	식비	8		
6					
7	항목	단가			
8	식비	6,500			
9	의류 구입	43,000			
10	교통비	3,500			
11					

① =C2*HLOOKUP(B2,$A$8:$B$10,2,0)

② =B2*HLOOKUP(C2,$A$8:$B$10,2,0)

③ =B2*VLOOKUP(B2,$A$8:$B$10,2,0)

④ =C2*VLOOKUP(B2,$A$8:$B$10,2,0)

  VLOOKUP은 범위의 첫 열에서 찾을 값에 해당하는 데이터를 찾은 후 찾을 값이 있는 행에서 열 번호 위치에 해당하는 데이터를 구하는 함수이다. 단가를 찾아 연결하기 위해서는 열에 대하여 '항목'을 찾아 단가를 구하게 되므로 VLOOKUP 함수를 사용해야 한다.

VLOOKUP(B2,$A$8:$B$10,2,0)은 'A8:B10' 영역의 첫 열에서 '식비'에 해당하는 데이터를 찾아 2열에 있는 단가 값인 6500을 선택하게 된다(TRUE(1) 또는 생략할 경우, 찾을 값의 아래로 근삿값, FALSE(0)이면 정확한 값을 표시한다).

따라서 '=C2*VLOOKUP(B2,$A$8:$B$10,2,0)'은 10×6500이 되어 결과 값은 65,000이 되며, 이를 D5까지 드래그하면, 각각 129,000, 42,000, 52,000의 사용금액을 결과 값으로 나타내게 된다.

18 다음 그림에서 A6 셀에 수식 '=$A$1+$A2'를 입력한 후 다시 A6 셀을 복사하여 C6와 C8에 각각 붙여넣기를 하였을 경우, (A)와 (B)에 나타나게 되는 숫자의 합은 얼마인가?

	A	B	C	D
1	7	2	8	
2	3	3	8	
3	1	5	7	
4	2	5	2	
5				
6			(A)	
7				
8			(B)	
9				

① 12
② 14
③ 16
④ 19

 '$'는 다음에 오는 셀 기호를 고정값으로 묶어 두는 기능을 하게 된다. A6 셀을 복사하여 C6 셀에 붙이게 되면, 'A'셀이 고정값으로 묶여 있어 (A)에는 A6 셀과 같은 '$A$1+$A2'의 값 10이 입력된다. (B)에는 '$'로 묶여 있지 않은 2행의 값 대신에 4행의 값이 대응될 것이다. 따라서 '$A$1+$A4'의 값인 9가 입력된다. 따라서 (A)와 (B)의 합은 19가 된다.

19 다음과 같은 네 명의 카드 사용실적에 관한 자료를 토대로 한 함수식의 결과값이 동일한 것을 〈보기〉에서 모두 고른 것은 어느 것인가?

	A	B	C	D	E	F
1		갑	을	병	정	
2	1일 카드사용 횟수	6	7	3	5	
3	평균 사용금액	8,500	7,000	12,000	10,000	
4						

〈보기〉

㉠ =COUNTIF(B2:E2,"◇"&E2)

㉡ =COUNTIF(B2:E2,">3")

㉢ =INDEX(A1:E3,2,4)

㉣ =TRUNC(SQRT(C2),2)

① ㉠, ㉡, ㉢

② ㉠, ㉡, ㉣

③ ㉠, ㉢, ㉣

④ ㉡, ㉢, ㉣

 ㉠ COUNTIF는 범위에서 해당 조건을 만족하는 셀의 개수를 구하는 함수이다. 따라서 '
    B2:E2' 영역에서 E2의 값인 5와 같지 않은 셀의 개수를 구하면 3이 된다.
㉡ 'B2:E2' 영역에서 3을 초과하는 셀의 개수를 구하면 3이 된다.
㉢ INDEX는 표나 범위에서 지정된 행 번호와 열 번호에 해당하는 데이터를 구하는 함수이
    다. 따라서 'A1:E3' 영역에서 2행 4열에 있는 데이터를 구하면 3이 된다.
㉣ TRUNC는 지정한 자릿수 미만을 버리는 함수이며, SQRT(인수)는 인수의 양의 제곱근을
    구하는 함수이다. 따라서 'C2' 셀의 값 7의 제곱근을 구하면 2.645751이 되고,
    2.645751에서 소수점 2자리만 남기고 나머지는 버리게 되어 결과 값은 2.64가 된다.
따라서 ㉠, ㉡, ㉢은 모두 3의 결과 값을 갖는 것을 알 수 있다.

20 다음과 같은 자료를 참고할 때, F3 셀에 들어갈 수식으로 알맞은 것은 어느 것인가?

	A	B	C	D	E	F	G
1	이름	소속	수당(원)		구분	인원 수	
2	김○○	C팀	160,000		총 인원	12	
3	이○○	A팀	200,000		평균 미만	6	
4	홍○○	D팀	175,000		평균 이상	6	
5	강○○	B팀	155,000				
6	남○○	D팀	170,000				
7	서○○	B팀	195,000				
8	조○○	A팀	190,000				
9	염○○	C팀	145,000				
10	신○○	A팀	200,000				
11	권○○	B팀	190,000				
12	강○○	C팀	160,000				
13	노○○	A팀	220,000				
14							

① =COUNTIF(C2:C13,"〈"&AVERAGE(C2:C13))

② =COUNT(C2:C13,"〈"&AVERAGE(C2:C13))

③ =COUNTIF(C2:C13,"〈","&"AVERAGE(C2:C13))

④ =COUNT(C2:C13,"〉"&AVERAGE(C2:C13))

> (Tip) COUNTIF 함수는 통계함수로서 범위에서 조건에 맞는 셀의 개수를 구할 때 사용된다.
> =COUNTIF(C2:C13,"〈"&AVERAGE(C2:C13))의 수식은 AVERAGE 함수로 평균 금액을 구한 후, 그 금액보다 적은 개수를 세게 된다.
> COUNT 함수는 범위 내에서 숫자가 포함된 셀의 개수를 구하는 함수이다.

21 다음 자료를 참고할 때, B7 셀에 '=SUM(B2:CHOOSE(2,B3,B4,B5))'의 수식을 입력했을 때 표시되는 결과값으로 올바른 것은 어느 것인가?

	A	B	C
1	이름	성과 점수	
2	오○○	85	
3	민○○	90	
4	백○○	92	
5	최○○	88	
6			
7	부분 합계		
8			

① 175   ② 355

③ 267   ④ 177

CHOOSE 함수는 'CHOOSE(인수,값1,값2,…)'과 같이 표시하며, 인수의 번호에 해당하는 값을 구하게 된다. 다시 말해, 인수가 1이면 값1을, 인수가 2이면 값2를 선택하게 된다. 따라서 두 번째 인수인 B4가 해당되어 B2:B4의 합계를 구하게 되므로 정답은 267이 된다.

22 다음 중 'D10'셀에 '셔츠' 판매금액의 평균을 계산하는 수식으로 적절한 것은 어느 것인가?

	A	B	C	D	E
1	제품명	단가	수량	판매 금액	
2	셔츠	26,000	10	260,000	
3	바지	32,000	15	480,000	
4	셔츠	28,000	12	336,000	
5	신발	52,000	20	1,040,000	
6	신발	58,000	18	1,044,000	
7	바지	35,000	20	700,000	
8	셔츠	33,000	24	792,000	
9					
10	셔츠 판매금액의 평균				
11					

① =DCOUNT(A1:D8,D1,A1:A2)

② =DAVERAGE(A1:D8,D1,A1:A2)

③ =AVERAGE(A1:D8,D1,A1:A2)

④ =DCOUNT(A1:D8,A1:A2)

 DAVERAGE 함수는 범위에서 조건에 맞는 레코드 필드 열에 있는 값의 평균을 계산할 때 사용한다. 사용되는 수식은 '=DAVERAGE(범위, 열 번호, 조건)'이다.
따라서 '=DAVERAGE(A1:D8,D1,A1:A2)'와 같은 수식을 입력해야 한다.

Answer 20.① 21.③ 22.②

23 다음과 같이 매장별 판매금액을 정리하여 A매장의 판매 합계금액을 별도로 계산하고자 한다. 'B11' 셀에 들어가야 할 수식으로 알맞은 것은 어느 것인가?

	A	B	C
1	매장명	판매 금액(원)	
2	A매장	180,000	
3	B매장	190,000	
4	B매장	200,000	
5	C매장	150,000	
6	A매장	100,000	
7	A매장	220,000	
8	C매장	140,000	
9			
10	매장명	합계 금액	
11	A매장		
12			

① =SUMIF(A2:A8, A11, B2:B8)

② =SUMIF(A2:B8, A11, B2:B8)

③ =SUMIF(A1:B8, A11, B1:B8)

④ =SUMIF(A2:A8, A11, B1:B8)

 SUMIF 함수는 주어진 조건에 의해 지정된 셀들의 합을 구할 때 사용하는 함수이다. '=SUMIF(범위, 함수조건, 합계범위)'로 표시하게 된다. 따라서 찾고자 하는 이름의 범위인 A2:A8, 찾고자 하는 이름(조건)인 A11, 합계를 구해야 할 범위인 B2:B8을 순서대로 기재한 '=SUMIF(A2:A8, A11, B2:B8)'가 올바른 수식이 된다.

24 다음은 엑셀의 사용자 지정 표시 형식과 그 코드를 설명하는 표이다. ㉠~㉣ 중 올바른 설명이 아닌 것은 어느 것인가?

년	yy	연도를 뒤의 두 자리로 표시
	yyyy	연도를 네 자리로 표시
월	m	월을 1~12로 표시
	mm	월을 01~12로 표시
	mmm	월을 001~012로 표시 → ㉠
	mmmm	월을 January~December로 표시
일	d	일을 1~31로 표시
	dd	일을 01~31로 표시 → ㉡
요일	ddd	요일을 Sun~Sat로 표시
	dddd	요일을 Sunday~Saturday로 표시
	aaa	요일을 월~일로 표시
	aaaa	요일을 월요일~일요일로 표시 → ㉢
시	h	시간을 0~23으로 표시
	hh	시간을 00~23으로 표시 → ㉣

① ㉠

② ㉡

③ ㉢

④ ㉣

(Tip) '월'을 표시하는 'mmm'은 월을 'Jan~Dec'로 표시한다는 의미이다.

|25~26| 다음 H상사의 물류 창고별 책임자와 각 창고 내 재고 물품의 코드 목록을 보고 이어지는 질문에 답하시오.

책임자	코드번호	책임자	코드번호
정 대리	11082D0200400135	강 대리	11056N0401100030
오 사원	12083F0200901009	윤 대리	11046O0300900045
권 사원	11093F0200600100	양 사원	11053G0401201182
민 대리	12107P0300700085	박 사원	12076N0200700030
최 대리	12114H0601501250	변 대리	12107Q0501300045
엄 사원	12091C0200500835	이 사원	11091B0100200770
홍 사원	11035L0601701005	장 사원	12081B0100101012

예시) 2011년 8월에 독일 액손 사에서 생산된 검정색 원단의 500번째 입고 제품

→ 1108 - 4H - 02005 - 00500

생산 연월	생산지		물품 코드			입고품 수량
	원산지 코드	제조사 코드	분야 코드		세부 코드	
예시; 2011년 10월 – 1110 2009년 1월 – 0901	1 미국	A 스카이	01 소품		001 폴리백	00001부터 다섯 자리 시리얼 넘버가 부여됨.
		B 영스			002 포스터	
		C 세븐럭	02 원단		003 빨강	
	2 일본	D 히토리			004 노랑	
		E 노바라			005 검정	
	3 중국	F 왕청			006 초록	
		G 메이	03 철제		007 외장재	
	4 독일	H 액손			008 내장재	
		I 바이스			009 프레임	
		J 네오	04 플라스틱		010 이음쇠	
	5 영국	K 페이스			011 공구	
		L S-10			012 팻치	
		M 마인스	05 포장구		013 박스	
	6 태국	N 홍챠			014 스트링	
		O 덕홍	06 라벨류		015 라벨지	
	7 베트남	P 비엣퐁			016 인쇄물	
		Q 응산			017 내지	

25 재고물품 중 2011년 영국 '페이스' 사에서 생산된 철제 프레임의 코드로 알맞은 것은 어느 것인가?

① 11035K0300901201

② 12025K0300800200

③ 11055K0601500085

④ 12074H0501400100

 제조 시기는 11xx이며, 원산지와 제조사 코드는 5K, 철제 프레임은 03009가 되어야 한다.

26 다음 중 생산지(국가)가 동일한 물품을 보관하는 물류 창고의 책임자들로 알맞게 짝지어진 것은 어느 것인가?

① 엄 사원, 변 대리

② 정 대리, 윤 대리

③ 오 사원, 양 사원

④ 민 대리, 박 사원

 생산지는 영문 알파벳 코드 바로 앞자리이므로 오 사원과 양 사원이 모두 3으로 중국에서 생산된 물품을 보관하고 있음을 확인할 수 있다.

Answer → 25.① 26.③

┃27~28┃ 다음은 R사에서 수입하는 가구류의 제품 코드 체계이다. 표를 보고 이어지는 질문에 답하시오.

예시) 2019년 12월에 생산된 미국 Hickory 사의 킹 사이즈 침대 104번째 입고 제품
→ 1912 - 1C - 02003 - 00104

생산 연월	공급자				입고 분류			입고품 수량
	원산지 코드		생산자 코드		제품 코드		용도별 코드	
2018년 3월 – 1803 2019년 10월 – 1910	1	미국	A	LADD	01	의자	001	거실	00001부터 다섯 자리 시리얼 넘버가 부여됨.
	1	미국	B	Drexel	01	의자	002	침실	
	1	미국	C	Hickory	02	침대	003	킹	
	2	독일	D	Heritage	02	침대	004	퀸	
	2	독일	E	Easy wood	02	침대	005	더블	
	3	영국	F	LA-Z-BOY			006	트윈	
	3	영국	G	Joal	03	장	007	옷장	
	4	스웨덴	H	Larkswood	03	장	008	장식장	
	4	스웨덴	I	Pinetree			009	코너장	
	4	스웨덴	J	Road-7			010	조명	
	5	이태리	K	QinQin	04	소품	011	촛대	
	5	이태리	L	Furniland	04	소품	012	서랍장	
	5	이태리	M	Omphatic					
	6	프랑스	N	Nine-bed					
	6	프랑스	O	Furni Fran					

27 R사는 입고 제품 중 원산지 마크 표기상의 문제를 발견하여 스웨덴에서 수입한 제품과 침대류 제품을 모두 재처리하고자 한다. 다음 중 재처리 대상 제품의 제품 코드가 아닌 것은 어느 것인가?

① 18054J03008100010

② 19012D0200600029

③ 18116N0401100603

④ 19054H0100202037

 스웨덴에서 수입한 제품은 제품 코드 다섯 번째 자리로 4를 갖게 되며, 침대류는 일곱 번째와 여덟 번째 자리로 02를 갖게 된다. 따라서 이 두 가지 코드에 모두 해당되지 않는 18116N0401100603은 재처리 대상 제품이 아니다.

28 제품 코드가 19103F0401200115인 제품에 대한 설명으로 올바르지 않은 것은 어느 것인가?

① 해당 제품보다 먼저 입고된 제품은 100개 이상이다.

② 유럽에서 생산된 제품이다.

③ 봄에 생산된 제품이다.

④ 침대와 의자류 제품이 아니다.

 생산 코드가 1910이므로 2019년 10월에 생산된 것이므로 봄에 생산된 것이 아니다.
① 115번째 입고 제품이므로 먼저 입고된 제품은 114개가 있다.
② 3F이므로 영국의 LA-Z-BOY사에서 생산된 제품이다.
④ 소품(04)의 서랍장(012) 제품에 해당한다.

Answer␈ 27.③ 28.③

❙29~30❙ H회사에 입사하여 시스템 모니터링 업무를 담당하게 되었다. 다음 시스템 매뉴얼을 확인한 후 각 물음에 답하시오.

〈입력 방법〉

항목	세부사항
Index ## of File @@	• 오류 문자: 'Index' 뒤에 오는 문자 '##' • 오류 발생 위치: File 뒤에 오는 문자 '@@'
Error Value	• 오류 문자와 오류 발생 위치를 의미하는 문자에 사용된 단어의 처음과 끝 알파벳을 아라비아 숫자(1, 2, 3 ~)에 대입한 합을 서로 비교하여 그 차이를 확인
Final Code	• Error Value를 통하여 시스템 상태 판단

* 'APPLE'의 Error Value 값은 A(1)+E(5)=6이다.

〈시스템 상태 판단 기준〉

판단 기준	Final Code
숫자에 대입한 두 합의 차이 = 0	raffle
0 < 숫자에 대입한 두 합의 차이 ≤ 5	acejin
5 < 숫자에 대입한 두 합의 차이 ≤ 10	macquin
10 < 숫자에 대입한 두 합의 차이 ≤ 15	phantus
15 < 숫자에 대입한 두 합의 차이	vuritam

29

```
System is processing requests...
System Code is S.
Run...


Error Found!
Index RWDRIVE of File ACROBAT.


Final Code? _____
```

① raffle   ② acejin
③ macquin   ④ phantus

 ② Error Value에 따라, RWDRIVE에서 18(R) + 5(E) = 23, ACROBAT에서 1(A) + 20(T) = 21이므로 그 차이는 2이다. 따라서 시스템 판단 기준에 따라 Final Code 값은 acejin이 된다.

30

```
System is processing requests...
System Code is S.
Run...


Error Found!
Index STEDONAV of File QNTKSRYRHD.


Final Code? _____
```

① raffle   ② acejin
③ macquin   ④ vuritam

 Error Value에 따라, STEDONAV에서 19(S) + 22(V) = 41, QNTKSRYRHD에서 17(Q) + 4(D) = 21이므로 그 차이는 20이다. 따라서 시스템 판단 기준에 따라 Final Code는 vuritam이 된다.

Answer 29.② 30.④

PART

IV

인성검사

01 인성검사의 개요

1 허구성 척도의 질문을 파악한다.

인성검사의 질문에는 허구성 척도를 측정하기 위한 질문이 숨어있음을 유념해야 한다. 예를 들어 '나는 지금까지 거짓말을 한 적이 없다.' '나는 한 번도 화를 낸 적이 없다.' '나는 남을 헐뜯거나 비난한 적이 한 번도 없다.' 이러한 질문이 있다고 가정해보자. 상식적으로 보통 누구나 태어나서 한번은 거짓말을 한 경험은 있을 것이며 화를 낸 경우도 있을 것이다. 또한 대부분의 구직자가 자신을 좋은 인상으로 포장하는 것도 자연스러운 일이다. 따라서 허구성을 측정하는 질문에 다소 서슴으로 '그렇다'라고 답하는 것은 전혀 문제가 되지 않는다. 하지만 지나치게 좋은 성격을 염두에 두고 허구성을 측정하는 질문에 전부 '그렇다'고 대답을 한다면 허구성 척도의 득점이 극단적으로 높아지며 이는 검사항목전체에서 구직자의 성격이나 특성이 반영되지 않았음을 나타내 불성실한 답변으로 신뢰성이 의심받게 되는 것이다. 다시 한 번 인성검사의 문항은 각 개인의 특성을 알아보고자 하는 것으로 절대적으로 옳거나 틀린 답이 없으므로 결과를 지나치게 의식하여 솔직하게 응답하지 않으면 과장 반응으로 분류될 수 있음을 기억하자!

2 '대체로', '가끔' 등의 수식어를 확인한다.

'대체로', '종종', '가끔', '항상', '대개' 등의 수식어는 대부분의 인성검사에서 자주 등장한다. 이러한 수식어가 붙은 질문을 접했을 때 구직자들은 조금 고민하게 된다. 하지만 아직 답해야 할 질문들이 많음을 기억해야 한다. 다만, 앞에서 '가끔', '때때로'라는 수식어가 붙은 질문이 나온다면 뒤에는 '항상', '대체로'의 수식어가 붙은 내용은 똑같은 질문이 이어지는 경우가 많다. 따라서 자주 사용되는 수식어를 적절히 구분할 줄 알아야 한다.

3 솔직하게 있는 그대로 표현한다.

인성검사는 평범한 일상생활 내용들을 다룬 짧은 문장과 어떤 대상이나 일에 대한 선호를 선택하는 문장으로 구성되었으므로 평소에 자신이 생각한 바를 너무 골똘히 생각하지 말고 문제를 보는 순간 떠오른 것을 표현한다. 또한 간혹 반복되는 문제들이 출제되기 때문에 일관성 있게 답하지 않으면 감점될 수 있으므로 유의한다.

4 모든 문제를 신속하게 대답한다.

인성검사는 시간제한이 없는 것이 원칙이지만 기업체들은 일정한 시간제한을 두고 있다. 인성검사는 개인의 성격과 자질을 알아보기 위한 검사이기 때문에 정답이 없다. 다만, 기업체에서 바람직하게 생각하거나 기대되는 결과가 있을 뿐이다. 따라서 시간에 쫓겨서 대충 대답을 하는 것은 바람직하지 못하다.

5 자신의 성향과 사고방식을 미리 정리한다.

기업의 인재상을 기초로 하여 일관성, 신뢰성, 진실성 있는 답변을 염두에 두고 꼼꼼히 풀다 보면 분명 시간의 촉박함을 느낄 것이다. 따라서 각각의 질문을 너무 골똘히 생각하거나 고민하지 말자. 대신 시험 전에 여유 있게 자신의 성향이나 사고방식에 대해 정리해보는 것이 필요하다.

6 마지막까지 집중해서 검사에 임한다.

장시간 진행되는 검사에 지칠 수 있으므로 마지막까지 집중해서 정확히 답할 수 있도록 해야 한다.

02 실전 인성검사

>> 예시 1

|1~200| 다음 제시된 문항이 당신에게 해당한다면 YES, 그렇지 않다면 NO를 선택하시오.

	YES	NO
1. 조금이라도 나쁜 소식은 절망의 시작이라고 생각해버린다.	( )	( )
2. 언제나 실패가 걱정이 되어 어쩔 줄 모른다.	( )	( )
3. 다수결의 의견에 따르는 편이다.	( )	( )
4. 혼자서 커피숍에 들어가는 것은 전혀 두려운 일이 아니다.	( )	( )
5. 승부근성이 강하다.	( )	( )
6. 자주 흥분해서 침착하지 못하다.	( )	( )
7. 지금까지 살면서 타인에게 폐를 끼친 적이 없다.	( )	( )
8. 소곤소곤 이야기하는 것을 보면 자기에 대해 험담하고 있는 것으로 생각된다.	( )	( )
9. 무엇이든지 자기가 나쁘다고 생각하는 편이다.	( )	( )
10. 자신을 변덕스러운 사람이라고 생각한다.	( )	( )
11. 고독을 즐기는 편이다.	( )	( )
12. 자존심이 강하다고 생각한다.	( )	( )
13. 금방 흥분하는 성격이다.	( )	( )
14. 거짓말을 한 적이 없다.	( )	( )
15. 신경질적인 편이다.	( )	( )
16. 끙끙대며 고민하는 타입이다.	( )	( )
17. 감정적인 사람이라고 생각한다.	( )	( )
18. 자신만의 신념을 가지고 있다.	( )	( )
19. 다른 사람을 바보 같다고 생각한 적이 있다.	( )	( )
20. 금방 말해버리는 편이다.	( )	( )
21. 싫어하는 사람이 없다.	( )	( )
22. 대재앙이 오지 않을까 항상 걱정을 한다.	( )	( )
23. 쓸데없는 고생을 사서 하는 일이 많다.	( )	( )
24. 자주 생각이 바뀌는 편이다.	( )	( )

25. 문제점을 해결하기 위해 여러 사람과 상의한다. ·····························( )( )

26. 내 방식대로 일을 한다. ···( )( )

27. 영화를 보고 운 적이 많다. ···( )( )

28. 어떤 것에 대해서도 화낸 적이 없다. ·····································( )( )

29. 사소한 충고에도 걱정을 한다. ··( )( )

30. 자신은 도움이 안되는 사람이라고 생각한다. ····························( )( )

31. 금방 싫증을 내는 편이다. ···( )( )

32. 개성적인 사람이라고 생각한다. ··( )( )

33. 자기 주장이 강한 편이다. ···( )( )

34. 산만하다는 말을 들은 적이 있다. ···( )( )

35. 학교를 쉬고 싶다고 생각한 적이 한 번도 없다. ·······················( )( )

36. 사람들과 관계맺는 것을 보면 잘하지 못한다. ··························( )( )

37. 사려깊은 편이다. ···( )( )

38. 몸을 움직이는 것을 좋아한다. ··( )( )

39. 끈기가 있는 편이다. ···( )( )

40. 신중한 편이라고 생각한다. ··( )( )

41. 인생의 목표는 큰 것이 좋다. ···( )( )

42. 어떤 일이라도 바로 시작하는 타입이다. ·································( )( )

43. 낯가림을 하는 편이다. ··( )( )

44. 생각하고 나서 행동하는 편이다. ···( )( )

45. 쉬는 날은 밖으로 나가는 경우가 많다. ·································( )( )

46. 시작한 일은 반드시 완성시킨다. ···( )( )

47. 면밀한 계획을 세운 여행을 좋아한다. ···································( )( )

48. 야망이 있는 편이라고 생각한다. ···( )( )

49. 활동력이 있는 편이다. ··( )( )

50. 많은 사람들과 왁자지껄하게 식사하는 것을 좋아하지 않는다. ········( )( )

51. 돈을 허비한 적이 없다. ···( )( )

52. 운동회를 아주 좋아하고 기대했다. ·······································( )( )

53. 하나의 취미에 열중하는 타입이다. ·······································( )( )

54. 모임에서 회장에 어울린다고 생각한다. ··································( )( )

55. 입신출세의 성공이야기를 좋아한다. ……………………………………………(　)(　)

56. 어떠한 일도 의욕을 가지고 임하는 편이다. ………………………………(　)(　)

57. 학급에서는 존재가 희미했다. …………………………………………………(　)(　)

58. 항상 무언가를 생각하고 있다. …………………………………………………(　)(　)

59. 스포츠는 보는 것보다 하는 게 좋다. …………………………………………(　)(　)

60. '참 잘했네요'라는 말을 듣는다. ………………………………………………(　)(　)

61. 흐린 날은 반드시 우산을 가지고 간다. ………………………………………(　)(　)

62. 주연상을 받을 수 있는 배우를 좋아한다. ……………………………………(　)(　)

63. 공격하는 타입이라고 생각한다. ………………………………………………(　)(　)

64. 리드를 받는 편이다. ……………………………………………………………(　)(　)

65. 너무 신중해서 기회를 놓친 적이 있다. ………………………………………(　)(　)

66. 시원시원하게 움직이는 타입이다. ……………………………………………(　)(　)

67. 야근을 해서라도 업무를 끝낸다. ………………………………………………(　)(　)

68. 누군가를 방문할 때는 반드시 사전에 확인한다. ……………………………(　)(　)

69. 노력해도 결과가 따르지 않으면 의미가 없다. ………………………………(　)(　)

70. 무조건 행동해야 한다. …………………………………………………………(　)(　)

71. 유행에 둔감하다고 생각한다. …………………………………………………(　)(　)

72. 정해진 대로 움직이는 것은 시시하다. ………………………………………(　)(　)

73. 꿈을 계속 가지고 있고 싶다. …………………………………………………(　)(　)

74. 질서보다 자유를 중요시하는 편이다. …………………………………………(　)(　)

75. 혼자서 취미에 몰두하는 것을 좋아한다. ……………………………………(　)(　)

76. 직관적으로 판단하는 편이다. …………………………………………………(　)(　)

77. 영화나 드라마를 보면 등장인물의 감정에 이입된다. ………………………(　)(　)

78. 시대의 흐름에 역행해서라도 자신을 관철하고 싶다. ………………………(　)(　)

79. 다른 사람의 소문에 관심이 없다. ……………………………………………(　)(　)

80. 창조적인 편이다. ………………………………………………………………(　)(　)

81. 비교적 눈물이 많은 편이다. …………………………………………………(　)(　)

82. 융통성이 있다고 생각한다. ……………………………………………………(　)(　)

83. 친구의 휴대전화 번호를 잘 모른다. …………………………………………(　)(　)

84. 스스로 고안하는 것을 좋아한다. ………………………………………………(　)(　)

85. 정이 두터운 사람으로 남고 싶다. ··(   )(   )

86. 조직의 일원으로 별로 안 어울린다. ··(   )(   )

87. 세상의 일에 별로 관심이 없다. ···(   )(   )

88. 변화를 추구하는 편이다. ···(   )(   )

89. 업무는 인간관계로 선택한다. ···(   )(   )

90. 환경이 변하는 것에 구애되지 않는다. ··(   )(   )

91. 불안감이 강한 편이다. ···(   )(   )

92. 인생은 살 가치가 없다고 생각한다. ···(   )(   )

93. 의지가 약한 편이다. ··(   )(   )

94. 다른 사람이 하는 일에 별로 관심이 없다. ····································(   )(   )

95. 사람을 설득시키는 것은 어렵지 않다. ··(   )(   )

96. 심심한 것을 못 참는다. ···(   )(   )

97. 다른 사람을 욕한 적이 한 번도 없다. ··(   )(   )

98. 다른 사람에게 어떻게 보일지 신경을 쓴다. ··································(   )(   )

99. 금방 낙심하는 편이다. ···(   )(   )

100. 다른 사람에게 의존하는 경향이 있다. ··(   )(   )

101. 그다지 융통성이 있는 편이 아니다. ···(   )(   )

102. 다른 사람이 내 의견에 간섭하는 것이 싫다. ······························(   )(   )

103. 낙천적인 편이다. ··(   )(   )

104. 숙제를 잊어버린 적이 한 번도 없다. ··(   )(   )

105. 밤길에는 발소리가 들리기만 해도 불안하다. ······························(   )(   )

106. 상냥하다는 말을 들은 적이 있다. ··(   )(   )

107. 자신은 유치한 사람이다. ···(   )(   )

108. 잡담을 하는 것보다 책을 읽는 게 낫다. ······································(   )(   )

109. 나는 영업에 적합한 타입이라고 생각한다. ··································(   )(   )

110. 술자리에서 술을 마시지 않아도 흥을 돋울 수 있다. ····················(   )(   )

111. 한 번도 병원에 간 적이 없다. ···(   )(   )

112. 나쁜 일은 걱정이 되어서 어쩔 줄을 모른다. ·······························(   )(   )

113. 금세 무기력해지는 편이다. ···(   )(   )

114. 비교적 고분고분한 편이라고 생각한다. ······································(   )(   )

115. 독자적으로 행동하는 편이다. ··( )( )

116. 적극적으로 행동하는 편이다. ··( )( )

117. 금방 감격하는 편이다. ··( )( )

118. 어떤 것에 대해서는 불만을 가진 적이 없다. ···( )( )

119. 밤에 못 잘 때가 많다. ··( )( )

120. 자주 후회하는 편이다. ··( )( )

121. 뜨거워지기 쉽고 식기 쉽다. ··( )( )

122. 자신만의 세계를 가지고 있다. ···( )( )

123. 많은 사람 앞에서도 긴장하는 일은 없다. ··( )( )

124. 말하는 것을 아주 좋아한다. ··( )( )

125. 인생을 포기하는 마음을 가진 적이 한 번도 없다. ···································( )( )

126. 어두운 성격이다. ···( )( )

127. 금방 반성한다. ···( )( )

128. 활동범위가 넓은 편이다. ···( )( )

129. 자신을 끈기 있는 사람이라고 생각한다. ··( )( )

130. 좋다고 생각하더라도 좀 더 검토하고 나서 실행한다. ······························( )( )

131. 위대한 인물이 되고 싶다. ···( )( )

132. 한 번에 많은 일을 떠맡아도 힘들지 않다. ··( )( )

133. 사람과 만날 약속은 부담스럽다. ···( )( )

134. 질문을 받으면 충분히 생각하고 나서 대답하는 편이다. ···························( )( )

135. 머리를 쓰는 것보다 땀을 흘리는 일이 좋다. ···( )( )

136. 결정한 것에는 철저히 구속받는다. ··( )( )

137. 외출 시 문을 잠갔는지 몇 번을 확인한다. ···( )( )

138. 이왕 할 거라면 일등이 되고 싶다. ··( )( )

139. 과감하게 도전하는 타입이다. ··( )( )

140. 자신은 사교적이 아니라고 생각한다. ··( )( )

141. 무심코 도리에 대해서 말하고 싶어진다. ··( )( )

142. '항상 건강하네요'라는 말을 듣는다. ···( )( )

143. 단념하면 끝이라고 생각한다. ··( )( )

144. 예상하지 못한 일은 하고 싶지 않다. ··( )( )

145. 파란만장하더라도 성공하는 인생을 걷고 싶다. ·······························(   )(   )

146. 활기찬 편이라고 생각한다. ···(   )(   )

147. 소극적인 편이라고 생각한다. ···(   )(   )

148. 무심코 평론가가 되어 버린다. ···(   )(   )

149. 자신은 성급하다고 생각한다. ···(   )(   )

150. 꾸준히 노력하는 타입이라고 생각한다. ·································(   )(   )

151. 내일의 계획이라도 메모한다. ···(   )(   )

152. 리더십이 있는 사람이 되고 싶다. ···(   )(   )

153. 열정적인 사람이라고 생각한다. ···(   )(   )

154. 다른 사람 앞에서 이야기를 잘 하지 못한다. ·······················(   )(   )

155. 통찰력이 있는 편이다. ···(   )(   )

156. 엉덩이가 가벼운 편이다. ···(   )(   )

157. 여러 가지로 구애됨이 있다. ···(   )(   )

158. 돌다리도 두들겨 보고 건너는 쪽이 좋다. ······························(   )(   )

159. 자신에게는 권력욕이 있다. ···(   )(   )

160. 업무를 할당받으면 기쁘다. ···(   )(   )

161. 사색적인 사람이라고 생각한다. ···(   )(   )

162. 비교적 개혁적이다. ···(   )(   )

163. 좋고 싫음으로 정할 때가 많다. ···(   )(   )

164. 전통에 구애되는 것은 버리는 것이 적절하다. ·······················(   )(   )

165. 교제 범위가 좁은 편이다. ···(   )(   )

166. 발상의 전환을 할 수 있는 타입이라고 생각한다. ··················(   )(   )

167. 너무 주관적이어서 실패한다. ···(   )(   )

168. 현실적이고 실용적인 면을 추구한다. ·····································(   )(   )

169. 내가 어떤 배우의 팬인지 아무도 모른다. ······························(   )(   )

170. 현실보다 가능성이다. ···(   )(   )

171. 마음이 담겨 있으면 선물은 아무 것이나 좋다. ·····················(   )(   )

172. 여행은 마음대로 하는 것이 좋다. ···(   )(   )

173. 추상적인 일에 관심이 있는 편이다. ·······································(   )(   )

174. 일은 대담히 하는 편이다. ···(   )(   )

175. 괴로워하는 사람을 보면 우선 동정한다. ·······························( )( )

176. 가치기준은 자신의 안에 있다고 생각한다. ·······················( )( )

177. 조용하고 조심스러운 편이다. ·······································( )( )

178. 상상력이 풍부한 편이라고 생각한다. ·······························( )( )

179. 의리, 인정이 두터운 상사를 만나고 싶다. ·······················( )( )

180. 인생의 앞날을 알 수 없어 재미있다. ·······························( )( )

181. 밝은 성격이다. ···( )( )

182. 별로 반성하지 않는다. ···( )( )

183. 활동범위가 좁은 편이다. ···( )( )

184. 자신을 시원시원한 사람이라고 생각한다. ·······················( )( )

185. 좋다고 생각하면 바로 행동한다. ···································( )( )

186. 좋은 사람이 되고 싶다. ···( )( )

187. 한 번에 많은 일을 떠맡는 것은 골칫거리라고 생각한다. ·······( )( )

188. 사람과 만날 약속은 즐겁다. ···( )( )

189. 질문을 받으면 그때의 느낌으로 대답하는 편이다. ···············( )( )

190. 땀을 흘리는 것보다 머리를 쓰는 일이 좋다. ·····················( )( )

191. 결정한 것이라도 그다지 구속받지 않는다. ·······················( )( )

192. 외출 시 문을 잠갔는지 별로 확인하지 않는다. ·················( )( )

193. 지위에 어울리면 된다. ···( )( )

194. 안전책을 고르는 타입이다. ···( )( )

195. 자신은 사교적이라고 생각한다. ·····································( )( )

196. 도리는 상관없다. ···( )( )

197. '침착하네요'라는 말을 듣는다. ·····································( )( )

198. 단념이 중요하다고 생각한다. ·······································( )( )

199. 예상하지 못한 일도 해보고 싶다. ···································( )( )

200. 평범하고 평온하게 행복한 인생을 살고 싶다. ·····················( )( )

>> 예시 2

▌1~35▌ 다음 주어진 보기 중에서 자신과 가장 가깝다고 생각하는 것은 'ㄱ'에 표시하고, 자신과 가장 멀다고 생각하는 것은 'ㅁ'에 표시하시오.

1
① 모임에서 리더에 어울리지 않는다고 생각한다.
② 착실한 노력으로 성공한 이야기를 좋아한다.
③ 어떠한 일에도 의욕이 없이 임하는 편이다.
④ 학급에서는 존재가 두드러졌다.

| ㄱ | ① ② ③ ④ |
| ㅁ | ① ② ③ ④ |

2
① 아무것도 생각하지 않을 때가 많다.
② 스포츠는 하는 것보다는 보는 게 좋다.
③ 성격이 급한 편이다.
④ 비가 오지 않으면 우산을 가지고 가지 않는다.

| ㄱ | ① ② ③ ④ |
| ㅁ | ① ② ③ ④ |

3
① 1인자보다는 조력자의 역할을 좋아한다.
② 의리를 지키는 타입이다.
③ 리드를 하는 편이다.
④ 남의 이야기를 잘 들어준다.

| ㄱ | ① ② ③ ④ |
| ㅁ | ① ② ③ ④ |

4
① 여유 있게 대비하는 타입이다.
② 업무가 진행 중이라도 야근을 하지 않는다.
③ 즉흥적으로 약속을 잡는다.
④ 노력하는 과정이 결과보다 중요하다.

| ㄱ | ① ② ③ ④ |
| ㅁ | ① ② ③ ④ |

5

① 무리해서 행동할 필요는 없다.

② 유행에 민감하다고 생각한다.

③ 정해진 대로 움직이는 편이 안심된다.

④ 현실을 직시하는 편이다.

ㄱ	① ② ③ ④
ㅁ	① ② ③ ④

6

① 자유보다 질서를 중요시하는 편이다.

② 사람들과 이야기하는 것을 좋아한다.

③ 성험에 비수어 판단하는 편이다.

④ 영화나 드라마는 각본의 완성도나 화면구성에 주목한다.

ㄱ	① ② ③ ④
ㅁ	① ② ③ ④

7

① 혼자 자유롭게 생활하는 것이 편하다.

② 다른 사람의 소문에 관심이 많다.

③ 실무적인 편이다.

④ 비교적 냉정한 편이다.

ㄱ	① ② ③ ④
ㅁ	① ② ③ ④

8

① 협조성이 있다고 생각한다.

② 친한 친구의 휴대폰 번호는 대부분 외운다.

③ 정해진 순서에 따르는 것을 좋아한다.

④ 이성적인 사람으로 남고 싶다.

ㄱ	① ② ③ ④
ㅁ	① ② ③ ④

9

① 단체 생활을 잘 한다.
② 세상의 일에 관심이 많다.
③ 안정을 추구하는 편이다.
④ 도전하는 것이 즐겁다.

ㄱ	① ② ③ ④
ㅁ	① ② ③ ④

10

① 되도록 환경은 변하지 않는 것이 좋다.
② 밝은 성격이다.
③ 지나간 일에 연연하지 않는다.
④ 활동범위가 좁은 편이다.

ㄱ	① ② ③ ④
ㅁ	① ② ③ ④

11

① 자신을 시원시원한 사람이라고 생각한다.
② 좋다고 생각하면 바로 행동한다.
③ 세상에 필요한 사람이 되고 싶다.
④ 한 번에 많은 일을 떠맡는 것은 골칫거리라고 생각한다.

ㄱ	① ② ③ ④
ㅁ	① ② ③ ④

12

① 사람과 만나는 것이 즐겁다.
② 질문을 받으면 그때의 느낌으로 대답하는 편이다.
③ 땀을 흘리는 것보다 머리를 쓰는 일이 좋다.
④ 이미 결정된 것이라도 그다지 구속받지 않는다.

ㄱ	① ② ③ ④
ㅁ	① ② ③ ④

13

① 외출시 문을 잠갔는지 잘 확인하지 않는다.
② 권력욕이 있다.
③ 안전책을 고르는 타입이다.
④ 자신이 사교적이라고 생각한다.

ㄱ	① ② ③ ④
ㅁ	① ② ③ ④

14

① 예절 · 규칙 · 법 따위에 민감하다.
② '참 착하네요'라는 말을 자주 듣는다.
③ 내기 즐기운 깃이 최고다.
④ 누구도 예상하지 못한 일을 해보고 싶다.

ㄱ	① ② ③ ④
ㅁ	① ② ③ ④

15

① 평범하고 평온하게 행복한 인생을 살고 싶다.
② 모험하는 것이 좋다.
③ 특별히 소극적이라고 생각하지 않는다.
④ 이것저것 평하는 것이 싫다.

ㄱ	① ② ③ ④
ㅁ	① ② ③ ④

16

① 자신은 성급하지 않다고 생각한다.
② 꾸준히 노력하는 것을 잘 하지 못한다.
③ 내일의 계획을 미리 머릿속에 기억한다.
④ 협동성이 있는 사람이 되고 싶다.

ㄱ	① ② ③ ④
ㅁ	① ② ③ ④

17

① 열정적인 사람이라고 생각하지 않는다.

② 다른 사람 앞에서 이야기를 잘한다.

③ 행동력이 있는 편이다.

④ 엉덩이가 무거운 편이다.

ㄱ	① ② ③ ④
ㅁ	① ② ③ ④

18

① 특별히 구애받는 것이 없다.

② 돌다리는 두들겨 보지 않고 건너도 된다.

③ 새로운 제품이 출시되면 가장 먼저 구매하고 싶다.

④ 업무를 할당받으면 부담스럽다.

ㄱ	① ② ③ ④
ㅁ	① ② ③ ④

19

① 활동적인 사람이라고 생각한다.

② 비교적 보수적이다.

③ 차가워 보인다는 말을 자주 듣는다.

④ 감정표현에 서툴다.

ㄱ	① ② ③ ④
ㅁ	① ② ③ ④

20

① 교제 범위가 넓은 편이다.

② 상식적인 판단을 할 수 있는 타입이라고 생각한다.

③ 너무 객관적이어서 실패한다.

④ 보수적인 면을 추구한다.

ㄱ	① ② ③ ④
ㅁ	① ② ③ ④

21

① 내가 어떤 연예인의 팬인지 주변의 사람들이 안다.

② 가능성을 크게 생각한다.

③ 합리적인 결정을 추구한다.

④ 여행은 계획적으로 하는 것이 좋다.

ㄱ	① ② ③ ④
ㅁ	① ② ③ ④

22

① 구체적인 일에 관심이 있는 편이다.

② 일은 착실히 하는 편이다.

③ 괴로워하는 사람을 보면 우선 이유를 생각한다.

④ 사회가 정한 범주 내에서 생각한다.

ㄱ	① ② ③ ④
ㅁ	① ② ③ ④

23

① 밝고 개방적인 편이다.

② 현실 인식을 잘하는 편이라고 생각한다.

③ 공평하고 공적인 상사를 만나고 싶다.

④ 시시해도 계획적인 인생이 좋다.

ㄱ	① ② ③ ④
ㅁ	① ② ③ ④

24

① 손재주가 있는 편이다.

② 사물에 대해 가볍게 생각하는 경향이 있다.

③ 계획을 정확하게 세워서 행동하는 것을 못한다.

④ 주변의 일을 여유 있게 해결한다.

ㄱ	① ② ③ ④
ㅁ	① ② ③ ④

25

① 생각했다고 해서 꼭 행동으로 옮기는 것은 아니다.

② 목표 달성에 별로 구애받지 않는다.

③ 경쟁하는 것을 좋아한다.

④ 정해진 친구만 교제한다.

ㄱ	① ② ③ ④
ㅁ	① ② ③ ④

26

① 활발한 사람이라는 말을 듣는 편이다.

② 자주 기회를 놓치는 편이다.

③ 단념하는 것이 필요할 때도 있다.

④ 학창시절 체육수업을 못했다.

ㄱ	① ② ③ ④
ㅁ	① ② ③ ④

27

① 결과보다 과정이 중요하다.

② 자기 능력의 범위 내에서 정확히 일을 하고 싶다.

③ 새로운 사람을 만나는 것은 즐겁다.

④ 차분하고 사려 깊은 사람을 동경한다.

ㄱ	① ② ③ ④
ㅁ	① ② ③ ④

28

① 음식점에 가면 늘 먹는 음식만 시킨다.

② 여러 가지 일을 경험하고 싶다.

③ 스트레스를 해소하기 위해 집에서 조용히 지낸다.

④ 늘 계획만 거창하다.

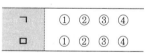

ㄱ	① ② ③ ④
ㅁ	① ② ③ ④

29

① 무리한 도전을 할 필요는 없다고 생각한다.
② 남의 앞에 나서는 것을 잘 한다.
③ 납득이 안 되면 행동이 안 된다.
④ 약속시간에 여유 있게 도착하는 편이다.

| ㄱ | ① ② ③ ④ |
| ㅁ | ① ② ③ ④ |

30

① 갑작스러운 상황에 유연히 대응하는 편이다.
② 휴일에는 집 안에서 편안하게 있을 때가 많다.
③ 위험성을 무릅쓰면서 성공하고 싶다고 생각하지 않는다.
④ 의존적인 성격이다.

| ㄱ | ① ② ③ ④ |
| ㅁ | ① ② ③ ④ |

31

① 친구가 적은 편이다.
② 결론이 나도 여러 번 생각을 하는 편이다.
③ 걱정이 별로 없다.
④ 같은 일을 계속해서 잘 하지 못한다.

| ㄱ | ① ② ③ ④ |
| ㅁ | ① ② ③ ④ |

32

① 움직이지 않고 많은 생각을 하는 것이 즐겁다.
② 현실적이다.
③ 오늘 하지 않아도 되는 일은 내일 하는 편이다.
④ 적은 친구랑 깊게 사귀는 편이다.

33
① 체험을 중요하게 여기는 편이다.
② 예의바른 사람을 좋아한다.
③ 연구직에 알맞은 성격이다.
④ 쉬는 날은 외출하고 싶다.

ㄱ	① ② ③ ④
ㅁ	① ② ③ ④

34
① 기계 · 공학에 관심이 많다.
② 생각날 때 물건을 산다.
③ 이성적인 사람이 되고 싶다고 생각한다.
④ 초면인 사람을 만나는 일은 잘 하지 못한다.

ㄱ	① ② ③ ④
ㅁ	① ② ③ ④

35
① 재미있는 것을 추구하는 경향이 있다.
② 어려움에 처해 있는 사람을 보면 원인을 생각한다.
③ 돈이 없으면 걱정이 된다.
④ 한 가지 일에 매달리는 편이다.

ㄱ	① ② ③ ④
ㅁ	① ② ③ ④

PART

V

면접

01 면접의 기본

1 면접준비

(1) 면접의 기본 원칙

① **면접의 의미** … 면접이란 다양한 면접기법을 활용하여 지원한 직무에 필요한 능력을 지원자가 보유하고 있는지를 확인하는 절차라고 할 수 있다. 즉, 지원자의 입장에서는 채용 직무 수행에 필요한 요건들과 관련하여 자신의 환경, 경험, 관심사, 성취 등에 대해 기업에 직접 어필할 수 있는 기회를 제공받는 것이며, 기업의 입장에서는 서류전형만으로 알 수 없는 지원자에 대한 정보를 직접적으로 수집하고 평가하는 것이다.

② **면접의 특징** … 면접은 기업의 입장에서 서류전형이나 필기전형에서 드러나지 않는 지원자의 능력이나 성향을 볼 수 있는 기회로, 면대면으로 이루어지며 즉흥적인 질문들이 포함될수 있기 때문에 지원자가 완벽하게 준비하기 어려운 부분이 있다. 하지만 지원자 입장에서도 서류전형이나 필기전형에서 모두 보여주지 못한 자신의 능력 등을 기업의 인사담당자에게 어필할 수 있는 추가적인 기회가 될 수도 있다.

[서류 · 필기전형과 차별화되는 면접의 특징]

- 직무수행과 관련된 다양한 지원자 행동에 대한 관찰이 가능하다.
- 면접관이 알고자 하는 정보를 심층적으로 파악할 수 있다.
- 서류상의 미비한 사항과 의심스러운 부분을 확인할 수 있다.
- 커뮤니케이션 능력, 대인관계 능력 등 행동 · 언어적 정보도 얻을 수 있다.

③ **면접의 유형**
　㉠ **구조화 면접** : 구조화 면접은 사전에 계획을 세워 질문의 내용과 방법, 지원자의 답변 유형에 따른 추가 질문과 그에 대한 평가 역량이 정해져 있는 면접 방식으로 표준화 면접이라고도 한다.
　　• 표준화된 질문이나 평가요소가 면접 전 확정되며, 지원자는 편성된 조나 면접관에 영향을 받지 않고 동일한 질문과 시간을 부여받을 수 있다.

- 조직 또는 직무별로 주요하게 도출된 역량을 기반으로 평가요소가 구성되어, 조직 또는 직무에서 필요한 역량을 가진 지원자를 선발할 수 있다.
- 표준화된 형식을 사용하는 특성 때문에 비구조화 면접에 비해 신뢰성과 타당성, 객관성이 높다.
- ⓛ 비구조화 면접 : 비구조화 면접은 면접 계획을 세울 때 면접 목적만을 명시하고 내용이나 방법은 면접관에게 전적으로 일임하는 방식으로 비표준화 면접이라고도 한다.
  - 표준화된 질문이나 평가요소 없이 면접이 진행되며, 편성된 조나 면접관에 따라 지원자에게 주어지는 질문이나 시간이 다르다.
  - 면접관의 주관적인 판단에 따라 평가가 이루어져 평가 오류가 빈번히 일어난다.
  - 상황 대처나 언변이 뛰어난 지원자에게 유리한 면접이 될 수 있다.

④ 경쟁력 있는 면접 요령
  - ㉠ 면접 전에 준비하고 유념할 사항
    - 예상 질문과 답변을 미리 작성한다.
    - 작성한 내용을 문장으로 외우지 않고 키워드로 기억한다.
    - 지원한 회사의 최근 기사를 검색하여 기억한다.
    - 지원한 회사가 속한 산업군의 최근 기사를 검색하여 기억한다.
    - 면접 전 1주일간 이슈가 되는 뉴스를 기억하고 자신의 생각을 반영하여 정리한다.
    - 찬반토론에 대비한 주제를 목록으로 정리하여 자신의 논리를 내세운 예상답변을 작성한다.
  - ㉡ 면접장에서 유념할 사항
    - 질문의 의도 파악 : 답변을 할 때에는 질문 의도를 파악하고 그에 충실한 답변이 될 수 있도록 질문사항을 유념해야 한다. 많은 지원자가 하는 실수 중 하나로 답변을 하는 도중 자기 말에 심취되어 질문의 의도와 다른 답변을 하거나 자신이 알고 있는 지식만을 나열하는 경우가 있는데, 이럴 경우 의사소통능력이 부족한 사람으로 인식될 수 있으므로 주의하도록 한다.
    - 답변은 두괄식 : 답변을 할 때에는 두괄식으로 결론을 먼저 말하고 그 이유를 설명하는 것이 좋다. 미괄식으로 답변을 할 경우 용두사미의 답변이 될 가능성이 높으며, 결론을 이끌어 내는 과정에서 논리성이 결여될 우려가 있다. 또한 면접관이 결론을 듣기 전에 말을 끊고 다른 질문을 추가하는 예상치 못한 상황이 발생될 수 있으므로 답변은 자신이 전달하고자 하는 바를 먼저 밝히고 그에 대한 설명을 하는 것이 좋다.

- 지원한 회사의 기업정신과 인재상을 기억 : 답변을 할 때에는 회사가 원하는 인재라는 인상을 심어주기 위해 지원한 회사의 기업정신과 인재상 등을 염두에 두고 답변을 하는 것이 좋다. 모든 회사에 해당되는 두루뭉술한 답변보다는 지원한 회사에 맞는 맞춤형 답변을 하는 것이 좋다.
- 나보다는 회사와 사회적 관점에서 답변 : 답변을 할 때에는 자기중심적인 관점을 피하고 좀 더 넓은 시각으로 회사와 국가, 사회적 입장까지 고려하는 인재임을 어필하는 것이 좋다. 자기중심적 시각을 바탕으로 자신의 출세만을 위해 회사에 입사하려는 인상을 심어줄 경우 면접에서 불이익을 받을 가능성이 높다.
- 난처한 질문은 정직한 답변 : 난처한 질문에 답변을 해야 할 때에는 피하기보다는 정면돌파로 정직하고 솔직하게 답변하는 것이 좋다. 난처한 부분을 감추고 드러내지 않으려 회피하려는 지원자의 모습은 인사담당자에게 입사 후에도 비슷한 상황에 처했을 때 회피할 수도 있다는 우려를 심어줄 수 있다. 따라서 직장생활에 있어 중요한 덕목 중 하나인 정직을 바탕으로 솔직하게 답변을 하도록 한다.

(2) 면접의 종류 및 준비 전략

① 인성면접

ㄱ 면접 방식 및 판단기준
- 면접 방식 : 인성면접은 면접관이 가지고 있는 개인적 면접 노하우나 관심사에 의해 질문을 실시한다. 주로 입사지원서나 자기소개서의 내용을 토대로 지원동기, 과거의 경험, 미래 포부 등을 이야기하도록 하는 방식이다.
- 판단기준 : 면접관의 개인적 가치관과 경험, 해당 역량의 수준, 경험의 구체성·진실성 등

ㄴ 특징 : 인성면접은 그 방식으로 인해 역량과 무관한 질문들이 많고 지원자에게 주어지는 면접질문, 시간 등이 다를 수 있다. 또한 입사지원서나 자기소개서의 내용을 토대로 하기 때문에 지원자별 질문이 달라질 수 있다.

© 예시 문항 및 준비전략

• 예시 문항

> • 3분 동안 자기소개를 해 보십시오.
> • 자신의 장점과 단점을 말해 보십시오.
> • 학점이 좋지 않은데 그 이유가 무엇입니까?
> • 최근에 인상 깊게 읽은 책은 무엇입니까?
> • 회사를 선택할 때 중요시하는 것은 무엇입니까?
> • 일과 개인생활 중 어느 쪽을 중시합니까?
> • 10년 후 자신은 어떤 모습일 것이라고 생각합니까?
> • 휴학 기간 동안에는 무엇을 했습니까?

• 준비전략 : 인성면접은 입사지원서나 자기소개서의 내용을 바탕으로 하는 경우가 많으므로 자신이 작성한 입사지원서와 자기소개서의 내용을 충분히 숙지하도록 한다. 또한 최근 사회적으로 이슈가 되고 있는 뉴스에 대한 견해를 묻거나 시사상식 등에 대한 질문을 받을 수 있으므로 이에 대한 대비도 필요하다. 자칫 부담스러워 보이지 않는 질문으로 가볍게 대답하지 않도록 주의하고 모든 질문에 입사 의지를 담아 성실하게 답변하는 것이 중요하다.

② 발표면접

㉠ 면접 방식 및 판단기준

• 면접 방식 : 지원자가 특정 주제와 관련된 자료를 검토하고 그에 대한 자신의 생각을 면접관 앞에서 주어진 시간 동안 발표하고 추가 질의를 받는 방식으로 진행된다.

• 판단기준 : 지원자의 사고력, 논리력, 문제해결력 등

㉡ 특징 : 발표면접은 지원자에게 과제를 부여한 후, 과제를 수행하는 과정과 결과를 관찰·평가한다. 따라서 과제수행 결과뿐 아니라 수행과정에서의 행동을 모두 평가할 수 있다.

ⓒ 예시 문항 및 준비전략

• 예시 문항

[신입사원 조기 이직 문제]

※ 지원자는 아래에 제시된 자료를 검토한 뒤, 신입사원 조기 이직의 원인을 크게 3가지로 정리하고 이에 대한 구체적인 개선안을 도출하여 발표해 주시기 바랍니다.

※ 본 과제에 정해진 정답은 없으나 논리적 근거를 들어 개선안을 작성해 주십시오.

• A기업은 동종업계 유사기업들과 비교해 볼 때, 비교적 높은 재무안정성을 유지하고 있으며 업무강도가 그리 높지 않은 것으로 외부에 알려져 있음.

• 최근 조사결과, 동종업계 유사기업들과 연봉을 비교해 보았을 때 연봉 수준도 그리 나쁘지 않은 편이라는 것이 확인되었음.

• 그러나 지난 3년간 1~2년차 직원들의 이직률이 계속해서 증가하고 있는 추세이며, 경영진 회의에서 최우선 해결과제 중 하나로 거론되었음.

• 이에 따라 인사팀에서 현재 1~2년차 사원들을 대상으로 개선되어야 하는 A기업의 조직문화에 대한 설문조사를 실시한 결과, '상명하복식의 의사소통'이 36.7%로 1위를 차지했음.

• 이러한 설문조사와 함께, 신입사원 조기 이직에 대한 원인을 분석한 결과 파랑새 증후군, 셀프홀릭 증후군, 피터팬 증후군 등 3가지로 분류할 수 있었음.

〈동종업계 유사기업들과의 연봉 비교〉　〈우리 회사 조직문화 중 개선되었으면 하는 것〉

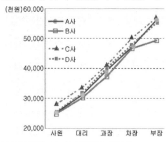
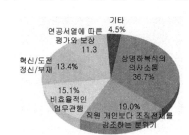

〈신입사원 조기 이직의 원인〉

• 파랑새 증후군
- 현재의 직장보다 더 좋은 직장이 있을 것이라는 막연한 기대감으로 끊임없이 새로운 직장을 탐색함.
- 학력 수준과 맞지 않는 '하향지원', 전공과 적성을 고려하지 않고 일단 취업하고 보자는 '묻지마 지원'이 파랑새 증후군을 초래함.

• 셀프홀릭 증후군
- 본인의 역량에 비해 가치가 낮은 일을 주로 하면서 갈등을 느낌.

• 피터팬 증후군
- 기성세대의 문화를 무조건 수용하기보다는 자유로움과 변화를 추구함.
- 상명하복, 엄격한 규율 등 기성세대가 당연시하는 관행에 거부감을 가지며 직장에 답답함을 느낌.

• 준비전략 : 발표면접의 시작은 과제 안내문과 과제 상황, 과제 자료 등을 정확하게 이해하는 것에서 출발한다. 과제 안내문을 침착하게 읽고 제시된 주제 및 문제와 관련된 상황의 맥락을 파악한 후 과제를 검토한다. 제시된 기사나 그래프 등을 충분히 활용하여 주어진 문제를 해결할 수 있는 해결책이나 대안을 제시하며, 발표를 할 때에는 명확하고 자신 있는 태도로 전달할 수 있도록 한다.

③ 토론면접

㉠ 면접 방식 및 판단기준

• 면접 방식 : 상호갈등적 요소를 가진 과제 또는 공통의 과제를 해결하는 내용의 토론 과제를 제시하고, 그 과정에서 개인 간의 상호작용 행동을 관찰하는 방식으로 면접이 진행된다.

• 판단기준 : 팀워크, 적극성, 갈등 조정, 의사소통능력, 문제해결능력 등

㉡ 특징 : 토론을 통해 도출해 낸 최종안의 타당성도 중요하지만, 결론을 도출해 내는 과정에서의 의사소통능력이나 갈등상황에서 의견을 조정하는 능력 등이 중요하게 평가되는 특징이 있다.

㉢ 예시 문항 및 준비전략

• 예시 문항

> • 군 가산점제 부활에 대한 찬반토론
> • 담뱃값 인상에 대한 찬반토론
> • 비정규직 철폐에 대한 찬반토론
> • 대학의 영어 강의 확대 찬반토론
> • 워크숍 장소 선정을 위한 토론

• 준비전략 : 토론면접은 무엇보다 팀워크와 적극성이 강조된다. 따라서 토론과정에 적극적으로 참여하며 자신의 의사를 분명하게 전달하며, 갈등상황에서 자신의 의견만 내세울 것이 아니라 다른 지원자의 의견을 경청하고 배려하는 모습도 중요하다. 갈등상황을 일목요연하게 정리하여 조정하는 등의 의사소통능력을 발휘하는 것도 좋은 전략이 될 수 있다.

④ 상황면접

㉠ 면접 방식 및 판단기준

• 면접 방식 : 상황면접은 직무 수행 시 접할 수 있는 상황들을 제시하고, 그러한 상황에서 어떻게 행동할 것인지를 이야기하는 방식으로 진행된다.

• 판단기준 : 해당 상황에 적절한 역량의 구현과 구체적 행동지표

ⓛ 특징 : 실제 직무 수행 시 접할 수 있는 상황들을 제시하므로 입사 이후 지원자의 업무 수행능력을 평가하는 데 적절한 면접 방식이다. 또한 지원자의 가치관, 태도, 사고방식 등의 요소를 통합적으로 평가하는 데 용이하다.

ⓒ 예시 문항 및 준비전략

• 예시 문항

> 당신은 생산관리팀의 팀원으로, 생산팀이 기한에 맞춰 효율적으로 제품을 생산할 수 있도록 관리하는 역할을 맡고 있습니다. 3개월 뒤에 제품A를 정상적으로 출시하기 위해 생산팀의 생산 계획을 수립한 상황입니다. 그러나 원가가 곧 실적으로 이어지는 구매팀에서는 최대한 원가를 줄여 전반적 단가를 낮추려고 원가절감을 위한 제안을 하였으나, 연구개발팀에서는 구매팀이 제안한 방식으로 제품을 생산할 경우 대부분이 구매팀의 실적으로 산정될 것이므로 제대로 확인도 해보지 않은 채 적합하지 않은 방식이라고 판단하고 있습니다. 당신은 어떻게 하겠습니까?

• 준비전략 : 상황면접은 먼저 주어진 상황에서 핵심이 되는 문제가 무엇인지를 파악하는 것에서 시작한다. 주질문과 세부질문을 통하여 질문의 의도를 파악하였다면, 그에 대한 구체적인 행동이나 생각 등에 대해 응답할수록 높은 점수를 얻을 수 있다.

⑤ 역할면접

㉠ 면접 방식 및 판단기준

• 면접 방식 : 역할면접 또는 역할연기 면접은 기업 내 발생 가능한 상황에서 부딪히게 되는 문제와 역할을 가상적으로 설정하여 특정 역할을 맡은 사람과 상호작용하고 문제를 해결해 나가도록 하는 방식으로 진행된다. 역할연기 면접에서는 면접관이 직접 역할연기를 하면서 지원자를 관찰하기도 하지만, 역할연기 수행만 전문적으로 하는 사람을 투입할 수도 있다.

• 판단기준 : 대처능력, 대인관계능력, 의사소통능력 등

ⓛ 특징 : 역할면접은 실제 상황과 유사한 가상 상황에서의 행동을 관찰함으로서 지원자의 성격이나 대처 행동 등을 관찰할 수 있다.

ⓒ 예시 문항 및 준비전략

• 예시 문항

> [금융권 역할면접의 예]
> 당신은 ○○은행의 신입 텔러이다. 사람이 많은 월말 오전 한 할아버지(면접관 또는 역할담당자)께서 ○○은행을 사칭한 보이스피싱으로 500만 원을 피해 보았다며 소란을 일으키고 있다. 실제 업무상황이라고 생각하고 상황에 대처해 보시오.

- 준비전략 : 역할연기 면접에서 측정하는 역량은 주로 갈등의 원인이 되는 문제를 해결하고 제시된 해결방안을 상대방에게 설득하는 것이다. 따라서 갈등해결, 문제해결, 조정·통합, 설득력과 같은 역량이 중요시된다. 또한 갈등을 해결하기 위해서 상대방에 대한 이해도 필수적인 요소이므로 고객 지향을 염두에 두고 상황에 맞게 대처해야 한다. 역할면접에서는 변별력을 높이기 위해 면접관이 압박적인 분위기를 조성하는 경우가 많기 때문에 스트레스 상황에서 불안해하지 않고 유연하게 대처할 수 있도록 시간과 노력을 들여 충분히 연습하는 것이 좋다.

2 면접 이미지 메이킹

(1) 성공적인 이미지 메이킹 포인트

① 복장 및 스타일

㉠ 남성

- 양복 : 양복은 단색으로 하며 넥타이나 셔츠로 포인트를 주는 것이 효과적이다. 짙은 회색이나 감청색이 가장 단정하고 품위 있는 인상을 준다.
- 셔츠 : 흰색이 가장 선호되나 자신의 피부색에 맞추는 것이 좋다. 푸른색이나 베이지색은 산뜻한 느낌을 줄 수 있다. 양복과의 배색도 고려하도록 한다.
- 넥타이 : 의상에 포인트를 줄 수 있는 아이템이지만 너무 화려한 것은 피한다. 지원자의 피부색은 물론, 정장과 셔츠의 색을 고려하며, 체격에 따라 넥타이 폭을 조절하는 것이 좋다.
- 구두 & 양말 : 구두는 검정색이나 짙은 갈색이 어느 양복에나 무난하게 어울리며 깔끔하게 닦아 준비한다. 양말은 정장과 동일한 색상이나 검정색을 착용한다.
- 헤어스타일 : 머리스타일은 단정한 느낌을 주는 짧은 헤어스타일이 좋으며 앞머리가 있다면 이마나 눈썹을 가리지 않는 선에서 정리하는 것이 좋다.

ⓛ 여성

- **의상** : 단정한 스커트 투피스 정장이나 슬랙스 슈트가 무난하다. 블랙이나 그레이, 네이비, 브라운 등 차분해 보이는 색상을 선택하는 것이 좋다.
- **소품** : 구두, 핸드백 등은 같은 계열로 코디하는 것이 좋으며 구두는 너무 화려한 디자인이나 굽이 높은 것을 피한다. 스타킹은 의상과 구두에 맞춰 단정한 것으로 선택한다.
- **액세서리** : 액세서리는 너무 크거나 화려한 것은 좋지 않으며 과하게 많이 하는 것도 좋은 인상을 주지 못한다. 착용하지 않거나 작고 깔끔한 디자인으로 포인트를 주는 정도가 적당하다.
- **메이크업** : 화장은 자연스럽고 밝은 이미지를 표현하는 것이 좋으며 진한 색조는 인상이 강해 보일 수 있으므로 피한다
- **헤어스타일** : 커트나 단발처럼 짧은 머리는 활동적이면서도 단정한 이미지를 줄 수 있도록 정리한다. 긴 머리의 경우 하나로 묶거나 단정한 머리망으로 정리하는 것이 좋으며, 짙은 염색이나 화려한 웨이브는 피한다.

② 인사

ⓐ **인사의 의미** : 인사는 예의범절의 기본이며 상대방의 마음을 여는 기본적인 행동이라고 할 수 있다. 인사는 처음 만나는 면접관에게 호감을 살 수 있는 가장 쉬운 방법이 될 수 있기도 하지만 제대로 예의를 지키지 않으면 지원자의 인성 전반에 대한 평가로 이어질 수 있으므로 각별히 주의해야 한다.

ⓛ **인사의 핵심 포인트**

- **인사말** : 인사말을 할 때에는 밝고 친근감 있는 목소리로 하며, 자신의 이름과 수험번호 등을 간략하게 소개한다.
- **시선** : 인사는 상대방의 눈을 보며 하는 것이 중요하며 너무 빤히 쳐다본다는 느낌이 들지 않도록 주의한다.
- **표정** : 인사는 마음에서 우러나오는 존경이나 반가움을 표현하고 예의를 차리는 것이므로 살짝 미소를 지으며 하는 것이 좋다.
- **자세** : 인사를 할 때에는 가볍게 목만 숙인다거나 흐트러진 상태에서 인사를 하지 않도록 주의하며 절도 있고 확실하게 하는 것이 좋다.

③ 시선처리와 표정, 목소리

　㉠ **시선처리와 표정** : 표정은 면접에서 지원자의 첫인상을 결정하는 중요한 요소이다. 얼굴 표정은 사람의 감정을 가장 잘 표현할 수 있는 의사소통 도구로 표정 하나로 상대방에게 호감을 주거나, 비호감을 사기도 한다. 호감이 가는 인상의 특징은 부드러운 눈썹, 자연스러운 미간, 적당히 볼록한 광대, 올라간 입 꼬리 등으로 가볍게 미소를 지을 때의 표정과 일치한다. 따라서 면접 중에는 밝은 표정으로 미소를 지어 호감을 형성할 수 있도록 한다. 시선은 면접관과 고르게 맞추되 생기 있는 눈빛을 띄도록 하며, 너무 빤히 쳐다본다는 인상을 주지 않도록 한다.

　㉡ **목소리** : 면접은 주로 면접관과 지원자의 대화로 이루어지므로 목소리가 미치는 영향이 상당하다. 답변을 할 때에는 부드러우면서도 활기차고 생동감 있는 목소리로 하는 것이 면접관에게 호감을 줄 수 있으며 적당한 제스처가 더해진다면 상승효과를 얻을 수 있다. 그러나 적절한 답변을 하였음에도 불구하고 콧소리나 날카로운 목소리, 자신감 없는 작은 목소리는 답변의 신뢰성을 떨어뜨릴 수 있으므로 주의하도록 한다.

④ **자세**

　㉠ **걷는 자세**
　　• 면접장에 입실할 때에는 상체를 곧게 유지하고 발끝은 평행이 되게 하며 무릎을 스치듯 11자로 걷는다.
　　• 시선은 정면을 향하고 턱은 가볍게 당기며 어깨나 엉덩이가 흔들리지 않도록 주의한다.
　　• 발바닥 전체가 닿는 느낌으로 안정감 있게 걸으며 발소리가 나지 않도록 주의한다.
　　• 보폭은 어깨넓이만큼이 적당하지만, 스커트를 착용했을 경우 보폭을 줄인다.
　　• 걸을 때도 미소를 유지한다.

　㉡ **서있는 자세**
　　• 몸 전체를 곧게 펴고 가슴을 자연스럽게 내민 후 등과 어깨에 힘을 주지 않는다.
　　• 정면을 바라본 상태에서 턱을 약간 당기고 아랫배에 힘을 주어 당기며 바르게 선다.
　　• 양 무릎과 발뒤꿈치는 붙이고 발끝은 11자 또는 V형을 취한다.
　　• 남성의 경우 팔을 자연스럽게 내리고 양손을 가볍게 쥐어 바지 옆선에 붙이고, 여성의 경우 공수자세를 유지한다.

© 앉은 자세

• 남성

- 의자 깊숙이 앉고 등받이와 등 사이에 주먹 1개 정도의 간격을 두며 기대듯 앉지 않도록 주의한다. (남녀 공통 사항)
- 무릎 사이에 주먹 2개 정도의 간격을 유지하고 발끝은 11자를 취한다.
- 시선은 정면을 바라보며 턱은 가볍게 당기고 미소를 짓는다. (남녀 공통 사항)
- 양손은 가볍게 주먹을 쥐고 무릎 위에 올려놓는다.
- 앉고 일어날 때에는 자세가 흐트러지지 않도록 주의한다. (남녀 공통 사항)

• 여성

- 스커트를 입었을 경우 왼손으로 뒤쪽 스커트 자락을 누르고 오른손으로 앞쪽 자락을 누르며 의자에 앉는다.
- 무릎은 붙이고 발끝을 가지런히 하며, 다리를 왼쪽으로 비스듬히 기울이면 여성스러워 보이는 효과가 있다.
- 양손을 모아 무릎 위에 모아 놓으며 스커트를 입었을 경우 스커트 위를 가볍게 누르듯이 올려놓는다.

(2) 면접 예절

① 행동 관련 예절

㉠ 지각은 절대금물 : 시간을 지키는 것은 예절의 기본이다. 지각을 할 경우 면접에 응시할 수 없거나, 면접 기회가 주어지더라도 불이익을 받을 가능성이 높아진다. 따라서 면접 장소가 결정되면 교통편과 소요시간을 확인하고 가능하다면 사전에 미리 방문해 보는 것도 좋다. 면접 당일에는 서둘러 출발하여 면접 시간 20~30분 전에 도착하여 회사를 둘러보고 환경에 익숙해지는 것도 성공적인 면접을 위한 요령이 될 수 있다.

㉡ 면접 대기 시간 : 지원자들은 대부분 면접장에서의 행동과 답변 등으로만 평가를 받는다고 생각하지만 그렇지 않다. 면접관이 아닌 면접진행자 역시 대부분 인사실무자이며 면접관이 면접 후 지원자에 대한 평가에 있어 확신을 위해 면접진행자의 의견을 구한다면 면접진행자의 의견이 당락에 영향을 줄 수 있다. 따라서 면접 대기 시간에도 행동과 말을 조심해야 하며, 면접을 마치고 돌아가는 순간까지도 긴장을 늦춰서는 안 된다. 면접 중 압박적인 질문에 답변을 잘 했지만, 면접장을 나와 흐트러진 모습을 보이거나 욕설을 한다면 면접 탈락의 요인이 될 수 있으므로 주의해야 한다.

ⓒ **입실 후 태도** : 본인의 차례가 되어 호명되면 또렷하게 대답하고 들어간다. 만약 면접장 문이 닫혀 있다면 상대에게 소리가 들릴 수 있을 정도로 노크를 두세 번 한 후 대답을 듣고 나서 들어가야 한다. 문을 여닫을 때에는 소리가 나지 않게 조용히 하며 공손한 자세로 인사한 후 성명과 수험번호를 말하고 면접관의 지시에 따라 자리에 앉는다. 이 경우 착석하라는 말이 없는데 먼저 의자에 앉으면 무례한 사람으로 보일 수 있으므로 주의한다. 의자에 앉을 때에는 끝에 앉지 말고 무릎 위에 양손을 가지런히 얹는 것이 예절이라고 할 수 있다.

ⓔ **옷매무새를 자주 고치지 마라.** : 일부 지원자의 경우 옷매무새 또는 헤어스타일을 자주 고치거나 확인하기도 하는데 이러한 모습은 과도하게 긴장한 것 같아 보이거나 면접에 집중하지 못하는 것으로 보일 수 있다. 남성 지원자의 경우 넥타이를 자꾸 고쳐 맨다거나 정장 상의 끝을 너무 자주 만지작거리지 않는다. 여성 지원자는 머리를 계속 쓸어 올리지 않고, 특히 짧은 치마를 입고서 신경이 쓰여 치마를 끌어 내리는 행동은 좋지 않다.

ⓜ **다리를 떨거나 산만한 시선은 면접 탈락의 지름길** : 자신도 모르게 다리를 떨거나 손가락 을 만지는 등의 행동을 하는 지원자가 있는데, 이는 면접관의 주의를 끌 뿐만 아니라 불안하고 산만한 사람이라는 느낌을 주게 된다. 따라서 가능한 한 바른 자세로 앉아 있 는 것이 좋다. 또한 면접관과 시선을 맞추지 못하고 여기저기 둘러보는 듯한 산만한 시 선은 지원자가 거짓말을 하고 있다고 여겨지거나 신뢰할 수 없는 사람이라고 생각될 수 있다.

② 답변 관련 예절

ⓐ **면접관이나 다른 지원자와 가치 논쟁을 하지 않는다.** : 질문을 받고 답변하는 과정에서 면 접관 또는 다른 지원자의 의견과 다른 의견이 있을 수 있다. 특히 평소 지원자가 관심 이 많은 문제이거나 잘 알고 있는 문제인 경우 자신과 다른 의견에 대해 이의가 있을 수 있다. 하지만 주의할 것은 면접에서 면접관이나 다른 지원자와 가치 논쟁을 할 필요 는 없다는 것이며 오히려 불이익을 당할 수도 있다. 정답이 정해져 있지 않은 경우에는 가치관이나 성장배경에 따라 문제를 받아들이는 태도에서 답변까지 충분히 차이가 있을 수 있으므로 굳이 면접관이나 다른 지원자의 가치관을 지적하고 고치려 드는 것은 좋 지 않다.

ⓛ **답변은 항상 정직해야 한다.** : 면접이라는 것이 아무리 지원자의 장점을 부각시키고 단점을 축소시키는 것이라고 해도 절대로 거짓말을 해서는 안 된다. 거짓말을 하게 되면 지원자는 불안하거나 꺼림칙한 마음이 들게 되어 면접에 집중을 하지 못하게 되고 수많은 지원자를 상대하는 면접관은 그것을 놓치지 않는다. 거짓말은 그 지원자에 대한 신뢰성을 떨어뜨리며 이로 인해 다른 스펙이 아무리 훌륭하다고 해도 채용에서 탈락하게 될 수 있음을 명심하도록 한다.

ⓒ **경력직을 경우 전 직장에 대해 험담하지 않는다.** : 지원자가 전 직장에서 무슨 업무를 담당했고 어떤 성과를 올렸는지는 면접관이 관심을 둘 사항일 수 있지만, 이전 직장의 기업문화나 상사들이 어땠는지는 그다지 궁금해 하는 사항이 아니다. 전 직장에 대해 험담을 늘어놓는다든가, 동료와 상사에 대한 악담을 하게 된다면 오히려 지원자에 대한 부정적인 이미지만 심어줄 수 있다. 만약 전 직장에 대하 말을 해야 한 경우가 생긴다면 가능한 한 객관적으로 이야기하는 것이 좋다.

ⓔ **자기 자신이나 배경에 대해 자랑하지 않는다.** : 자신의 성취나 부모 형제 등 집안사람들이 사회 · 경제적으로 어떠한 위치에 있는지에 대한 자랑은 면접관으로 하여금 지원자에 대해 오만한 사람이거나 배경에 의존하려는 나약한 사람이라는 이미지를 갖게 할 수 있다. 따라서 자기 자신이나 배경에 대해 자랑하지 않도록 하고, 자신이 한 일에 대해서 너무 자세하게 얘기하지 않도록 주의해야 한다.

3 면접 질문 및 답변 포인트

(1) 가족 및 대인관계에 관한 질문

① 당신의 가정은 어떤 가정입니까?

면접관들은 지원자의 가정환경과 성장과정을 통해 지원자의 성향을 알고 싶어 이와 같은 질문을 한다. 비록 가정 일과 사회의 일이 완전히 일치하는 것은 아니지만 '가화만사성'이라는 말이 있듯이 가정이 화목해야 사회에서도 화목하게 지낼 수 있기 때문이다. 그러므로 답변 시에는 가족사항을 정확하게 설명하고 집안의 분위기와 특징에 대해 이야기하는 것이 좋다.

② 아버지의 직업은 무엇입니까?

아주 기본적인 질문이지만 지원자는 아버지의 직업과 내가 무슨 관련성이 있을까 생각하기 쉬워 포괄적인 답변을 하는 경우가 많다. 그러나 이는 바람직하지 않은 것으로 단답형으로 답변하면 세부적인 직종 및 근무연한 등을 물을 수 있으므로 모든 걸 한 번에 대답하는 것이 좋다.

③ 친구 관계에 대해 말해 보십시오.

지원자의 인간성을 판단하는 질문으로 교우관계를 통해 답변자의 성격과 대인관계능력을 파악할 수 있다. 새로운 환경에 적응을 잘하여 새로운 친구들이 많은 것도 좋지만, 깊고 오래 지속되어온 인간관계를 말하는 것이 더욱 바람직하다.

(2) 성격 및 가치관에 관한 질문

① 당신의 PR포인트를 말해 주십시오.

PR포인트를 말할 때에는 지나치게 겸손한 태도는 좋지 않으며 적극적으로 자기를 주장하는 것이 좋다. 앞으로 입사 후 하게 될 업무와 관련된 자기의 특성을 구체적인 일화를 더하여 이야기하도록 한다.

② 당신의 장·단점을 말해 보십시오.

지원자의 구체적인 장·단점을 알고자 하기 보다는 지원자가 자기 자신에 대해 얼마나 알고 있으며 어느 정도의 객관적인 분석을 하고 있나, 그리고 개선의 노력 등을 시도하는지를 파악하고자 하는 것이다. 따라서 장점을 말할 때는 업무와 관련된 장점을 뒷받침할 수 있는 근거와 함께 제시하며, 단점을 이야기할 때에는 극복을 위한 노력을 반드시 포함해야 한다.

③ 가장 존경하는 사람은 누구입니까?

존경하는 사람을 말하기 위해서는 우선 그 인물에 대해 알아야 한다. 잘 모르는 인물에 대해 존경한다고 말하는 것은 면접관에게 바로 지적당할 수 있으므로, 추상적이라도 좋으니 평소에 존경스럽다고 생각했던 사람에 대해 그 사람의 어떤 점이 좋고 존경스러운지 대답하도록 한다. 또한 자신에게 어떤 영향을 미쳤는지도 언급하면 좋다.

(3) 학교생활에 관한 질문

① 지금까지의 학교생활 중 가장 기억에 남는 일은 무엇입니까?

가급적 직장생활에 도움이 되는 경험을 이야기하는 것이 좋다. 또한 경험만을 간단하게 말하지 말고 그 경험을 통해서 얻을 수 있었던 교훈 등을 예시와 함께 이야기하는 것이 좋으나 너무 상투적인 답변이 되지 않도록 주의해야 한다.

② 성적은 좋은 편이었습니까?

면접관은 이미 서류심사를 통해 지원자의 성적을 알고 있다. 그럼에도 불구하고 이 질문을 하는 것은 지원자가 성적에 대해서 어떻게 인식하느냐를 알고자 하는 것이다. 성적이 나빴던 이유에 대해서 변명하려 하지 말고 담백하게 받아드리고 그것에 대한 개선노력을 했음을 밝히는 것이 적절하다.

③ 학창시절에 시위나 집회 등에 참여한 경험이 있습니까?

기업에서는 노사분규를 기업의 사활이 걸린 중대한 문제로 인식하고 거시적인 차원에서 접근한다. 이러한 기업문화를 제대로 인식하지 못하여 학창시절의 시위나 집회 참여 경험을 자랑스럽게 답변할 경우 감점요인이 되거나 심지어는 탈락할 수 있다는 사실에 주의한다. 시위나 집회에 참가한 경험을 말할 때에는 타당성과 정도에 유의하여 답변해야 한다.

(4) 지원동기 및 직업의식에 관한 질문

① 왜 우리 회사를 지원했습니까?

이 질문은 어느 회사나 가장 먼저 물어보고 싶은 것으로 지원자들은 기업의 이념, 대표의 경영능력, 재무구조, 복리후생 등 외적인 부분을 설명하는 경우가 많다. 이러한 답변도 적절하지만 지원 회사의 주력 상품에 관한 소비자의 인지도, 경쟁사 제품과의 시장점유율을 비교하면서 입사동기를 설명한다면 상당히 주목 받을 수 있을 것이다.

② 만약 이번 채용에 불합격하면 어떻게 하겠습니까?

불합격할 것을 가정하고 회사에 응시하는 지원자는 거의 없을 것이다. 이는 지원자를 궁지로 몰아넣고 어떻게 대응하는지를 살펴보며 입사 의지를 알아보려고 하는 것이다. 이 질문은 너무 깊이 들어가지 말고 침착하게 답변하는 것이 좋다.

③ 당신이 생각하는 바람직한 사원상은 무엇입니까?

직장인으로서 또는 조직의 일원으로서의 자세를 묻는 질문으로 지원하는 회사에서 어떤 인재상을 요구하는 가를 알아두는 것이 좋으며, 평소에 자신의 생각을 미리 정리해 두어 당황하지 않도록 한다.

④ 직무상의 적성과 보수의 많음 중 어느 것을 택하겠습니까?

이런 질문에서 회사 측에서 원하는 답변은 당연히 직무상의 적성에 비중을 둔다는 것이다. 그러나 적성만을 너무 강조하다 보면 오히려 솔직하지 못하다는 인상을 줄 수 있으므로 어느 한 쪽을 너무 강조하거나 경시하는 태도는 바람직하지 못하다.

⑤ 상사와 의견이 다를 때 어떻게 하겠습니까?

과거와 다르게 최근에는 상사의 명령에 무조건 따르겠다는 수동적인 자세는 바람직하지 않다. 회사에서는 때에 따라 자신이 판단하고 행동할 수 있는 직원을 원하기 때문이다. 그러나 지나치게 자신의 의견만을 고집한다면 이는 팀원 간의 불화를 야기할 수 있으며 팀 체제에 악영향을 미칠 수 있으므로 선호하지 않는다는 것에 유념하여 답해야 한다.

⑥ 근무지가 지방인데 근무가 가능합니까?

근무지가 지방 중에서도 특정 지역은 되고 다른 지역은 안 된다는 답변은 바람직하지 않다. 직장에서는 순환 근무라는 것이 있으므로 처음에 지방에서 근무를 시작했다고 해서 계속 지방에만 있는 것은 아님을 유의하고 답변하도록 한다.

(5) 여가 활용에 관한 질문

① 취미가 무엇입니까?

기초적인 질문이지만 특별한 취미가 없는 지원자의 경우 대답이 애매할 수밖에 없다. 그래서 가장 많이 대답하게 되는 것이 독서, 영화감상, 혹은 음악감상 등과 같은 흔한 취미를 말하게 되는데 이런 취미는 면접관의 주의를 끌기 어려우며 설사 정말 위와 같은 취미를 가지고 있다하더라도 제대로 답변하기는 힘든 것이 사실이다. 가능하면 독특한 취미를 말하는 것이 좋으며 이제 막 시작한 것이라도 열의를 가지고 있음을 설명할 수 있으면 그것을 취미로 답변하는 것도 좋다.

② 술자리를 좋아합니까?

이 질문은 정말로 술자리를 좋아하는 정도를 묻는 것이 아니다. 우리나라에서는 대부분 술자리가 친교의 자리로 인식되기 때문에 그것에 얼마나 적극적으로 참여할 수 있는 가를 우회적으로 묻는 것이다. 술자리를 싫어한다고 대답하게 되면 원만한 대인관계에 문제가 있을 수 있다고 평가될 수 있으므로 술을 잘 마시지 못하더라도 술자리의 분위기는 즐긴다고 답변하는 것이 좋으며 주량에 대해서는 정확하게 말하는 것이 좋다.

(6) 여성 지원자들을 겨냥한 질문

① 결혼은 언제 할 생각입니까?

지원자가 결혼예정자일 경우 기업은 채용을 꺼리게 되는 경향이 있다. 업무를 어느 정도 인식하고 수행할 징노가 되면 퇴사하는 일이 흔하기 때문이다. 가능하면 향후 몇 년간은 결혼 계획이 없다고 답변하는 것이 현실적인 대처 요령이며, 덧붙여 결혼 후에도 일하고자 하는 의지를 강하게 내보인다면 더욱 도움이 된다.

② 만약 결혼 후 남편이나 시댁에서 직장생활을 그만두라고 강요한다면 어떻게 하겠습니까?

결혼적령기의 여성 지원자들에게 빈번하게 묻는 질문으로 의견 대립이 생겼을 때 상대방을 설득하고 타협하는 능력을 알아보고자 하는 것이다. 따라서 남편이나 시댁과 충분한 대화를 통해 설득하고 계속 근무하겠다는 의지를 밝히는 것이 좋다.

③ 여성의 취업을 어떻게 생각합니까?

여성 지원자들의 일에 대한 열의와 포부를 알고자 하는 질문이다. 많은 기업들이 여성들의 섬세하고 꼼꼼한 업무능력과 감각을 높이 평가하고 있으며, 사회 전반적인 분위기 역시 맞벌이를 이해하고 있으므로 자신의 의지를 당당하고 자신감 있게 밝히는 것이 좋다.

④ 커피나 복사 같은 잔심부름이 주어진다면 어떻게 하겠습니까?

여성 지원자들에게 가장 난감하고 자존심상하는 질문일 수 있다. 이 질문은 여성 지원자에게 잔심부름을 시키겠다는 요구가 아니라 직장생활 중에서의 협동심이나 봉사정신, 직업관을 알아보고자 하는 것이다. 또한 이 과정에서 압박기법을 사용해 비꼬는 투로 말하는 수 있는데 이는 자존심이 상하거나 불쾌해질 때의 행동을 알아보려는 것이다. 이럴 경우 흥분하여 과격하게 답변하면 탈락하게 되며, 무조건 열심히 하겠다는 대답도 신뢰성이 없는 답변이다. 직장생활을 위해 필요한 일이면 할 수 있다는 정도의 긍정적인 답변을 하되, 한 사람의 사원으로서 당당함을 유지하는 것이 좋다.

(7) 지원자를 당황하게 하는 질문

① 성적이 좋지 않은데 이 정도의 성적으로 우리 회사에 입사할 수 있다고 생각합니까?

비록 자신의 성적이 좋지 않더라도 이미 서류심사에 통과하여 면접에 참여하였다면 기업에서는 지원자의 성적보다 성적 이외의 요소, 즉 성격·열정 등을 높이 평가했다는 것이라고 할 수 있다. 그러나 이런 질문을 받게 되면 지원자는 당황할 수 있으나 주눅 들지 말고 침착하게 대처하는 면모를 보인다면 더 좋은 인상을 남길 수 있다.

② 우리 회사 회장님 함자를 알고 있습니까?

회장이나 사장의 이름을 조사하는 것은 면접일을 통고받았을 때 이미 사전 조사되었어야 하는 사항이다. 단답형으로 이름만 말하기보다는 그 기업에 입사를 희망하는 지원자의 입장에서 답변하는 것이 좋다.

③ 당신은 이 회사에 적합하지 않은 것 같군요.

이 질문은 지원자의 입장에서 상당히 곤혹스러울 수밖에 없다. 질문을 듣는 순간 그렇다면 면접은 왜 참가시킨 것인가 하는 생각이 들 수도 있다. 하지만 당황하거나 흥분하지 말고 침착하게 자신의 어떤 면이 회사에 적당하지 않은지 겸손하게 물어보고 지적당한 부분에 대해서 고치겠다는 의지를 보인다면 오히려 자신의 능력을 어필할 수 있는 기회로 사용할 수도 있다.

④ 다시 공부할 계획이 있습니까?

이 질문은 지원자가 합격하여 직장을 다니다가 공부를 더 하기 위해 회사를 그만 두거나 학습에 더 관심을 두어 일에 대한 능률이 저하될 것을 우려하여 묻는 것이다. 이때에는 당연히 학습보다는 일을 강조해야 하며, 업무 수행에 필요한 학습이라면 업무에 지장이 없는 범위에서 야간학교를 다니거나 회사에서 제공하는 연수 프로그램 등을 활용하겠다고 답변하는 것이 적당하다.

⑤ 지원한 분야가 전공한 분야와 다른데 여기 일을 할 수 있겠습니까?

수험생의 입장에서 본다면 지원한 분야와 전공이 다르지만 서류전형과 필기전형에 합격하여 면접을 보게 된 경우라고 할 수 있다. 이는 결국 해당 회사의 채용 방침상 전공에 크게 영향을 받지 않는다는 것이므로 무엇보다 자신이 전공하지는 않았지만 어떤 업무도 적극적으로 임할 수 있다는 자신감과 능동적인 자세를 보여주도록 노력하는 것이 좋다.

02 면접기출

1 산업은행 면접 기출

1. 자기소개를 제한시간 1분 내에 마치시오.

2. ○○과를 졸업하였는데 은행업무와 연관이 있다고 생각하는가?

3. ○○에서 아르바이트를 한 기록이 있는데 ○○의 조직문화 장·단점을 말해 보시오.

4. 신문을 읽는가? 읽는다면 처음부터 끝까지 정독을 하는지, 일부만 읽는지, 최근에 가장 이 상 깊게 본 시사 뉴스에 대해서 말해보시오.

5. 자기소개에서 자신이 호감형이라고 작성하였는데 지금 면접관들이 당신에게 호감을 느끼고 있다고 생각하는가? 그렇다면 왜 그렇다고 생각하는지 말해보시오.

6. 경제토론 동아리 활동을 하였는데 가장 최근에 토론한 내용은 무엇인가?

7. (중국 어학연수를 다녀온 지원자에게) 중국어를 유창하게 할 수 있는가?

8. (장사 경험이 있는 지원자에게) 학생시절에 왜 장사를 했고 왜 그만두었는가?

9. 반복적으로 아동센터에서 학생들을 지도했던 경험을 이야기 하시는데, 아이들 잘 다루는 것과 은행업무가 관련이 없다는 것 알고 있는가?

10. 국책은행에서 일하고 싶다 하였는데 국책은행이 시중은행보다 좋은 이유는?

11. 기업의 존재 이유는 무엇이라고 생각 하는가?

12. 마지막으로 하고 싶은 이야기가 있다면 30초 내로 짧게 해보시오.

13. 타 은행 공채에는 지원 해본 경험이 있는가?

14. 산업은행 지점에 발령받게 된다면 어떤 업무를 하고 싶은가?

15. 중소기업을 살려야하는 이유는?

16. (자격증을 가지고 있는 지원자에게) 지원자 자신은 얼마나 준비했고 보통 얼마 만에 합격 하는지, 시험을 주관하는 기관은 어디인지 말해보시오.

17. 내일 주가가 폭락한다는 사실을 미리 접했다면 어떻게 하겠는가?

18. 10년 후 산업은행에서 본인의 모습을 그려보시오.

19. 산업은행의 5대 가치에 대해서 설명해보시오.

20. 지방인재 우대채용에 대해서 어떻게 생각하는가?

21. 증권관련 자격증은 왜 취득하였는가?

22. APT, 기업가치, 지분법, 파산비용에 대해 설명하시오.

23. ○○자격증을 준비했는데 중도에 왜 포기했는가?

24. 별명이 부정적인데 정말 그 별명으로 불리는 것에 대해 불만은 없는가?

25. 간단하게 일본어, 중국어, 불어로 말해보시오. (관련학과 지원자들)

26. 국내 금융과 미국의 금융의 차이점에 대해 설명하시오. (미국 유학경험자)

27. 졸업한지 1년이 지난 지원자를 거수 시킨 뒤, 그동안 취업을 위해 무엇을 준비했는지 말해보시오.

28. KDB 산업은행에는 여러 부서가 있는데 그 중 어디서 근무하고 싶은가?

29. 다이렉트 상품에 대해 설명하시오.

30. CIB를 설명하시오.

31. 본인 기수의 1년 후 퇴사율은 어느 정도 예상하고 있는가? (서울 및 수도권 지원자)

32. 산업은행의 지점 인턴활동 시 시중은행과는 차별화 되는 점에 대해 예상해보시오.

33. 산업은행 어떤 성향의 사람을 선호 하는 것 같은가? (내향적, 외향적 성격 등)

34. 연고지가 없는 지방에 발령을 받게 된다면 어떻게 할 것인가?

35. 정년을 보장해주는 것이 아닌데도 지원한 이유가 무엇인가?

1. 입사 후 일하기를 원하는 부서와 왜 그 부서에서 일하고 싶은지 말해보시오.

2. 경제신문에 나오는 '금리, 환율, 종합주가지수'의 용어에 대해 설명해보시오.

3. 학력과 학벌주의에 대해서 어떻게 생각하는가?

4. 은행의 주 수입원은 무엇이라 생각하는가?

5. 레버리지 효과란 무엇인가?

6. 직장 생활 중 적성에 맞지 않는다고 느낀다면 다른 일을 찾을 것인가? 아니면 참고 견뎌내 겠는가?

7. 최근 저 신용자에 대해 은행들이 대출을 늘리고 있는 상황인데 이는 옳은 처사라고 생각하 는가?

8. 주량이 어느 정도 되고, 술자리에서 제일 꼴불견이라 생각하는 사람의 유형에 대해 말해보 시오.

9. 상사가 부정한 일로 자신의 이득을 취하고 있다. 이를 인지하게 되었을 때 자신이라면 어 떻게 행동할 것인가? 상부에 보고할 것인가?

10. 자신만의 특별한 취미가 있는가? 그것을 은행 업무에서 활용할 수 있다고 생각하는가?

11. 자신이 상사라면 어떤 성향의 후배 직원이 있었으면 좋겠는가?

12. 중요한 집안 행사와 회사일이 겹치면 어떻게 할 것인가?

13. 조직생활에서 중요하다고 생각하는 것 세 가지를 나열해보시오.

14. 10억이 주어진다면 어떻게 포트폴리오를 구성할 것인가?

15. 오디션 프로그램의 범람 현상에 대해 어떻게 생각하는가?

16. 자신의 가치를 돈으로 평가한다면?

17. 여성의 군복무의무제 법안에 대해 어떻게 생각하는가?

18. 공제상품을 어떻게 소비자들에게 팔 수 있는가?

19. FTA가 농업에 미치는 영향에 대해서 설명해보시오.

20. 면접을 보러 가는 길인데 신호등이 빨간불이다. 시간이 매우 촉박한 상황인데, 무단횡단을 할 것인가?

21. 건강한 신체와 적극적인 마인드를 유지하기 위해 본인은 어떠한 노력을 하고 있는가?

22. 대기고객이 많고 바쁜 상황에서 투자유치하기에 가치가 있다고 생각되는 고객이 있다면 어떠한 방법으로 이 고객을 유치할 수 있는가?

23. 예대율과 예대마진에 대해 설명하시오.

24. 출구전략에 대해 설명하시오.

25. 자신이 대인관계에서 가장 중요하게 여기는 것은 무엇인가?

26. 통화스왑이 무엇인가?

27. 신문을 읽을 때 가장 먼저 읽는 면이 무엇인가?

28. 친구와 술자리를 하고 있는데 옆 테이블에서 일본인 2명이 술을 마시면서 독도가 일본 땅이라고 말하고 있다면 어떻게 하겠는가?

29. 원하는 직무에 배치 받지 못할 경우 어떻게 행동할 것인가?

30. 우리가 당신을 꼭 뽑아야 하는 이유를 말하시오.

31. 10만원 계좌를 가진 손님과 100억 계좌를 가진 손님이 동시에 왔다고 다툰다면 어느 손님부터 업무를 처리하겠는가?

32. 매우 바쁜 점심시간에 할머니께서 동전을 두 자루 교환하러 오셨다. 어떻게 할 것인가?

33. 자기 자신을 PR해보시오.

34. 환율이 하락할 경우 기업에 미치는 영향에 3대해 설명해 보시오.

35. (옆 사람의 자기소개가 끝난 후)자기 옆에 앉아있는 지원자의 특징에 대해서 말해보고 장점에 대해 칭찬해보시오.

36. 만약 나 자신을 제외하고 다른 사람이 최종 합격을 해야 한다면 이 중 가장 적임자는 누구인지 고르고 그 이유를 말하시오.

37. 관료제의 맹점이 무엇이라고 생각하는가?

38. 차기 미국 대선 후보 중 지지하는 후보가 누구인지 말해보시오.

서원각과 함께

꿈의 날개를 펴라

기업체 시리즈

한국남부발전

부산시설공단

중소벤처기업진흥공단

한전KPS

온라인강의와
함께 공부하자!

공무원 | 자격증 | NCS | 부사관·장교

네이버 검색창과 유튜브에 소정미디어를 검색해보세요.
다양한 강의로 학습에 도움을 받아보세요.

유튜브무료강의

소정미디어 홈페이지에서
다양한 강의를 확인해보세요.